JN327182

京大入試に学ぶ
英語難構文の真髄 エッセンス

英文校閲 Christopher Barnard

Hiroshi OGURA 小倉 弘

プレイス

はじめに

❖ 京大英語は日本一難しい問題

　日本の最高峰と言われながら、東大と京大では英語の試験内容はかなり対照的である。東大がいろんな形式の出題をするのに対して、京大は極めてシンプル！　基本的には**英文和訳と和文英訳だけ**である。東大が処理能力を要求するとすれば、京大は**英語の実力そのものを試している**と言える。東大の問題の一つ一つは決して難問とは言えない。数多くの問題をテキパキこなしていかに高い総合点を獲得するかが勝負と言える。一方の京大は、じっくり文構造や構成を考えながら解答していくことになる。そういう意味では、**英語で日本一難しい問題を出しているのは、実は東大ではなく京大なのである**。選択肢の問題はほとんどなく、**記述ばかりだ。英語に限らず、その科目の本当の実力を試すなら、文を書かせるのが一番**だと思う。マークシートのような選択肢方式の試験では何も見えてこない。その点、昔からそうした姿勢を現在まで貫いている問題を出題しているのが京都大学である。

❖ 英文和訳問題は難構文と訳しにくい箇所

　では、実際にどのような箇所が英文和訳の対象になるのかというと、大きく分けて二つある。一つは文構造そのものが難しい箇所、すなわち「**難構文**」が現れるところである。修飾語が多くて、どれが文全体の主語・動詞なのか、一見してわかりにくいような部分である。その修飾語という名の枝葉末節をかき分けて、文の太い幹を探すという分析作業が必要になる。二つ目は、英文そのものは単純でも、**直訳では日本語として意味が通らない**、ないしは**不自然な訳語になってしまう**箇所である。こちらは、英語力に加えて日本語力も要求され、受験者のそれまでの日本語のボキャブラリーも試されることになる。後者は出題される文章の内容や文脈次第でいくらでも良い解答が考えられ、日本語力自体は学習者各自で多読をするなどして身につけていくしかないので一般的な教本は作りにくい。そこで、本書は前者の難構文に焦点を当てて、**難構文のパターンや出題者が下線を引きたくなる箇所**を紹介し、その見破り方を提示することにする。

❖ 難構文のパターン

　一概に難構文といっても様々なパターンがある。そもそも何をもって構文と呼ぶのかの定義が曖昧なため、難構文に対する解釈も多岐にわたるのであるが、筆者は基本的には"**文構造がとらえにくいので誤訳してしまいがちな英文**"の

ことを意図している。具体的には、第3文型（主語＋動詞＋目的語：SVO）の動詞と目的語の間に修飾語語句（M）が入り込んだために〈SVMO〉の形になっているもの、関係代名詞と先行詞の間が離れているというような〈遠方修飾〉、受身形などの影響で熟語が本来の語順ではなくなる〈熟語くずし〉、書かれていないのだから気がつかないのも無理はない〈省略〉、現在分詞と動名詞のように形が同じためにどちらで解釈するかによって訳語が変わってしまう〈同形表現の区別〉などである。その他、難構文以外に、京大で過去に出題されたものの中から、未だに〈辞書にはっきり記載されていない熟語〉や〈意訳が必要な単語・構文〉〈世間の訳語では語弊がある熟語〉などもこれを機会に集めてみた。

❖ 本書の対象者

　したがって、本書は英文読解の基礎がある程度わかっている方を対象にした、**上級者向けの難構文が含まれた英文読解の教本**である。上級とはいえ、項目によってはその先の説明の関係上、基礎から記述した箇所もあるが、基本的には一段上の英語力を目指す方のために執筆した。よって、**英語の先生方**をはじめ、**社会人で本格的な英文読解に挑戦したい**と望んでおられる方、京大が出題する英語はどの程度なのかをお知りになりたい方、京大の英語を通じて英語力の伸長を図りたい方、そして言うまでもなく、これから**京大受験を希望している受験生**には是非とも目を通していただきたい。

❖ 本書の効果

　本書を読むことで、ただ普通に英文を読んでいただけの状態から、この一見難しそうな英文を正しく理解し解釈するカギはなんであろうかと構えながら読んでいく姿勢に変わっていくものと思う。それだけでも、もうすでに大変な前進である。**昨今のオーラルコミュニケーション重視の軽い英語教育だけでは見えてこない、英文の奥深さを堪能していただきたい。**

2016年1月

小倉　弘

目　次

はじめに　3
項目一覧　6
本書の使い方　9

第 1 章　並列：英文は線対称 11
第 2 章　文型：文の骨組みをとらえる 33
第 3 章　語順：倒置と情報構造 51
第 4 章　分離：マクロに見る 77
第 5 章　関係詞：もとの文構造を確認 99
第 6 章　熟語くずし・名詞構文 121
第 7 章　比較：比較三原則の確認 143
第 8 章　省略：あぶり出し術 165
第 9 章　同形表現：区別の判別式 189
第 10 章　遠い形：would と could の処理 219
第 11 章　意訳構文：訳出の手引き 241
第 12 章　単語：誤訳しやすい表現 255

練習問題の解答・解説　287
索引　299

項目一覧

第1章　並列：英文は線対称……11
- §1　and/but/or の原則(1)：前後は線対称……12
- §2　and/but/or の原則(2)：列挙の終わりを知らせる……14
- §3　and/but/or の原則(3)：直後のカンマは挿入の合図……16
- §4　and/but/or の原則(4)：前後は同一範疇の語……18
- §5　and/but/or の原則(5)：and so に目をくらまされるな！……20
- §6　比較構文の原則：as と than の前後も線対称……22
- §7　共通関係(1)：基本編……24
- §8　共通関係(2)：if not 編 ── if not の2つの用法……26
- §9　共通関係(3)：if 編 ──「もしも」でない if がある！……28
- §10　共通関係(4)：破格……30

第2章　文型：文の骨組みをとらえる……33
- §11　前置詞＋名詞≒主語……34
- §12　seem/appear＋名詞……36
- §13　主語＋be 動詞＋of＋名詞……38
- §14　準補語……40
- §15　副詞的目的格……42
- §16　意外な SVOO……44
- §17　前置詞＋what＋名詞＋SV……46
- §18　be 動詞の訳出……48

第3章　語順：倒置と情報構造……51
- §19　前置詞＋B＋主語＋A……52
- §20　SVCOM……54
- §21　場所を示す語句＋beV＋S / S＋beV＋p.p.＋by＋行為者……56
- §22　among＋名詞＋beV＋S……58
- §23　CVS と OSV……60
- §24　p.p.＋beV＋S……62
- §25　as/than＋v＋S……64
- §26　there fell 〜 / there is 〜 doing ………66
- §27　It is not A that 〜, but B……68
- §28　否定語＋v＋S……70
- §29　SV ＿, be＋S 〜 or ………72
- §30　原形動詞＋目的語＋主語＋助動詞……74

第4章　分離：マクロに見る……77
- §31　SVMO……78
- §32　SVOMC……80
- §33　遠方修飾(1)：to 不定詞編……82
- §34　遠方修飾(2)：関係詞編……84
- §35　遠方修飾(3)：同格編……86
- §36　遠方修飾(4)：前置詞編……88
- §37　遠方修飾(5)：only 編……90
- §38　I don't know＋疑問詞の挿入……92
- §39　挿入的な what 節……94
- §40　as/than 以下の割り込み……96

第5章　関係詞：もとの文構造を確認……99
- §41　関係代名詞の基本……100
- §42　関係代名詞の省略……102
- §43　that 節と add to 〜 / apply to 〜……104
- §44　連鎖関係代名詞……106

- §45 前置詞＋関係代名詞 (1)：動詞の語法編 ……108
- §46 前置詞＋関係代名詞 (2)：名詞の語法編 ……110
- §47 前置詞＋関係代名詞 (3)：決まり文句編 ……112
- §48 of which ……114
- §49 whose＋名詞／前置詞＋whose＋名詞 ……116
- §50 関係形容詞 what/whatever ……118

第6章　熟語くずし・名詞構文……121

- §51 熟語くずし (1)：関係代名詞編 ……122
- §52 熟語くずし (2)：受け身 ……124
- §53 熟語くずし (3)：to 不定詞・過去分詞・how・what 編 ……126
- §54 熟語くずし (4)：〈It is＋前置詞＋名詞＋that＋主語＋動詞〉編 ……128
- §55 熟語くずし (5)：挿入編 ……130
- §56 名詞構文 (1)：A's＋名詞＋前置詞＋B ……132
- §57 名詞構文 (2)：A's＋名詞＋to do など ……134
- §58 名詞構文 (3)：主格の of ……136
- §59 名詞構文 (4)：目的格の of ……138
- §60 名詞構文 (5)：the doing of ～ ……140

第7章　比較：比較三原則の確認……143

- §61 比較級が絡む語は二度書かない ……144
- §62 比較対象の統一 ……146
- §63 否定語 as ～ as … ／否定語 ＿ 比較級 ～ than … ……148
- §64 as sensible as …は「理にかなっている」か？ ……150
- §65 no more ～ than …〈クジラの構文〉 ……152
- §66 no less ～ (than …) ……154
- §67 as ～ as …は許容範囲を表す ……156
- §68 so much は「多い」とは限らない ……158
- §69 the 比較級～ and the 比較級…, the 比較級 ＿ ……160
- §70 比較級の強調語 ……162

第8章　省略：あぶり出し術……165

- §71 重複回避省略 ……166
- §72 be 動詞・助動詞・to 不定詞の後の省略 ……168
- §73 〈who/which＋be 動詞〉の省略 ……170
- §74 SV～〈完全文〉, 名詞＋関係詞節：which is の省略 ……172
- §75 〈主語＋動詞〉の省略 ……174
- §76 慣用的な省略 ……176
- §77 that の省略 ……178
- §78 as/than 以下の省略 (1)：文脈編 ……180
- §79 as/than 以下の省略 (2)：「これほど」編 ……182
- §80 as/than 以下の省略 (3)：「今ほど」編 ……184
- §81 as/than 以下の省略 (4)：「仮想 vs 現実」編 ……186

第9章　同形表現：区別の判別式……189

- §82 前置詞の as ……190
- §83 同時・比例の as ……192
- §84 様態と対比の as ……194
- §85 as ～, so … ……196
- §86 名詞限定の as ……198
- §87 譲歩の as：C＋as＋SV ……200

7

§88	関係代名詞の as ……………202	§92	名詞＋*do*ing：分詞 or 動名詞（2）…210
§89	to 不定詞の形容詞用法と副詞用法 ……………204	§93	given の識別 ……………212
§90	be to 不定詞の識別 ……………206	§94	文頭の for の識別 ……………214
§91	名詞＋*do*ing：分詞 or 動名詞（1）…208	§95	見せかけの have to ……………216

第10章　遠い形：would と could の処理……219

§96	仮定法の倒置 ……………220	§101	would have p.p. の区別 ……………230
§97	条件の潜伏：主語/to 不定詞/副詞句 ……………222	§102	could の区別 ……………232
§98	would の区別 ……………224	§103	「その気になれば〜できるだろう」の could ……………234
§99	描出話法の would ……………226	§104	可能性の could ……………236
§100	運命の would ……………228	§105	描出話法の could ……………238

第11章　意訳構文：訳出の手引き……241

§106	have to 〜 before S can… ……………242	§110	to such an extent that 〜 / to the degree that 〜 / to the point of 〜 ……………250
§107	one thing 〜 ; another … ……………244	§111	if only to do 〜 / if only because 〜 ……………252
§108	It is not that 〜 ……………246		
§109	前文を担う not ……………248		

第12章　単語：誤訳しやす語句・表現……255

§112	基本単語ほど要注意（1）：but 〜 / short of 〜 ……………256	§120	参考書の記述に問題がある語句：may well / might as well / just as well ……………272
§113	基本単語ほど要注意：ask / alike / will ……………258	§121	訳語に問題がある語句(1)：constitute / after all ……………274
§114	意訳が必要な語句（1）：respectively ……………260	§122	訳語に問題がある語句（2）：cannot help *do*ing ……………276
§115	意訳が必要な語句（2）：otherwise ……………262	§123	辞書に載っていない表現（1）：be a function of 〜 / and who knows what else ……………278
§116	意訳が必要な語句(3)：hint / company ……………264	§124	辞書に載っていない表現（2）：take the best part of 〜 / live on borrowed time ……………280
§117	意訳が必要な語句（4）：apparently ……………266	§125	辞書に載っていない表現（3）：what 〜 is all about ……………282
§118	意訳が必要な語句（5）：supposedly ……………268	§126	熟語だまし：such 〜 as … / one of 〜 ……………284
§119	意訳が必要な語句（6）：vice versa ……………270		

本書の使い方

　本書は各項目見開き2ページの構成になっている。全体は 12 章から成り、第 1 章だけは必ず先に読んでいただきたいが、その先の順番は問わない。目次を見て興味がひかれた項目から優先的に読んでいただいても構わない。

❖ 章立て

　普通の文法書や参考書と違って、日本人が見落としがちな点・誤訳しやすい箇所を中心に章立てをしたので、従来の構文解説書とは章題そのものが極めて違っていて珍しいと思われるだろうが、各章それぞれに"難解な英文を解いていく鍵"が多々詰まっているので、どれもじっくり読んでいただきたい。

❖ 課題文

　京大の過去問の英文から、項目に該当する箇所を、基本的には文脈なしでも解釈できる部分を切り取って提示している。下線部は出題時に下線が引かれていて和訳を指示された箇所である。ものによっては前後の英文も付け足し、文脈・内容までわかるように配慮した。項目によっては、まだ京大に出題例がないために他大学から引用したものもあるが、重要なものであることは変わらず、京大受験生の方は今後の予想問題という意味でも挑戦していただきたい。

❖ 構文研究

　その項目で学習したい項目を、まずは基本英文で解説している。この部分が本書のいちばん重要な部分と言えるので、今後の学習のためにもすべて吸収するつもりで当たってほしい。

❖ 英文解説・単語解説・熟語解説など

　課題文の構文分析や誤訳しやすい箇所の解説をしてある。図で示した方がわかりやすい英文は図示してある。

❖ 訳例

　課題文の和訳を示した。もちろん、これは例であって、実際にはまだ他にも良い和訳が考えられると思うので、各自で考えていただいてもよい。

❖ 教訓

　最後に各項目の総まとめを簡潔に示してある。

❖ 練習問題

　各章末に、京大の過去問から各章で解説したものと同じポイントを含んだ英文を提示したので、実力試しと確認のためにお使いいただきたい。

❖ 本書で用いた主な記号・略号

《口》　　口語体、話し言葉
(　)　　　省略されている部分
[　]{　}　主に連体修飾（名詞を後置修飾）の句・節
〈　〉　　主に連用修飾（動詞を修飾）の修飾語句や挿入
　φ　　　動詞や前置詞の目的語が欠落している箇所（不完全の部分）
　ex.　　例、例文
to *do*　　to 不定詞（*do* には動詞の原形がくる）
doing　　動詞の -ing 形（現在分詞 / 動名詞）
p.p.　　過去分詞
beV　　be 動詞
sb　　somebody の略：人（誰か）を表す語がくることを示す
sth　　something の略：物・事（何か）を表す語がくることを示す
　　　　　（例：give *sth* to *sb*「（人）に（物）を与える」）
　==　　　二重下線：関係詞の先行詞や後置修飾される名詞を示す
〜＋v＋S　疑問文と同じ語順で倒置することを示す（次の斜体部）
　　　　　Seldom *was he* sober.　　　　　　　　　　〈be 動詞の場合〉
　　　　　「彼がしらふだったことはめったになかった」
　　　　　Only recently *did I* meet him again.　　　　〈一般動詞の場合〉
　　　　　「ごく最近になってから私は彼に再会した」
　　　　　Not only *can she* sing, but also she can dance.　〈助動詞の場合〉
　　　　　「彼女は教えるばかりでなく、踊りもできる」
　　　　　Never before *have I* seen such a beautiful sunset.〈完了形の場合〉
　　　　　「これまでこんな美しい夕日を見たことがない」
句動詞の /〜/　例えば、look /〜/ up は、目的語がふつうの名詞（例：word）のときは、look up a word でも look a word up の語順でもよいが、代名詞（例：it）のときは、look it up の語順のみ可能（look *up it* は不可）という意味。
　⇒　　　参照ページや参照図書を示す。本書では参照図書として、筆者の著した『例解和文英訳演習　文法矯正編』と本書の姉妹版である『京大入試に学ぶ 和文英訳の技術』（いずれもプレイス刊）をあげてある。

第1章　並列：英文は線対称

　〈構文〉というと、there is 構文や too 〜 to ... 構文などを浮かべる人もあるかと思うが、これらは〈決まり文句〉〈慣用句〉〈熟語〉とでも言える表現である。〈構文〉の定義もあいまいなのだが、there is 構文や too 〜 to ... 構文といった定型表現に限らず、文構造全般を指すこともある。

　there is 構文や too 〜 to ... 構文などは形と意味を覚えてしまえばすむ話だが、たいていの英語学習者を躓かせるのはむしろ、こうした定型表現よりも and や that や関係代名詞などが登場するいわば〈地味な文〉の方である。こちらは定型表現のようにただ暗記だけすればすむという話ではないので、**正しい英文解釈のためには、その根本となる文法原理がわかっていなければならない**。そこでまず第1章では、英文では頻度最多の and を中心に英文の文構造というものの法則性を見出しながら正確に読む訓練をしていこう。

　まずは次の文を正確に訳せるだろうか。

(a) Jim likes coffee and cake.
(b) Jim likes swimming and jogging.
(c) Jim likes to go to the airport and to watch planes arriving and departing.

中学校レベルの英語力がある人なら (a) と (b) は楽勝だろう。

(a) 「ジムはコーヒーとケーキが好きだ」
(b) 「ジムは水泳とジョギングが好きだ」

　では、(c) はどうだろう。「ジムは空港に行くのが好きで飛行機の離発着を見る」などと訳していないだろうか。これは誤訳である。(a) と (b) の文から逆算して、ここに and という単語を使う際の法則性を見いだせないだろうか。それを発見すれば、その法則にしたがって (c) の文も解釈することになる（解説は次ページ）。

§1 and/but/or の原則 (1)：
前後は線対称

課題文

The sameness of a meaning occurs with the varying interpretations people might give the meaning, and with the differences in vagueness and distinctness the proposition might enjoy in various minds.　　　　　　　　　　　　　　　〔2002 年前期・下線部〕

【語 註】

varying さまざまな　distinctness 明瞭さ　proposition 命題　enjoy ～ ～を享受する (≒ have ～)　minds 頭；知性を持つ人々

構文研究

　and, but, or を等位接続詞と呼ぶ。「位が等しい」という名称のごとく、これらの接続詞の前後に来る語句は等しい立場なのである。早い話が、**and の前後は原則として文法的に同じ形になる**ということだ。数学用語で言えば、左辺が名詞なら右辺も名詞、左辺が to 不定詞なら右辺も to 不定詞、左辺が接続詞なら右辺も接続詞、左辺が〈前置詞＋名詞〉なら右辺も〈前置詞＋名詞〉、つまり **and の前後は線対称**ということである。

(a) Jim likes *to go* to the airport **and** *to watch* planes arriving and departing.
　「ジムの趣味は空港に行って飛行機が離発着するのを見ることだ」

　(a) の文の and は to go と to watch という to 不定詞と to 不定詞を並列につないでいる。watch の前に to があることで、watch は like ではなく go と並列であることを教えている。

(b) Jim likes ┌ *to go* to the airport
　　　　　and └ *to watch* planes arriving and departing.

　一般に、一文が長くなる最大の要因は and などの等位接続詞の使用である。**and の前後は線対称**という原則を手掛かりに、英文の正読に努めよう。

英文解説

　課題文の最初の and (2行目) の次に with という前置詞があることを手掛かりに、この and が結ぶものは〈前置詞＋名詞〉と〈前置詞＋名詞〉なのではないかと推測して前を確認すると、同じく with という前置詞を発見できる。これによって、この and は with 〜と with 〜の並列とわかり、共に occurs を共通の述語動詞とする (共に occurs にかかる)。2つ目の and の次は distinctness という -ness で終わる抽象名詞なので、これまた and の前の vagueness という抽象名詞と並列であることがわかる。

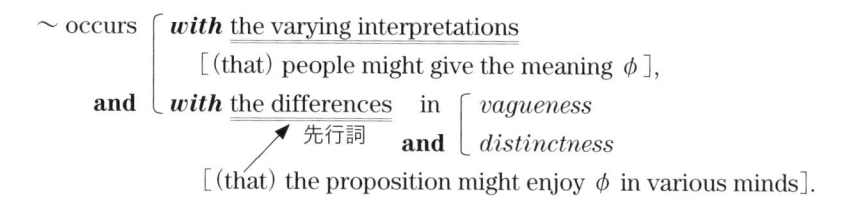

$$\sim \text{occurs} \begin{cases} \textbf{\textit{with}}\ \underline{\text{the varying interpretations}} \\ \quad [\text{(that) people might give the meaning } \phi], \\ \textbf{and}\ \textbf{\textit{with}}\ \underline{\text{the differences}}\ \text{in} \begin{cases} \textit{vagueness} \\ \textit{distinctness} \end{cases} \\ \qquad\qquad\qquad\uparrow \text{先行詞}\qquad\textbf{and} \\ \quad [\text{(that) the proposition might enjoy } \phi \text{ in various minds}]. \end{cases}$$

　課題文の文構造は、2つの〈前置詞＋名詞〉の後ろにそれぞれ関係代名詞節が続いており、and の前後が線対称になることがさらに反映されている。また、2つ目の and は vagueness と distinctness を結び、in を介して共に differences を修飾するが、こういう場合は次の the proposition から始まる関係代名詞節の関係代名詞の先行詞は往々にして手前の distinctness ではなく、その親分の名詞である differences となる。これを〈遠方修飾〉と呼ぶことにする (⇒ §34)。もし distinctness を先行詞と判断すると、distinctness の方にばかり関係代名詞がついて、対となる vagueness には何の説明もないのが不自然だからである。

【訳例】

　意味の同一性と同時に生じるのが、その意味に人々が付与するさまざまな解釈と、曖昧さや明瞭さにおいて、その命題がさまざまな人々の頭の中で持ち得る違いである。

● 教　訓 ●

- 等位接続詞 (and/but/or) の前後は原則として文法的に同じ形

▶第1章　並列：英文は線対称

§2　and/but/orの原則(**2**)：
列挙の終わりを知らせる

課題文

I had been stimulated by living in an unpredictable and—by me at least—still largely unexplored society, but I had missed deeply the sense of belonging, of being among familiar, small-scale landscapes and buildings, of being with people whose outlook had been shaped by the same influences as mine had been, and of being wrapped in history and traditions that stretched in the mind's eye back almost to the beginning of recorded time.　〔1990年前期・下線部〕

【語註】

miss ～　～がいなくて [なくて] 寂しく思う　　mine = my outlook　　stretch back to ～　～まで遡る　　mind's eye　心眼、想像力　　recorded time　歴史時代、有史（記録文書が残されている時代、prehistoric times「先史時代」の対義語）

構文研究

物事を並列にいくつか列挙させる場合には、1つ1つカンマでつなげていくのだが、列挙の最後の項目に差し掛かった場合は、その手前に等位接続詞(**and/but/or**)を置くのが原則である。

(a) It is important to teach children the 3R's, *reading, writing* **and** *arithmetic.*
「子供たちには基礎学科、すなわち読み・書き・算盤（算数）を教えることが大事だ」

(a)の文において、reading, writing and arithmeticの部分が3つの列挙になっている。andが列挙の終わりを知らせるので、arithmeticで列挙は終わる。また、3R'sとreading, writing and arithmeticの関係を考える場合、前者が抽象的な大きな部分で、後者が具体例となっているので、こういう場合は前者と後者の間を「すなわち」「つまり」と読んでつなげていく。このように、単語を「抽象→具体」の順で並べた場合、両者の関係を〈**同格**〉と呼ぶ。

　　抽象名詞，具体名詞$_1$，具体名詞$_2$，**and**　具体名詞$_3$

14

▶ §2　and/but/or の原則 (2)：列挙の終わりを知らせる

英文解説

　課題文3行目の sense の次に of *do*ing 〜が4連発あるが、最後の of being wrapped の前だけには and が付いているので、列挙はこれで終わることがわかる。ただし、一目瞭然なのは、1つめの of belonging だけ短くて、残りの3つは長いことだ。意味を考えると、the sense of belonging は「所属意識」という**抽象的な表現**だが、あとの3つは言葉数を多くして**具体的に説明**している。よって、最初の of belonging と以下3つの of *do*ing 〜を**同格**と解釈し、最後の3つの of *do*ing 〜を並列と取るのが自然である。なお、whose 以下の先行詞は people でよいが、that stretched 以下の先行詞は history と traditions の2つ。

　　　the sense　of belonging, ☞ 抽象
　　具体　⎧ ① of being among familiar, small-scale landscapes and buildings,
　　　　 ⎨ ② of being with people [whose outlook had been shaped by the
　　　　 ⎪　　same influences as mine had been],
　　and　⎩ ③ of being wrapped in history and traditions [that stretched ⟨in
　　　　　　 the mind's eye back⟩ almost to the beginning of recorded time]

【訳例】

　予測しにくい、少なくとも私にはまだほとんど足を踏み入れられていない社会で暮らすことで刺激を受けてきたが、帰属意識、すなわち、なじみ深い小規模な風景や建物の中にいるという意識、自分と同じ影響力によって形成されてきた物の見方をする人たちといる意識、心眼ではほぼ有史の始まりにまで遡(さかのぼ)る歴史と伝統に包まれているという意識、こういったものが無性に懐かしくなっていたのである。

●　教　訓　●

- 列挙の際、**and/but/or** があれば、次で列挙の最後になる
  - **A, B, and C**　　☞ C で列挙は終わり
  - **A, B, C, D, and E**　☞ E で列挙は終わり
- 抽象名詞 (**A**), 具体名詞 (**B**), 具体名詞 (**C**), **and** 具体名詞 (**D**)
  - 「**A**、すなわち、**B** や **C** や **D**」

▶第1章　並列：英文は線対称

§3　and/but/orの原則 (3)：
　　直後のカンマは挿入の合図

課題文

　In one sense the biggest problem you face in a conversation is going from silence to speech at the beginning and from speech to silence at the end. Once actual talk is initiated it follows its own rules, but starting and stopping are not always easy, and, of the two, getting started appears to be the more difficult. 〔1995年後期・下線部〕

【語 註】

in one sense ある意味で　face 〜に直面する　initiate 〜 〜を始める (≒ start)　once + SV〜 いったん〜すると　get started 始まる

構文研究

and の直後にカンマがある場合は挿入の始まりを示す。

英文解説

　課題文第1文の and は前後の from 以下どうしが並列で、共に from A to B の形になっている。

〈In one sense〉the biggest problem［(that) you face φ in a conversation］
　is going ┌ *from* silence *to* speech at the beginning
　　 and └ *from* speech *to* silence at the end.

　第2文の and の次のカンマが挿入の始まりを示し、of the two の直後にもカンマがあるので、この部分がカンマとカンマで挟まれた挿入部となる。

　　　　　　┌ starting
　　　　　　│ 　and
　　　　　　│ stopping ┘ are not always easy,
　〜 **and** ,　〈of the two ,〉
　　　　　　└ getting started appears to be the more difficult.

16

▶ §3 and/but/or の原則 (3)：直後のカンマは挿入の合図

参　考

ちなみに、the more difficult に the が付いているのは of the two があるからで、〈比較級でも of the two がある場合は the が付く〉と覚えた記憶があると思う。筆者はこの言い方にいささか不満なのだが、この説明だと、あたかも比較級に the が付いていると勘違いする恐れがあるからである。

いわゆる〈**the** 比較級〜**, the** 比較級…〉や〈**all the** 比較級 **because** 〜〉の構文における the は副詞（「その分だけ」の意味）で、the は比較級に付いていると言えるのだが、〈**the** 比較級 **of the two**〉の the は**冠詞**なので、比較級に the が付くのではなく、比較級の次に省略されている名詞に the が付いているのだ。

(a) Jill is **the** taller *of the two boys*.
　　「ジルは二人の少年のうち背が高い方だ」

(a)の文は taller の次に boy が省略されている。2回 boy と書くのはくどいので省略する。the の基本的意味は "**唯一に決まる**" であり、母集団が2つしかないなら、特徴（☞ 比較級の部分）を言えば自動的に1つに決まるから冠詞は the になるのである。

(b) Jill is the taller (boy) of the two boys.

【訳例】
　ある意味、会話の際に直面する最大の問題は、始めに沈黙から会話へ移行することと、終わりに会話から沈黙へ戻ることである。ひとたび会話が実際に始まれば、会話は独自の規則に従って進行するが、話の切り出し方と締め方は必ずしも容易ではなく、この両者の中では話の始め方の方が難しいように思える。

● 教　訓 ●

- **and** の次のカンマは挿入の始まりの合図
- A and, … , B ☞ A and〈, … ,〉B

§4 and/but/or の原則 (4)：
前後は同一範疇の語

課題文

Drama has become one of the principal means of communication of ideas and, even more importantly, modes of human behaviour in our civilization.　〔1992年前期・下線部〕

【語注】

drama 演劇　a means of communication 伝達手段　modes of behavio(u)r 行動様式
→ modes 様式 (≒ way)

構文研究

and の前後は線対称になるのだが、それは形のことばかりでなく、意味についても言えることで、**and の前後は同じ範疇・部類の語句が置かれる**。

(a) I don't like their way of speaking **and** thinking.
　　「私は彼らの話し方と考え方が気に入らない」
(b) I don't like their way of life **and** thinking.
　　「私は彼らの生活様式と考え方が気に入らない」
(c) I don't like their way of life **and** appearance.
　　「私は彼らの暮らしぶりと外見が気に入らない」

それぞれの文の and は何と何を結ぶのか。
　and の前後は文法的に同じ形になるという原則に従うと、(a) は speaking と thinking の並列とすぐにわかる。
　(b) は way と thinking なのか、それとも life と thinking なのか。**and の前後は意味の上でも同じような範疇の語が並ぶ**ことに目をつけると、後者と解釈するのが自然だろう。正確には their way of life と their way of thinking が並列なのだ (共通部分の their way of が省略されている：共通関係⇒§7)。
　(c) はどうか。仮に life と appearance を並列と判断すると、their way of life と their way of appearance が並列ということになるが、their way of appearance「外見の方法？」という言葉は不自然である。よって、their way of life と their appearance を並列と解釈することになる。

▶ §4　and/but/orの原則（4）：前後は同一範疇の語

英文解説

　課題文のandの次のカンマが挿入の始まりを示し、even more importantlyの次にカンマがあるので、この部分は挿入句となる。andの並列項目は、形だけからだとoneとmodes、meansとmodes、communicationとmodes、ideasとmodesと4通りが考えられて迷うのだが、こういうときは意味をしっかりと考えたい。

　まず、means of communication「伝達手段」とmodes of behaviour「行動様式」はよく使う決まり文句だということを経験則から悟っていただきたい。仮にmodesをoneと並列と考えた場合は(d)「1つ」と「行動様式」、meansと並列と考えた場合は(e)「伝達手段」と「行動様式」、communicationと並列と考えた場合は(f)「思想の伝達」と「行動様式」、ideasと並列と考えた場合は(g)「思想」と「行動様式」がそれぞれ対比となる。(d)と(f)は明らかに範疇が違う語なので論外だろう。(e)はよいのではと思うかもしれないが、(e)で解釈すると、後半は「演劇は現代文明の行動様式の1つになった」となり、「演劇」は「現代文明」だけのもので「古代」や「中世」にはなかったことになる。(g)で解釈すればin our civilizationがideasとmodes of behaviourの両方にかかって「現代文明の思想」と「現代文明における人間の行動様式」が並列になり、「演劇はこの両者の伝達手段の1つになった」と解釈でき、これが意味の上でも一番しっくりくることがわかるだろう。

Drama has become one of the principal means of communication of

and, ⎡ ideas
　　　 ⎢ ⟨even more importantly,⟩
　　　 ⎣ modes of human behaviour ⎤ in our civilization.

【訳例】

　演劇は現代文明における思想と、さらに重要なことには、人間の行動様式を伝達する主要な手段の一つとなった。

●ポイント●

● andの前後は同じ範疇・部類の語句が置かれる

▶第1章　並列：英文は線対称

§5　and/but/or の原則 (5)：
and so に目をくらまされるな！

課題文

I remember being swept up in John Tunis' story. At the same time that I wanted to know how things worked out, I didn't really want the book to end and so to be ejected from this wonderful world that it had created.　　　〔1997年後期・下線部〕

【語註】

be swept up in 〜　〜に夢中になる　work out 〜　結局〜になる　be ejected from 〜　〜から追い出される

構文研究

and の前後は原則的に文法的に同じ形になっていることを確認してきたわけだが、時々 and の直後に so がいる場合がある。この so がいるだけで、文構造がわからなくなってしまう人がいるようだが、これは基本的には"and のみと同じ"なので、and ≒ and so ととらえて、so を飛ばして and の基本原則を考えればよいだけのことだ。

(a) Susan was worn out **and so** went to bed early.
　　「スーザンは疲れて早めに床に就いた」

(a) の so はなくてもよい。よって、and の次が went という過去形の動詞であることから was と went が並列となる。正確には so は「それで」や「そんなわけで」ぐらいの意味がある。むしろ and は日本語の「そして」ほどはっきり意味を示す語ではなく、**文と文や語句と語句をつなぐ機能語**にすぎない。故に、英米人は「それで」というニュアンスを一文で連続して記す場合に and の次に so を入れる人もいるのだと考えられる。ただし、and so でも次はこれとは違う。

(b) Mike are irritable **and so** *am I*.
　　「マイクは怒りっぽいけど、僕もそうだ」

(b) は **so ＋ v ＋ S**（⇒ p.10）で「S も〜だ」という公式である。

20

▶ §5　and/but/or の原則 (5)：and so に目をくらまされるな！

英文解説

　第2文の and の次に so がいるが、ここは単独の and と同じと考えて、読み進む。すると、to be という to 不定詞が目につくので、and は to end と to be ejected が並列かと思うが、それで訳してみるとおかしいことに気がつく。というのも、to end の手前に want the book があるので、この場合の want の語法は **want ＋ O ＋ to do ～**「O が～するのを望む；O に～してほしい」となるが、同じく to be ejected も want the book to be ejected from ～と解釈すると、「本が創り出すこの素晴らしい世界から本が追い出されるのを望む」ことになる。「追い出される」のは「本」ではなく「筆者」自身だろう。よって、課題文は want の後ろの部分 2 つが並列、つまり、the book to end と to be ejected ～が並列と解釈するのが正しい。

　形だけを見ると、正確には線対称にはなっていないが、言葉は数学と違って 100 ％の法則というものはないので仕方がない。語学をやる以上、原則には例外があることを承知で、臨機応変に望みたい。なお、At the same time that ～の that は the same time を先行詞とする関係副詞で worked out までが the same time を修飾している。

At the same time [that I wanted to know how things worked out],
I didn't really want ⎡ *the book to end*
　　　　　　and so ⎣ *to be* ejected from this wonderful world
　　　　　　　　　　　　[that it (= the book) had created].

【訳例】

　私はジョン・テュニスの物語にすっかり熱くなったことを覚えている。事態が結局どうなるかを知りたいと思うと同時に、私は本当にその物語が終わってしまって、その物語が創り出した素晴らしい世界から追い出されてしまいたくはなかった。

● 教　訓 ●

● and so は and とほぼ同じなので、so を飛ばして and の基本原則通り、前後の線対称を探す

§6　比較構文の原則：
as と than の前後も線対称

> **課題文**
>
> I had always assumed that the innocent stay calm under interrogation. They don't, or at least I didn't. I could feel myself blushing, and flushing, as much with anger at the insult as with fear that I should miss my flight.　〔1992 年後期・下線部〕

【語註】
the innocent 無実の人々（≒ innocent people）　under interrogation 尋問を受けて
blush / flush 顔に血が上る、顔を赤らめる　insult 侮辱

構文研究

比較構文の原級（as 〜 as ...）の 2 つ目の as や比較級の than も、and, but, or などと同じように、前後を同じ形にするのが原則である。特に、対照となる語句が〈前置詞＋名詞〉のときは、〈前置詞＋名詞〉を並列に並べる。

- (a) Mr. M is **not so much** *a lawyer* **as** *a TV personality*.
  「M 氏は弁護士というよりはむしろテレビタレントだ」
- (b) A man's worth lies **not so much** *in what he has* **as** *in what he is*.
  「人間の価値は財産というよりは人格にある」

not so much A as B で「A というよりむしろ B」という表現で、これも一種の原級構文である。(a) の文は A が a lawyer、B が a TV personality で、ともに名詞であるから普通に読めるだろうが、(b) の文では what he has「彼が持っているもの → 財産」、what he is「彼がそうであるところの人 → 人格」の手前に in という前置詞があることに注意してほしい。lie in 〜「〜にある、〜に存する」という表現だが、このように**前置詞**（この場合は in）**が比較の構文に絡む際に、〈前置詞＋名詞〉がワンセットになって比較対象になる場合が多い**。この話はむしろ英作文の際に大事で、日本語では 2 つめの前置詞は訳さない場合が多い（(b) では「財産（に）というよりは人格に」と 2 つめの in を訳さなくても通る）ので、2 つ目の前置詞を書き忘れてしまいがちなのだが、英語では必要だということを認識しておこう。

▶ §6 比較構文の原則：as と than の前後も線対称

英文解説

　the innocent は「無実の人々」（≒ innocent people）の意味であるが、一般に〈**the** ＋形容詞〉は〈**複数名詞**〉を表す場合が多い。ただし、これは何にでも使えるわけではなく、外見的に一目でその特徴が分かるような人（the sick「病人」、the rich「裕福な人たち」、the poor「貧しい人たち」）に使う場合が多い。（the innocent は外見ではわからないので例外ではあるが！）

　第2文は They don't と I didn't の後ろに直前の文の動詞部分の stay calm under interrogation の省略である。「省略はすぐ前を見ろ」が合言葉である（⇒ §71）。

They don't (*stay calm under interrogation*), or at least I didn't (*stay calm under interrogation*).

　第3文の **as much ～ as ...** が原級だが、～と...の部分が共に〈with ＋名詞〉となっていて、この2つの部分が並列になっていることを示している。fear that ～の that は同格の that である（⇒ §35）。should は一部の感情や判断を表す形容詞や名詞と使う際（この場合は fear という名詞）によく用いられる〈**感情・判断の should**〉というもので、日本語には訳さない。

　　I could feel myself blushing, and flushing,
as much *with anger* at the insult
as　　 *with fear* [that I should miss my flight].

【訳例】

　無実の人は尋問を受けてもびくびくしないものだとかねがね思っていたが、実際はそうはいかないようで、少なくとも私は落ち着いてなどいられなかった。乗り継ぎに遅れるのではないかという不安と並んで、侮辱を受けたことに対する怒りで、私の顔に血が上り、真っ赤な顔になっているのがわかった。

●　教　訓　●

- 比較構文では as と than の前後も線対称
  - **as much** 〈前置詞＋ A〉 **as** 〈前置詞＋ B〉
  - 比較級 〈前置詞＋ A〉 **than** 〈前置詞＋ B〉

23

▶第1章　並列：英文は線対称

§7　共通関係（1）：基本編

課題文

(1) According to the rules of reason, a given conclusion is to be deemed true if, and only if, it flows from a logical sequence of thoughts founded on sound initial premises.　〔2006年前期・下線部〕

(2) Knowing some of the facts and issues surrounding the latest research developments allows one to be part, and feel part, of the decision-making process.　〔2004年前期・下線部〕

(3) Many people's everyday lives are enhanced by, and unimaginable without, computers, televisions, and other electronic appliances.

〔2003年後期・下線部〕

【語 註】
(1) reason 理性　given 特定の（⇒ §93）　deem＋O＋C OをCだと思う　flow from ～ ～から生じる　a sequence of ～ 一連の～　founded on ～ ～に基づいた　sound 論理的な　premises 前提　(2) surrounding ～ ～を取り巻く　(3) enhance ～ ～の質を高める

構文研究

andの前後には原則として、文法的にも意味の範疇も同一レベルの語句が来ることを確認してきたわけだが、この原則ゆえに文中の語句の一部を、andの前後の語が共通に使うという現象が生じる。これを**共通関係**と呼ぶ。

英文解説

(1) if「～した場合に」と only if「～した場合にのみ、～してはじめて」に続くSV～の部分が共通で使われている。founded以下はthoughtsを修飾する（過去分詞の後置修飾 ⇒ §73）。

a given conclusion is to be deemed true
⎡ **if,**　　　⎤ it flows from a logical sequence of thoughts
⎢ and　　　⎥
⎣ **only if,**　⎦ [founded on sound initial premises].

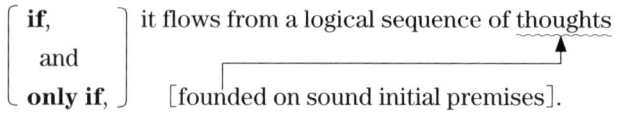

is to be deemed true の箇所はいわゆる〈be to 不定詞〉で、義務を表す。

24

▶ §7 共通関係（1）：基本編

（2）surrounding から developments までは、facts and issues を修飾する（現在分詞の後置修飾 ⇒ §73）。be part of 〜と feel part of 〜の of 以下が 1 つに集約されている。one は「（一般の）人」。

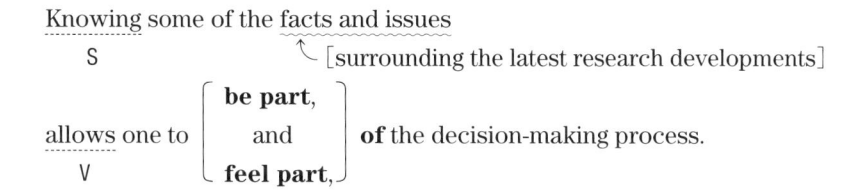

Knowing some of the facts and issues [surrounding the latest research developments]
S
allows one to ⎡ **be part**, ⎤
　　　　　　 ⎢ and ⎥ **of** the decision-making process.
V　　　　　 ⎣ **feel part**, ⎦

（3）enhanced by と unimaginable without の by と without の目的語が共通。

Many people's everyday lives are ⎡ **enhanced by**, ⎤
　　　　　　　　　　　　　　　　 ⎢ and ⎥
　　　　　　　　　　　　　　　　 ⎣ **unimaginable without**, ⎦
　　　　computers, televisions, and other electronic appliances.

【訳例】
(1) 理性の原則に従えば、ある特定の結論はその結論が理性にかなった最初の前提に基づく一連の論理的思考から生じている場合に、それもその場合においてのみ、正しいとみなされるべきなのだ。
(2) 最新の研究成果を取り巻く事実や問題点をある程度知っていることで、自分は意思決定過程に参加しており、その一翼を担っているという意識をもつことができる。
(3) コンピュータやテレビやその他の電子機器によって、多くの人々の日常生活の質が高められるし、それらなくしての日常生活は想像できない。

● 教　訓 ●

● **and** の並列関係をよく見極めて、共通に使われている部分を発見する。
　〈接続詞₁ + and + 接続詞₂〉+ SV〜
　■〈V + N + and + V + N〉+ 前置詞 + N
　■ be 動詞 +〈形容詞₁ + 前置詞₁ + and + 形容詞₂ + 前置詞₂〉+ N　など

25

§8 共通関係（**2**）：
if not 編 —— if not の 2 つの用法

> **課題文**
>
> (**1**) Even so, first-hand reports are valuable and important. Without diaries and reports, memoirs, newspapers and other contemporary records, historians would have a very hard if not impossible time.
>
> 〔2011 年・下線部〕
>
> (**2**) Is there some preordained pattern that the animals (= Arctic foxes) follow or are the journeys random? If not the latter, how do they navigate in an icescape that offers no permanent landmarks, that drifts and spins at the mercy of the currents, melts and freezes according to the weather, and seemingly has not much to offer in the way of a scent trail to follow for satisfying their appetites?
>
> 〔2012 年・下線部〕

【語 註】
(1) first-hand 直接体験の　memoirs 回想録　contemporary 同時代の　have a hard time 苦労する　(2) preordained 予め定められた　navigate 進路を決める　icescape 氷雪風景　landmark 陸標、目印　at the mercy of 〜 〜に翻弄されて　currents 海流、潮流　seemingly 〜 〜のように思われる　in the way of 〜 〜という点で　have much to offer 提供する物が多い、優れた点が多い　scent trail 匂いの跡

構文研究

〜 **if not** ...は「...とは言わないまでも〜」という意味で使われる。

(a) Her clothes are neat **if not** stylish.
= Her clothes are **if not** stylish, **at least** neat.
「彼女の服はおしゃれとまでは言わないがこざっぱりしたものだ」

これに対して、**文頭の If not** は前文を受けて「**そうでないなら**」の意味。

(b) I'll go if you are going. **If not**, I'd rather stay home.
= I'll go if you are going. **If** *you are* **not** *going*, I'd rather stay home.
「君が行くなら僕も行こう。行かないなら家にいたい」

英文解説

(1) 第 2 文は、if not の前後の hard と impossible という形容詞が、共に time を修飾する共通関係になっている。このように、**if not** の構文は共通関係で使うことが多い (⇒ §9)。

$$\text{historians would have a very} \left[\begin{array}{c} \text{hard} \\ \textbf{if not} \\ \text{impossible} \end{array} \right] \text{time.}$$

(2) 第 2 文は、文頭の **If not** なので、「もしも〜でないならば」の意味。If と not の間に the answer is「前文の答えが」の省略されている。

If not the latter, 〜 = **If** *the answer is* **not** the latter, 〜
「もしその答えが後者、すなわち、ホッキョクキツネの移動は無作為に行われているのでないならば」

an icescape に連なる 2 つめの長い関係代名詞節の構造は以下の通り。

$$\underline{\text{an icescape}} \left[\text{that} \left\{ \begin{array}{l} \text{drifts and spins} \sim, \\ \text{melts and freezes} \sim, \\ \text{and } \langle \text{seemingly} \rangle \text{ has not much to offer} \sim \end{array} \right. \right]?$$

【訳 例】
(1) たとえそうであっても直接目撃した人の報告は貴重であり、重要である。日記や報告、回想録、新聞、その他の同時代の記録がなければ、歴史家たちは、万事休すということはないにせよ、とても苦労することになるであろう。
(2) ホッキョクキツネが従う、予め定められた何らかの行動様式があるのか、それともその移動は無作為に行われているのか。もし後者でないとするなら、恒久的な陸標を何ひとつ与えてくれず、海流に翻弄されて漂流や旋回をし、天候に応じて解けたり凍ったりもし、食欲を満たすべく彼らがたどるにおいの痕跡という点ではさほど手掛かりを与えてくれそうもない氷雪世界で、キツネたちはどうやって進路を見極めているのだろうか。

●教 訓●

- 形容詞$_1$, **if not** 形容詞$_2$ + 名詞「形$_2$ とは言わないまでも形$_1$ な (名詞)」
- 文頭の **If not**, 〜「もしそうでないならば、〜」

▶第1章 並列：英文は線対称

§9 共通関係（3）：
if編 ――「もしも」でないifがある！

課題文

Second, while biases and preferences often hinder understanding, these mental peculiarities may also serve as powerful, if unpredictable and personal, guides to solutions. 〔1998年後期・下線部〕

【語 註】

while ～ ～する一方で　bias 偏見、先入観　preference 好み　hinder ～ ～を妨げる
peculiarity（変わった）特質、特性　serve as ～ ～として役立つ　unpredictable 予測不可能な　guide to ～ ～の手引き

構文研究

次のifの使い方をご存知だろうか。

(a) George is a pleasant **if** talkative man.

この**if**は「もしも～なら」の意味ではなく、「**たとえ～でも**」（＝ even if）の意味である。さらに、pleasant「（人が）感じがよい」（pleasantは人間が主語のときは「楽しい」の意味にならないことも注意）と talkative「おしゃべりな」という形容詞が共に man を修飾している（☞ 共通関係）。

George is a ⟨pleasant **if** talkative⟩ man.
「ジョージは**たとえおしゃべりではあっても**、感じのよい人である」

ifはeven ifの意味であり、もともとは George is a pleasant man even if he is a talkative man. という文であったが、ifの次のhe is が省略（⇒ §75）され、manを1回に集約してできあがった文である。

ちなみに、このifはthoughにしてもよい。またbutやyetに変えるとpleasantとtalkativeの位置が入れ替わる。

28

▶ §9 共通関係 (3)：if 編—「もしも」でない if がある！

(b) George is a pleasant **if** talkative man.
= George is a pleasant **though** talkative man.
= George is a talkative **but** pleasant man.
= George is a talkative **yet** pleasant man.
「ジョージはおしゃべりではあるが、感じのよい人だ」

英文解説

these mental peculiarities「こうした思考の特性」は、前の biases and preferences「偏見や好み」を指す。

powerful, if unpredictable and personal 〜の if をどう解釈しただろうか。「もしも〜」や「〜したなら、〜した場合」という訳は当てはまらない。powerful (形容詞₁) と unpredictable and personal (形容詞₂)（この場合 unpredictable と personal はワンセットととらえる）が if を挟んで共に guides を修飾している（☞ 共通関係）。if unpredictable and personal の前後のカンマはそれを見やすくするための筆者の配慮であろう。（しかし、いつもカンマがあるとは限らないので注意）　**if** は「たとえ〜でも」の意味である。

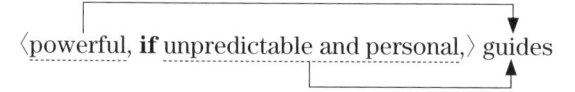

⟨powerful, **if** unpredictable and personal,⟩ guides

「たとえ予測可能で個人的なものであっても、強力な手引き」

【訳例】

　第二に、偏見や好みが理解の妨げになる一方で、こうした思考の特性は、たとえ予測不可能で個人的なものではあっても、解決への強力な手引きとして役立つものでもあるのかもしれない。

● 教　訓 ●

● 形容詞₁ + **if** + 形容詞₂ + 名詞
■「たとえ (形容詞₂) であっても (形容詞₁) な (名詞)」

§10　共通関係（4）：破格

> **課題文**
>
> 　He (= Lincoln) kept longer hours and in almost every way outworked his subordinates, which prompted an old friend and frequent visitor to ask him when he slept. Lincoln's answer was, according to this friend, "just when everybody else is tired out."
>
> 〔2008 年前期・下線部〕

【語註】

keep long hours 長時間働く　in almost every way ほとんど全ての点において　outwork 〜 〜よりよく仕事をする　subordinates 部下　prompt *sb* to *do* 〜（人）に〜する気にさせる　frequent visitor 頻繁に会いに来る人　be tired out 疲れ切っている

構文研究

次の文の共通関係を確認しながら和訳してみよう。

(a) Executive women are **just as**, if not **more, ambitious than** men.
〔*The Washington Post*: January 30, 2014〕

共に §8 で扱った 〜 **if not ...**「...とは言わないまでも」の構文で、和訳は次のようになる。

　「管理職の女性は男性より野心的とは言わないまでも男性と全く同じくらい野心を抱いている」

〜 if not ... の構文においては、〜と ... の形をそろえるのが原則である。ところが、(a) の文の if not の次の more ambitious は比較級なので than men と呼応するのはよいが、if not の前の just as に対しては as men と呼応していなければならない。よって正しくは次のように書くべきだ。

(b) Executive women are just **as ambitious as**, if not **more ambitious than**, men.

ところが、(b) の文は ambitious を二度書かなければならないのが、同じ単語をなるべく繰り返したくない英文の特徴（⇒ §71）に合わないのと、全体的に

▶ §10　共通関係（4）：破格

なんとなく冗長に感じられることから、破格ではあるが (a) のような形がよく用いられる。その結果、並列の部分が完全に文法的でないときもある。

英文解説

　kept longer hours の longer は「部下たちよりも長く働いていた」という意味である。よって、正しくは kept longer hours *than* subordinates のように、than が必要なのだが、subordinates は手前の overworked の目的語でもあり、いわば共通関係を形成している（than と overworked の共通の目的語になっている）。**共通関係で、片や他動詞で片や前置詞（than は厳密には接続詞）のときは、前置詞（接続詞 than）が省略されることがある。**

$$
\text{He} \left\{ \begin{array}{l} \text{kept longer hours (than)} \\ \textbf{and} \\ \langle \text{in almost every way} \rangle \text{ outworked} \end{array} \right\} \text{his subordinates}
$$

　ask him when he slept は直接話法なら say to him, "When do you sleep?" となる。

　第 2 文では、according to this friend は前後にカンマがあるので挿入で、直接話法の "just when 〜" の前には "I sleep" の省略。

Lincoln's answer was ⟨, according to this friend,⟩ "(I sleep) just when everybody else is tired out."

【訳 例】

　リンカーンは人よりも長い時間働き、ほとんどあらゆる点で部下よりもよく働いた。そのため、彼の旧友であり、彼のもとを頻繁に訪れた人が、いつ眠るのかと彼に尋ねたことがあった。この友人によると、リンカーンの返答は「私以外のみんなが疲れ切っているときだよ」というものであったという。

● 教　訓 ●

● 動詞＋比較級＋ **and** ＋他動詞 〜
　☞ 動詞＋比較級＋（than）＋ **and** ＋他動詞 〜

▶第1章　並列：英文は線対称

練習問題

(**1**) In 1844 an astronomer noted that Sirius's movements were irregular, and he deduced that the only explanation must be that it had a companion star, invisible to the naked eye, but exercising a gravitational pull on it.　〔1994年後期・下線部〕

(**2**) After all, in mindless moments our brains still function: all senses are present if not entirely correct, as the final perspective on what is happening around you is a little distorted compared with 'normal'. Not only that, but you can move your muscles, even if with a little less control or with greater hesitancy.　〔2009年・下線部〕

【語註】
(1) astronomer 天文学者　note that ～ ～であることに目を留める　Sirius シリウス（大犬座の主星）　deduce that ～ ～と推論する　must be ～ ～であるに違いない　a companion star 対となる星、伴星　to the naked eye 肉眼では　exercise ～ ～を行使する　gravitational pull 引力
(2) after all なぜなら（⇒ §121）　mindless 正気でない　perspective on ～ ～に対する見方　distort ～ ～を歪める　compared with ～ ～と比べて　with a little less control 少し制御しづらく　with hesitancy 嫌々、しぶしぶ

第2章　文型:文の骨組みをとらえる

　どんなに長い英文でも、究極的には五文型のどれかに分析される。五文型とは言うまでもないが、次の5つである。

- 第1文型: 主語＋動詞　　　　　　　　　　（S＋V）
- 第2文型: 主語＋動詞＋補語　　　　　　　（S＋V＋C）
- 第3文型: 主語＋動詞＋目的語　　　　　　（S＋V＋O）
- 第4文型: 主語＋動詞＋目的語$_1$＋目的語$_2$　（S＋V＋O$_1$＋O$_2$）
- 第5文型: 主語＋動詞＋目的語＋補語　　　（S＋V＋O＋C）

　最近は第1文型と第3文型をさらに2つに分けて、七文型にする説もあり、それは作文の場合には大事な視点ではあるが、本書は読解のための教本なので、この話は割愛する。

　基本的に文型はこの5つしかないのなら、どんな英文でもすぐに読みこなせそうなものだが、実際の英文にはこれら以外に**修飾語句（M）**というものが入り込んできたり、**接続詞・関係詞・疑問詞**が絡んで文が長くなったりするために、そう一筋縄では解けないことがある。例えば、第3文型の動詞と目的語の間に修飾語句が入り込んでSVMOになってみたり、第5文型の目的語と補語の間に修飾語句が入り込んでSVOMCになったりすることがある。さまざまなケースを無作為に記号で表現してみると次の通りである。

- 第1文型: M＋S＋V＋M＋and＋V＋M
- 第2文型: M＋S＋V＋M＋C＋M
- 第3文型: When＋S＋V＋M＋O, S＋V＋O＋M
- 第4文型: M＋S＋V＋O$_1$＋O$_2$＋M
- 第5文型: S＋V＋O＋M＋C

　英文解釈とは、ひと言で言えば、**修飾語句を取り払って、中心軸となる文構造を見つけること**、つまり、第何文型かを探ることである。文型の大半は動詞の語法で決まるので、**文型を探るとは動詞の語法を把握すること**でもある。

▶第 2 章　文型：文の骨組みをとらえる

§11　前置詞＋名詞 ≠ 主語

課題文

From all this emerges the obvious, and perhaps even banal, distinction between primary sources and secondary sources.

〔1995 年後期・本文中〕

【語註】

obvious 明白な　banal 平凡な　the distinction between A and B A と B の区別、違い
primary / secondary sources 第一次 / 第二次史料

構文研究

　京大レベルの英文に挑戦する読者には、この解説は無用かとは思うが、京大といえども英文読解の基礎は変わらないのであえて最初に取り上げた。英文を解釈する上で最初に行うことは**文全体の主語と動詞の確認**である。主語を探す際に、主語は名詞だということは言うまでもないことかもしれないが、名詞といっても**前置詞の目的語になっている名詞は主語にはならない**（前置詞＋名詞 ≠ 主語）。

(a) From its opening moment, this video is not a single or simple entity.
　　「初めの瞬間から、このビデオは単一の、あるいは単純な存在ではない」

〔1991 年後期・本文中〕

　(a) の英文の主語は moment ではない。moment は from という前置詞の目的語になっているからである。主語はもちろん this video である。ちなみに、not ～ or ... の not は～と...の両方を否定して「～でもなければ...でもない」（≒ neither ～ nor ...) となる。not ～ and ... との違い（not は～のみを否定）を知っているだろうか（⇒ p.247）。

　主語・目的語・補語・動詞のことを文の主要素と言うが、**前置詞の目的語になっている名詞は主語にも目的語にも補語にも（もちろん動詞にも）ならない**。これは正しい英文解釈をする上での大原則である。

　　前置詞＋名詞 ≠ 主語 or 目的語 or 補語

英文解説

　本文の主語は何かときかれて、all this と答えるのは間違いである。なぜなら、これらは from という前置詞の目的語になっているからだ。

　また、from all をひと塊と考えて、次の this が主語と解釈するのも間違いである。そのためには emerge が自動詞であるという知識が必要になる。自動詞である以上、目的語は必要ないので、this を主語と解釈すると、後ろの distinction という名詞の文法的な説明がつかなくなってしまう。emerge よりも前にある all と this が主語でない以上、主語は emerge の後ろにいることになる。つまり、distinction が主語なのである。このように、主語と動詞の位置が入れ替わる（**V ＋ S** の語順となる）現象を**倒置**と呼んでいる。

　ここでの教訓は、**英文は常に主語から始まるとは限らない**ということである。主語はいつでも文頭に配置されているわけではない。

　そして、emerge という動詞は **emerge from ～**「～から生じる」（≒ come from ～）という語法で使うことが多いということも確認しておきたい。すると、文頭の from が emerge from ～ の from だということがより鮮明に理解できる。

〈**From** all this〉 **emerges** the 〈obvious, and perhaps even banal,〉 distinction
　　　　　　　　　　　V　　　　　　　　　　　　　　　　　　　　　　　S

between primary sources and secondary sources.

　さらに、obvious の次のカンマを見て、そこで文を一度切って考えるのも間違いである。obvious は形容詞だから、手前に冠詞の the がある以上、後ろに obvious が修飾する名詞がいるはずである。その名詞は distinction だが、手前の banal も形容詞なので distinction を修飾している。このように、**形容詞を 2 つ並べる際に、1 つ目の形容詞の直後にカンマを打つことがある**。

【訳例】

　こうした全ての点から、第一次史料と第二次史料の、明白で、おそらく平凡とさえ思える区別が生じるのである。

● 教　訓 ●

- 前置詞の目的語になっている名詞は主語にはならない
- 〈前置詞＋名詞＋ V ＋ S〉の語順になることもある

▶第2章　文型：文の骨組みをとらえる

§12　seem/appear ＋ 名詞

課題文

As she sings the song, she begins to weep, at times appearing barely able to continue singing, and her voice, always highly emotional, seems on certain notes almost a cry of pain.

〔1991 年後期・下線部〕

【語註】
at times 時には　barely かろうじて　notes 音、音色　a cry of pain 苦痛の叫び

構文研究

　主語＋動詞＋補語 (**SVC**) の文構造を第 2 文型と呼ぶ。補語 (C) に相当する語は、品詞で言うと形容詞か名詞である。そして、第 2 文型 (SVC) は必ず〈主語＝補語〉(**S ＝ C**) の関係になる。

(a) <u>My father</u> <u>appeared</u> <u>happy</u>. 「父は嬉しそうだった」
　　　S　　　　V　　　　C　　☞ My father ＝ happy

(b) <u>My father</u> <u>appeared</u> **happily**. 「父は嬉しそうに現れた」
　　　S　　　　V　　　　M　　☞ My father ≠ happily

(c) <u>My father</u> <u>appeared</u> in her presence <u>a different person than usual</u>.
　　　S　　　　V　　　　M　　　　　　　　　C
　「父は彼女の前では別人のようだった」☞ My father ＝ a different person

　(a) と (c) は appear to be 〜の to be の省略。(a) と (b) の違いは happy と happily の部分。形容詞 (happy) なら補語になり、〈**appear**＋形容詞〉で「(形容詞) のようだ」となる。副詞 (happily) は文の主要素 (主語・目的語・補語) になることはなく修飾語 (M) になるので、(b) は第 1 文型 (SV)、**appear** の意味は「現れる」である。appear は第 2 文型の場合、補語が形容詞の代わりに名詞になることもある (appear＋名詞)。問題点は (c) のように、V と C の間に〈前置詞＋名詞〉が入り込むことである。**前置詞の目的語になっている名詞は補語にはならない (前置詞＋名詞 ≠ 補語)**。よって、(c) を考える際に、in her presence の部分を飛ばして文の主要素を探らなければならない。すると、後ろに a different person という名詞 (句) が見つかるので、第 2 文型とわかる。

36

▶ §12　seem/appear ＋名詞

英文解説

「〜する時」を表す as は when と意味的にほぼ同じだが、as の場合は「〜すると同時に」という意味が色濃くなる (⇒ §83) ので、「その歌を歌いながら [歌ううちに]」(≒ While she was singing the songs) と訳すとよい。appearing 〜は分詞構文だが、この場合は and による単純接続と同じ (appearing 〜 ≒ and she appeared 〜)。そして、この appear は「現れる」ではなく「〜に見える」の意味だが、それは appear の次に able という形容詞がいることで判断できる。barely は「かろうじて〜する」という意味だが、訳例では「もう歌い続けられない」と意訳した。「かろうじて歌っていられる」という直訳でもよい。always highly emotional は前に being が省略された分詞構文で、主語 her voice の次に挿入された形となっている。her voice の前の and は主節の2つの文を並列に結んでいる。さらに、seems は三単現の -s が付いていることからもわかるように、her voice が主語である。そして、seem の語法は **It seems that 〜**か **seem to** *do*〜か **seem ＋形容詞 [or 名詞]** しかないので、ここは明らかに seem ＋名詞の語法だが、〈前置詞＋名詞〉は補語にもなれないので、on certain notes は飛び越えて、次の a cry of pain が補語となる。

```
          ┌ she begins to weep,
          │    〈at times〉 appearing barely able to continue singing,
          │                  (≒ and appears)
    and   │ her voice, (being) always highly emotional,
          │ ‾‾‾‾‾‾‾‾‾
          │     S
          │ seems 〈on certain notes〉〈almost〉 a cry of pain.
          └ ‾‾‾‾‾  ‾‾‾‾‾‾‾‾‾‾‾‾‾‾‾‾           ‾‾‾‾‾‾‾‾‾‾‾‾
              V            M                       C
```

【訳例】

その歌を歌ううちに彼女は泣き始め、時には涙でもう歌い続けられないように見える瞬間もある。その声はつねにぐっと感情がせまり、ある音のところではもう苦痛の叫びのようにさえ聞こえる。

● 教　訓 ●

- 前置詞の目的語になっている名詞は補語にはならない
- 〈**seem/appear** ＋前置詞＋名詞＋補語〉の語順になることもある

▶第2章 文型：文の骨組みをとらえる

§13 主語＋be動詞＋of＋名詞

課題文

He was of neat appearance, of middle height, with a patient abstracted air, as if he too would rather be elsewhere. 〔1999年後期〕

【語註】

neat（服装が）こざっぱりした appearance 見かけ middle height 中背 patient じれったい abstracted うわの空の air 気取り would rather ～ むしろ～したい

構文研究

前項で述べたが、**主語＋動詞＋補語（SVC）は第2文型**である。補語の概念は改めて説明すると難しいのだが、主語＋動詞だけでは意味が通じず、主語がどういう状態・性質なのかを説明する語である。そして、**この補語の位置に置かれる単語の品詞は名詞か形容詞**である。

I am a student. 「私は学生です」☞ I ＝ a student
S V   C

I am だけでは意味が不明で、a student という語を入れてはじめて意味が通じる。a student は言うまでもなく名詞である。

SVC の C が**名詞**のときは、**S ＝ C** という関係になっていなければならない。上記の例文では、I ＝ a student となる。では、次の英文はどうだろう。

Peter is health.（×）☞ Peter ≠ health

日本語では「ピーターは健康だ」と言うので、よいのではないかと思われるが、「ピーター」は人間であり、health は事柄なので、Peter ＝ health という公式は成り立たない。こういう場合は、補語を**形容詞**（healthy）にする。この場合は in good health という句を用いてもよい。

「ピーターは健康だ」
Peter is *healthy*.（○）
Peter is *in good health*.（○）

次に、「ピーターとマイクは同い年だ」という文を考えてみよう。

▶ §13　主語＋ be 動詞＋ of ＋名詞

<u>Peter and Mike</u> <u>are</u> <u>of the same age.</u> (○)
　　　S　　　　　V　　　　C

　Peter と Mike は人間であり、age は事柄であり、Peter and Mike ＝ age ではないので、補語を形容詞にしなければならないのだが、「同い年だ」という形容詞はないので、こういう場合、〈**of** ＋抽象名詞〉を用いる。これは本来、手前に名詞があったのだが、意味の上でわかりきっているために省略されて、〈**of** ＋抽象名詞〉＝形容詞という公式になったものである。

　Peter and Mike are *people* of the same age.

　ただし、この例に限り、口語体では of がない文もよく用いられている。

　Peter and Mike are <u>the same age</u>. (○) ☞ 口語体

　加えて、〈**of** ＋抽象名詞〉というよりも、通常は of と抽象名詞の間に何か great や some などの語が入るので、〈**of** ＋形容詞＋抽象名詞〉と呼ぶのがより正確である。

英文解説

　課題文の He was of 〜の of は〈**of** ＋形容詞＋抽象名詞〉の of である。he ＝ appearance でも he ＝ height でもないから of を付けて、全体を形容詞化している。

<u>He</u> <u>was</u> <u>of neat appearance,</u> <u>of middle height.</u>
S　　V　　　　C₁　　　　　　　　C₂

【訳例】
　彼はこざっぱりとした身なりで、中背で、自分もそこにいたたまれないといった感じで、じっとうわの空を装って辛抱している様子だった。

●教　訓●

- SVC（名詞）☞ S ＝ C（名詞）の関係になっていなければならない
- S ≠ C（名詞）のときは C を〈形容詞〉または〈**of** ＋抽象名詞〉にする

§14　準補語

課題文

I drove through the morning, before taking a break at a boat-launch site where I brought out a piece of my cinnamon bread to feed a lone seagull I saw. But within seconds, there were a good 20, squawking loudly, hanging suspended in the air like live mobiles. I took several photographs that failed miserably at capturing the beauty of my time at the edge of that vast body of water. You had to be there, as they say.　　　　　　　　　　　　　〔2000 年前期〕

【語註】

boat-launch site ボート乗り場　bring /〜/ out 〜を取り出す　seagull カモメ　squawk ガーガー鳴く　suspend 〜 〜を浮遊させる　live 生きた　mobile モビール（ひもで吊るされて風で動く彫刻）　fail miserably at *do*ing 〜 惨めなほど〜することに失敗する　at the edge of 〜 〜の畔で　vast body of water 大量の水；湖　as they say 世間の人がよく言うように

構文研究

補語（C）にも厳密には2種類あって、文構造上、必ず必要な補語と、それ自体なくても文構造は成立し（完全（な）文）、**付加情報的に添えられているだけの補語**とがある。後者を**準補語**と呼ぶ。準補語は、それがなくても文は完結しているので、**完全な文に添えられた形容詞や現在分詞や過去分詞や名詞**である。ただし、(d) のように準補語が名詞の場合は、手前に as の省略と考えてもよい。

(a) <u>Whom the gods love</u> <u>die</u> <u>young</u>. 《諺》
　　　　　　S　　　　　　　 V　 準C
　「神に愛される人は若死にする［才子多病、佳人薄命］」

(b) <u>Lucy</u> <u>came in</u> <u>smiling</u> soon.
　　　S　　V　　準C
　「ルーシーはやがてニヤニヤしながら部屋に入ってきた」

(c) <u>My father</u> <u>came</u> <u>home</u> <u>dead drunk</u> last night.
　　　　S　　　 V　　M　　準C
　「父は昨夜ベロンベロンに酔っ払って帰って来た」

(d) <u>He</u> <u>came</u> <u>an enemy</u> but <u>returned</u> <u>a friend</u>.
　　S　V₁　　準C₁　　　　 V₂　　準C₂

「彼は敵としてやって来て、味方として帰って行った」→「来た時は敵だったが、帰る時は友達になっていた」→「昨日の敵は今日の友」

英文解説

第1文の where 以下は site を先行詞とする関係副詞節。I saw は seagull を先行詞とする関係代名詞節。第2文の a good は「よい」ではなく「たっぷりとした」。20 の次に seagulls の省略で「20羽のカモメ」を指す。squawking と hanging が分詞構文で、これらの意味上の主語は a good 20 (seagulls)。suspended「浮遊して」いるのは「20羽のカモメ」なので、これは a good 20 (seagulls) の準補語。hang は「(鳥が) 宙に浮く」という自動詞だから、これだけで完全文であるが、これに suspended 以下の付加情報が加わった。

there were a good 20 (seagulls), ┌ squawking loudly,
　　　　　　　　　　　　　　　　　└ hanging suspended in the air
　→ and a good 20 seagulls hanged **suspended** in the air
　　　　　　S　　　　　　　自V　　準C　　　　M

なお、カモメを mobile に例えているので hang は「吊るされている」という意味と掛詞になっている。第3文の that failed miserably は限定用法だが、日本語らしさを優先してここでは訳し下ろしたい。第4文は文脈上、be there の次に to capture the beauty (その素晴らしさをとらえるためには) の省略。

【訳例】

私は午前中ずっと車を運転してからボート乗り場で休憩を取った。そこで目に留まった孤独なカモメに餌をやろうとシナモンパンを一切れ取り出した。だが、数秒もしないうちに、ゆうに20羽になり、大声でガーガー鳴き、生きたモビールのように空中に浮遊していた。私は何枚か写真を撮ったが、それは惨めなほどの失敗作に終わり、広大な湖畔で過ごした私の時間の素晴らしさをとらえることはできなかった。よく言われるように、その場に居合せた者でなければわからないことだった。

● 教 訓 ●

● SV〜 (完全な文)	+	形容詞	「(形容詞)の状態で〜する」
		*do*ing	「…しながら〜する」
		p.p.	「…されたまま〜する」
		名　詞	「(名詞)として〜する」

▶第2章 文型：文の骨組みをとらえる

§15 副詞的目的格

課題文

(1) Looking into his eyes, now a foot away from my own, I lowered my head still farther and watched with crossed eyes as the cat raised his face and touched his nose to mine. 〔2004年後期・本文中〕

(2) The sewing needle, with its sharp, elongated point balanced by its soft oval eye, is a classic example of opposites united in a manufactured product. But such things, being made of steel, are many times removed from the raw materials from which they begin. 〔2009年前期・本文中〕

【語註】

(1) look into ～ ～を覗き込む　lower *one's* head 頭を下げる　with crossed eyes 寄り目になって　(2) sewing needle 縫い針　elongated 細長い　oval eye 楕円形の穴　a classic example 典型的な例　manufactured product 工業製品

構文研究

名詞は文中においては主語・補語・動詞の目的語・前置詞の目的語のいずれかの役割を果たす。この主な例外が副詞的目的格と呼ばれるものである。

(a) Alan is **five years** older than I am.
「アランは僕より5歳年上だ」

(b) The lake is **three miles** away from here.
「湖はここから3マイルの (3マイル離れた) ところにある」

(c) The width of Saturn's ring is **many times** larger than the diameter of the moon.
「土星の輪は月の直径の何倍も大きい」

(a) の five years も (b) の three miles も (c) の many times も全て名詞 (句) だが、文の働きとしては後続する older, away, larger をそれぞれ修飾する〈**程度を表す副詞**〉であり、これを**副詞的目的格**と呼ぶ。これらを文の主要素 (主語・補語・目的語) から外して考えないと、全体を見誤ることになる。

42

▶ §15　副詞的目的格

英文解説

（1）Looking から my own までは分詞構文で「〜しながら」の意味（look into は2語で1語の他動詞とみなす）。a foot は「足」ではなく「1フィート」(feet の単数形）という長さを表す単位で away from 〜を修飾する**副詞的目的格**になっている。from my own の次は eyes の省略。**own で文が終わっていたら、ふつう次に前出名詞が省略**されている。さらに、a foot away from my own の前に which were の省略で、先行詞は his eyes。still father の still は比較級の強調（⇒ §70）で「さらに遠くに」が直訳。and watched の and は「すると」の意味。touched his nose to mine の mine は my nose を指す。

Looking into his eyes, (which were) now **a foot** away from my own (eyes),

（2）第1文の sharp は elongated と共に point を修飾。with 〜 point balanced by ...は付帯状況を表し、「〜な先が...と均衡した状態で」が直訳。of opposites united in a manufactured product は opposites が united の意味上の主語で of opposites *being* united in a manufactured product と書き換えても同じ。第2文の being made は分詞構文で理由を表す（≒ since they are made）。many times が removed 以下に対する**副詞的目的格**で「何倍もかけ離れている」が直訳。from which they begin は materials を先行詞とする関係代名詞節。

Such things, ⟨being ...⟩, are **many times** removed from the raw materials 〜

【訳例】

（1）今、自分の目から1フィート（約30cm）しか離れていない所にある彼の目を覗き込みながら、さらに頭を下げると、猫が顔を上げて鼻を私の鼻にくっつけてきたので、私は寄り目になって猫を見つめた。

（2）縫い針はその鋭く長い先端が柔らかい楕円形の穴と釣り合っているという点で正反対の要素が一つの製品の中で調和している典型的な例である。だが、これらの物は鉄でできており元の素材とは大きくかけ離れている。

● 教　訓 ●

● **a foot/many times** などは副詞的に後続語の程度を表す

§16　意外なSVOO

課題文

Parents said that they denied their children the freedom that they themselves had enjoyed, because of the fear of traffic, and also of strangers.　〔2004 年前期〕

【語註】

enjoy 〜 〜を享受する（≒ have）　　traffic "流れ" →車の往来

構文研究

主語＋動詞＋目的語₁＋目的語₂（SVO₁O₂）の文構造を第4文型と呼ぶ。第4文型を形成する動詞を授与動詞と呼び、基本的には「**目的語₁（主に人間）に目的語₂（物事）を与える**」という意味になる。この典型的な例が give である。

(a)　<u>Susan</u> <u>gave</u> <u>her daughter</u> <u>a ten-dollar bill</u> for her shopping.
　　　 S　　V　　　O₁　　　　　O₂
　「スーザンは彼女の娘に買い物代に 10 ドル札を与えた」

この文において、結果的には「彼女の娘が 10 ドル札を持った」(Her daughter *had* a ten-dollar bill.) ということになる。一般に、第4文型（SVO₁O₂）の O₁ と O₂ の関係は **O₁ ＋ have ＋ O₂**「O₁ が O₂ を持つ」となる。

さて、deny も第4文型で使うことがあり、辞書などには **deny ＋ O₁ ＋ O₂**「O₁ に O₂ を与えない」と載っている。ところが、英語には否定語はないのに、日本語は「与えない」と否定で訳すことに疑問を持たれないだろうか。

(b)　Nancy **denies** her daughter nothing.
　　「ナンシーは娘に何でも与える」

この疑問も第4文型の原則（**O₁ ＋ have ＋ O₂**）に従って考えれば解けてくる。deny はやはり「〜を否定する」という意味であることに変わりはなく、**deny ＋ O₁ ＋ O₂** の直訳は「**O₁ が O₂ を持つことを否定する**」となる。(b) は「娘が何も持たないことを否定する」から「娘に何でも与える」となる。

▶ §16　意外な SVOO

英文解説

　課題文の deny は第4文型で使われている。their children が O₁ で、the freedom が O₂ である。

Parents said that <u>they</u> <u>denied</u> <u>their children</u> <u>the freedom</u> [that 〜]
　　　　　　　　　 S　　 V　　　　O₁　　　　　O₂

　これも直訳は、「親は自分の子どもたちが自由**を持つことを否定する**」となり、意訳して「親は自分の子どもに自由**を与えない**」となる。freedom の次の that は関係代名詞で freedom を修飾する。この that 節内の themselves は手前の they と同格で、「(親たち)自らは、(親たち)自身は」の意味である。

発　展

　第4文型を構成する動詞は数々あるが、中でも意外と思われるものを次にあげておく。allow / afford / envy / save / spare である。

(c) Passengers **are allowed** one item of hand luggage each. 〔LDCE〕
　　「乗客は一人一個ずつ手荷物を持っていくこと**を許された**」
(d) They **were afforded** the luxury of bed and breakfast. 〔NOAD〕
　　「彼らはベッドと朝食という贅沢**を与えられた**」
(e) I **envy** him his good looks. ☞ I envy his good looks. は不可
　　「私は彼のイケ面**が**うらやましい」
(f) His visit **saved** me the trouble of coming over to him.
　　「彼が来てくれたおかげでこちらから出向いていく手間**が省けた**」
(g) Could you **spare** me a few minutes?
　　「2、3分時間**を割いて**いただけませんか」

【訳例】
　親の言い分は、車の往来、さらには見ず知らずの人が怖いから、子供たちにはかつて自分たちが享受していた自由を与えない、というものだった。

●　教　訓　●

- S + V + O₁ + O₂「O₁ に O₂ を与える」☞ S + V + [O₁ + have + O₂]
- S + deny + O₁ + O₂「O₁ に O₂ を与えない」
　　　　　　　　　　　　　　　☞ S + deny + [O₁ + have + O₂]

▶第2章　文型：文の骨組みをとらえる

§17　前置詞＋ what ＋名詞＋ SV

課題文

　Suppose you have a large sheet of paper on the floor, ruled with parallel straight lines spaced by a fixed distance. A needle of length equal precisely to the spacing between the lines is thrown completely at random onto the paper. What is the probability that the needle will land in such a way that it will intersect one of the lines, as in Figure 1? Surprisingly, the answer turns out to be the number $2/\pi$. Therefore, in principle, you could even evaluate π by repeating this experiment many times and observing in what fraction of the total number of throws you obtain an intersection.

Figure 1

〔2005年後期・本文中〕

【語註】

Suppose ～ ～と仮定しよう　a sheet of paper 紙一枚　rule ～ with lines ～に線を引く　space ～（場所）を空ける　a fixed distance 一定間隔　equal to ～ ～と等しい　spacing 間隔→長さ　at random 無作為に　probability 確率　land 着地する　in such a way that ～ ～するように　intersect ～ ～を横切る→～と交差する　turn out to be ～ 結果は～となる　in principle 原理の上では　evaluate ～ ～の値を求める　fraction 比、割合　the total number of throws 投げた全回数　intersection 交わり→針が線と交差すること

構文研究

(a) I don't know **how** I should put these cards.
　「どんな風にこのトランプを並べるのかがわからない」
(b) I don't know **in which order** I should put these cards.
　「どういう順番でこのトランプを並べるのかがわからない」

　(a) の文なら難なくわかるが、(b) の文になると躓く人がいるようだ。結論から言えば、(a) も (b) も文構造は同じで、how が in which order になっただけである。what と which はこのように〈前置詞＋ **what**［**which**］＋名詞〉で使う場合もあるが、これ**全体で 1 つの疑問詞**と考えれば理解が容易だ。

▶ §17 前置詞＋ what ＋名詞＋ SV

英文解説

　第1文の ruled の前に which is の省略（⇒ §73）で、which の先行詞は paper（遠方修飾⇒ §34）。spaced の前も which are の省略で直前の lines を後置修飾する。

Suppose you have a large sheet of paper on the floor, [(which is) ruled with parallel straight lines {(which are) spaced by a fixed distance}].

　第2文の equal も length を後置修飾する形容詞。

A needle of length [(which is) equal precisely to the spacing ⟨between the lines⟩] is thrown ⟨completely⟩⟨at random⟩ onto the paper.

　第3文の probability は that 節と同格（⇒ §35）。最終文の by repeating の repeating は and を挟んで observing と並列。observing の目的語は in what fraction of the total number of throws you obtain an intersection という疑問詞節だが、in what fraction of the total number of throws「投げた総数のうちのどれくらいの割合で」を1つの疑問詞のようにとらえるとわかりやすい。could は仮定法で by 以下に条件が潜伏している。

you could even evaluate π by ⎡ repeating this experiment many times
　　　　　　　　　　　　and ⎣ observing [⟨**in what fraction** (of the total number of throws)⟩ you obtain an intersection]

【訳例】

　床に大きな紙を置いて、そこには直線が平行に等間隔で引かれていると仮定しよう。線と線の間の長さと正確に等しい長さの針を全く無作為に紙の上に投げるとする。この針が図1に示されるように、線のうちどれか1本と交差するような形で着地する確率はどれだけか。驚くべきことに、この答えは $2/\pi$ になるのである。したがって、原理的には、この実験を何度も繰り返し、針を投げた回数と直線と交わった回数の比を観察することによって、π の値を求めることが可能なのである。

● 教　訓 ●

● ⟨前置詞＋ what［which］＋名詞⟩を1つの疑問詞と考える

47

▶第2章 文型：文の骨組みをとらえる

§18　be 動詞の訳出

課題文

(1) A conflict between the generation—between youth and age—seems the most stupid of all conflicts, for <u>it is one between oneself as one is and oneself as one will be, or between oneself as one was and oneself as one is.</u> 〔1976年〕

(2) So long as the mind of man is what it is, it will continue to rejoice in advancing on the unknown throughout the infinite field of the universe. 〔1988年B日程・下線部〕

(3) But what is important about life is not that it may or may not be rare or unique. Life is precious because of what it is. 〔1975年・本文中〕

(4) The words we exchange capture the way things have appeared to us, and if we are authoritative in our disclosures they capture the way things are. 〔2002年前期・下線部〕

【語註】
(1) conflict 争い　(2) so long as ～　～である (≒ as long as ⇒ §67)　mind 知力　rejoice in ～　～を喜ぶ　advance on ～　～に向かって進む　the unknown 未知の世界　(4) capture ～をとらえる　authoritative 信頼に足る　disclosures 公表 (したこと)

構文研究

as＋主語＋be 動詞 / what＋主語＋be 動詞 / the way＋主語＋be 動詞 では be 動詞を単に「～である」と訳すのは不自然で、be 動詞の時制に合わせて「現在の～」「過去の～」「未来の～」と訳すか「そのままの～」「ありのままの～」と訳すのが定番である。

(a) **What Sam is (now)** is quite different from **what he used to be**.
「**今のサム**は**昔のサム**とはすっかり変わってしまった」

(b) Accept things **as they are**.
「物事を**ありのままに**受け入れなさい」

(c) I'm happy with **the way things are**.
「僕は**現状**に満足している」

英文解説

(1) for は接続詞で「なぜならば」(⇒ §94)。it is one の one は a conflict を指す。**oneself as one is**（この one は「(一般の) 人」）は **oneself as one will be, oneself as one was** と between 〜 and ...の構文を通して対比されているので、それぞれ **oneself as one is**「現在の自分」、**oneself as one will be**「未来の自分」、**oneself as one was**「過去の自分」という訳語が適切。

(2) **what it is** の it は the mind of man を指し、「人間の知性が今そうであるところのもの」という直訳から「今のまま」「現状のまま」が意訳。

(3) **what it is** の it は life「生命」を指し（文脈を抜いているので、この分文だけでは life の意味を確定できないが）、「実際の／ありのままの姿」が適切な訳。

(4) we exchange は前に that が省略され、words を先行詞とする関係代名詞節。**the way things have appeared to us** は **the way things are**（「物事の実際の有り様」という決まり文句）との対比なので「我々に見える物事の有り様」と訳すのが適切。

【訳例】
(1) 世代間の争い、すなわち若者と老人の争いはすべての争いの中で最も馬鹿げた争いであるように思われる。なぜなら、それは現在の自分と未来の自分との争いであり、また過去の自分と現在の自分との争いでもあるからだ。
(2) 現状のままである限り、人間の知力は宇宙という無限の領域の中を未知の世界に向かって前進することに相変わらず喜びを覚え続けることだろう。
(3) しかし生命について大切なことは、希少価値があるとか、かけがいのないものであるとかないとかということではない。生命はあるがままの姿ゆえに貴重なのである。
(4) 我々が交わす言葉は、我々の目に映った物事の有り様をとらえ、我々が公表したことが信頼できることなら、言葉は物事の実際の有り様をとらえる。

● 教 訓 ●

- what 〜 is「現在の〜」、what 〜 used to be「かつての〜」
- as it is / as they are「ありのままの[に]、そのままの[に]」
- the way things are「現状」

▶第2章　文型：文の骨組みをとらえる

練習問題

(**1**) The old must place their wisdom and experience at the service of the young, yet allow the vitality, energy and enthusiasm of youth freedom of scope, while the young must respect and honor the achievements and practical sense of their elders and place their physical strength and vigor, while they still possess them, at the service of the continuing community. 〔1976年下線部〕

(**2**) In our daily lives we all predict and explain other people's behavior from what we think they know and what we think they want. Beliefs and desires are the explanatory tools of our own intuitive psychology, and intuitive psychology is still the most useful and complete science of behavior there is. 〔1999年後期〕

【語註】
(1) place 〜 at the service of … …のために〜を役立てる　enthusiasm 熱意、やる気　youth 若者　freedom of scope 自由に活動する余地　honor 〜 〜を尊ぶ　achievements 業績　practical sense 実社会で役立つ思慮分別
(2) explanatory 説明に役立つ　tool 道具、手段　intuitive psychology 直観心理学　science of behavior 行動科学

第3章　語順：倒置と情報構造

　正しい英文解釈をするためには、主語・動詞を確かめ、文型を把握することに尽きるわけだが、この文型が定型通りに SV〜という語順にならない場合がある。主語と動詞の順番が変わることを**倒置**と呼ぶが、これにもある種の暗黙のルールが存在する。それは**情報構造**と呼ばれるものだ。

　情報は一般に、旧情報と新情報が存在し、旧情報とは〈相手（読者）がすでに知っていると判断される情報〉であり、新情報とは〈相手（読者）はまだ知らないと判断される情報〉のことである。そして、**旧情報はふつう文頭に現れ、新情報は文末に現れる**ということが統計的にわかっている。そして、**新情報に焦点（focus）が当たる**。

- 旧情報：相手（読者）もすでに知っている判断される情報　☞　文頭
- 新情報：相手（読者）はまだ知らないと判断される情報　　☞　文末　⇨　焦点

実は日本語でもそういう傾向があることをご存じだろうか。

(a)「私、昨日、ヨシコと渋谷までカラオケに行ったの」
(b)「私、昨日、渋谷までカラオケし に行ったの、ヨシコと」
(c)「私、昨日、ヨシコとカラオケし行ったの、渋谷まで」

上記例文で、(a) だと「カラオケ」、(b) だと「ヨシコ」、(c) だと「渋谷」にそれぞれ焦点が当たるのではないだろうか。我々は無意識のうちに、語順を変えることで、ある部分だけを浮き彫りにしているのである。
　この章では、倒置や語順転倒が起きる文に注意すると同時に、どうしてそういう語順になったのかまで考察していきたい。

▶第3章　語順：倒置と情報構造

§19　前置詞＋B＋主語＋A

課題文

What are they (= readers) going to think? And by this we don't just mean what are they going to think about the quality of our work, but what will they think about us once they read our writing?

〔2000年後期・本文中〕

【語註】

not just ～ but ... ～のみならず...も　　once + SV ～ いったん～すると

構文研究

(a) Cliff often says the word 'we,' but by 'we' he means the general public.
「クリフは『僕ら』という語をよく用いるが、彼が言う『僕ら』とは一般大衆のことである」

(b) By 'gal' Cliff means a young girl, the type of girl who often goes out.
「『ギャル』という言葉を使うことで、クリフは若い女の子、すなわちしょっちゅう遊び歩いているタイプの女子のことを言っている」

(a)も(b)もbyは **mean + A + by + B**「BでAを意味する」という語法におけるbyである。ところが、〈by + B〉の部分だけ文頭に移動したのは、(a)は直前の文でBに相当する'we'という語をすでに使っており、**旧情報**だからである。このように、**一度登場した語句は、二度目は旧情報とみなされる**。

(b)は a young girl に the type 以下の付加説明を同格として付けたのは、a young girl だけでは読者にはわかりにくいと筆者が判断したからで、いわば**新情報には同格、修飾語句などの付加説明がつきやすい**のである。これをすべて言い終わってから〈by + B〉を付けると mean と by が遠すぎて文意がわかりにくくなると判断したため〈by + B〉が文頭に来た。**新情報**は通常、**文末に回す**。

英文解説

第2文は And の次に by this が文頭に来ているが、これは this が前文である第1文を指す、つまり**旧情報**だからである。mean の目的語は2つの what 節だが、間接疑問文なので、本来ならそれぞれ what they are going to think

52

▶ §19 前置詞＋B＋主語＋A

〜, what they will think 〜の語順でなければならないし、文末のクエスチョンマークもピリオドにするべきなのだが、第1文の疑問文をそのまま引きずってこのような語順のままにしたのだろう。

【訳 例】
　読者はどう思うだろうか。そしてこの疑問は、我々の作品の良し悪しについて彼らがどう思うか、ということばかりではなく、我々の著作を読んだら、我々著者についてどう思うだろうか、ということもでもある。

　類　題

To weak minds it adds a new temptation, the temptation to that kind of limited attitude which consists in remembering the principle and forgetting the special features of the problem to which it is applied. 〔大阪大・1995 年前期〕

「知力の弱い者には、それは新しい誘惑、すなわち、原理は覚えても、その原理が適用される問題の諸特性を忘れてしまうといった類の狭量な考え方が付加されてしまう」

文頭の To は **add ＋ A ＋ to ＋ B**「A を B に加える」の to である。A に相当する a new temptation に the temptation 以下の付加説明が同格的について長くなった（新情報）ために〈to ＋ B〉を文頭に回した。weak minds の minds は「頭；知性を持つ人々」の意味（⇒ §1）。that kind of 〜 which ... の which 以下の先行詞は kind になる（⇒ §34）。attitude の訳語は「態度」でもよいが、「物事に対する基本的姿勢・考え方」というのが原義。consist in 〜は「〜に存する」という基本熟語。to which の to は which 節内の applied と呼応して be applied to 〜「〜に適応される」の to である（⇒ §45）。

● 教　訓 ●

- 前置詞＋B（旧情報）＋主語＋動詞＋A
- 動詞＋A＋前置詞＋B（mean A by B）
  ⇨ 前置詞＋B＋主語＋動詞＋A（by＋B＋S＋mean＋A）の語順に！
  ☞ Bが旧情報 or Aが新情報（同格や修飾語句などが後続）の時に起きる現象

53

▶第3章　語順：倒置と情報構造

§20　SVCOM

課題文

　The refusal of an attempt by a friend to initiate conversation is likely to lead to charges of moodiness or some other personal failings. That is, the injured party will regard your behaviour as antisocial in that you have apparently deliberately rejected an attempt to keep open the channel of communication that exists between you.
〔1995 年後期〕

【語 註】

initiate 〜 〜を始める　lead to 〜 〜に通じる　charge 非難　moodiness 気分屋　failing 失敗、欠点　that is すなわち（= that is to say）　injured 気分を害した　party 相手、当事者　regard A as B A を B とみなす　antisocial 社交的でない　in that 〜 〜という点で　apparently 〜 〜に見える　channel（伝達の）経路

構文研究

　主語＋動詞＋目的語＋補語（**SVOC**）を構成する文構造を第 5 文型と呼ぶ。ところが、第 5 文型は時々、目的語と補語を入れ替えて主語＋動詞＋補語＋目的語（**SVCO**）の語順なることがある。この場合は通常、目的語が新情報（⇒ §19）で、相手が知らないことをわかりやすく説明しようと思って付加説明、すなわち関係詞節などの修飾語句（**M**）が付く場合である。

Robert didn't make known the fact that he had cancer.
「ロバートは自分が癌であることを知らせなかった」

　上の文は make 〜 known の〜と known が入れ替わった形で、〜に相当する the fact に同格の that 節が付いて長くなったために後ろに回っている。

Robert didn't make known the fact [that he had cancer].
　　S　　　　V　　　　C　　　O　　M（修飾語句：同格）

　もっとも、make known 〜はこの語順になることが圧倒的に多いので、**make known 〜**で「**〜を知らせる**」という決まり文句だと覚えておけばすむ話だ。

54

英文解説

第1文の The refusal of an attempt by a friend to initiate conversation に関しては**名詞構文**の解説 (⇒ §56) を参照されたい。moodiness は moody の名詞形であるが、そもそも moody は「不機嫌な」という悪い意味で使われ、moodiness も「不機嫌なこと→気分屋」となる。lead to charges of moodiness で「気分屋という罪を招く→気分屋というレッテルを貼られる、不興を買う」といった訳になる。第2文の分析は以下の通り。

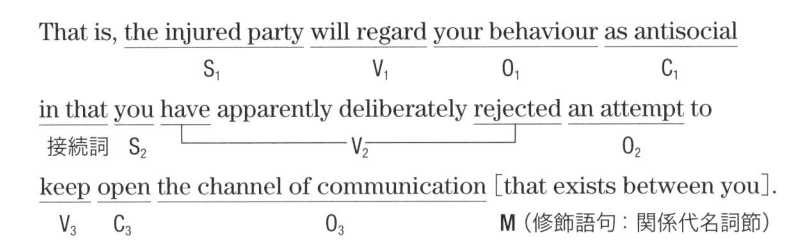

That is, <u>the injured party</u> <u>will regard</u> <u>your behaviour</u> <u>as antisocial</u>
　　　　　　S₁　　　　　　　V₁　　　　　O₁　　　　　　C₁
<u>in that</u> <u>you</u> <u>have apparently deliberately rejected</u> <u>an attempt to</u>
接続詞　S₂　　　　　　　V₂　　　　　　　　　　　O₂
<u>keep</u> <u>open</u> <u>the channel of communication</u> <u>[that exists between you]</u>.
　V₃　　C₃　　　　　　O₃　　　　　　　　　M（修飾語句：関係代名詞節）

この party とは前文で会話を無視された「相手」のことなので、injured も「（肉体的にではなく）精神的に傷つけられた」の意味である。antisocial を「反社会的な」と訳すとテロリストのようなものを連想するのでいただけない。social には「社会的な」という場合と「社交的な」という場合がある。この場合は後者の否定形で「社交的ではない」の意味だ。apparently も「明らかに」ではなく「～に見える」(appear to *do* ～の副詞的表現) である (⇒ §117)。**keep open** ～の箇所が目的語と補語の入れ替わっている部分で、目的語 the channel of communication の communication に関係代名詞 that 節が付いたためにこの語順になった。文末の you は you and the injured party を指す。

【訳例】

　友人が会話を始めようとするのを拒否すると、不興を買ったり何らかの個人的な失敗を招いたりする場合が多い。つまり、気分を害した相手は、二人の間の意思疎通の連絡経路を空けておこうとする試みを、あなたが意図的に拒んだように見えるから、あなたの行動を社交的ではないとみなすはずである。

● 教　訓 ●

- 主語＋動詞＋目的語＋補語＋修飾語句（SVCOM）
  ☞ OにM（修飾語句）が付くと、CとOの位置が逆になる

§21　場所を示す語句＋beV＋S／S＋beV＋p.p.＋by＋行為者

> **課題文**
>
> The first attempt was made by the Pythagoreans, though it was still somewhat vague and speculative. In the center of the cosmos was a fire (not the sun), but this was shielded from the earth by a body known as the "counter-earth." 〔2003年後期・本文中〕

【語註】
the Pythagoreans ピタゴラス学派の人たち　speculative 思索的な　be shielded from ～ ～から遮断されている　body 天体

構文研究

(a) *Yodobashi Camera is* in front of Shinjuku Station.
「ヨドバシカメラは新宿駅の前にある」

(b) In front of Shinjuku Station *is Yodobashi Camera*.
「新宿駅の前にあるのはヨドバシカメラだ」

(a) と (b) の訳語を比べてほしい。日本語でも多少違いがあることに気がつくだろう。(b) の方が、「ヨドバシカメラ」という語が印象的に残るのではないか。ちなみに CM は (b) の語順である。CM でまず大事なことは店名を覚えてもらうことだろう。視聴者にインパクトを残したいのなら、いちばん強調したい語は最後に回すのが人間の常ではなかろうか。従来は〈**場所を示す語句**〉が文頭に来ると倒置（疑問文と同じ語順）が起きると教えてきたが、この倒置は**主語を新情報として際立たせたい**という狙いがある。

(c) It is rather warm for January. This is said to **be caused** by global warming.
「1月にしてはやや暖かい。これは地球温暖化が原因と言われている」

(d) The window **was broken** by the burglars who broke into the house.
「その窓は家に押し入ってきた賊たちによって破壊された」

(e) America **was discovered** by Amerigo Vespucci. (not by Columbus)
「アメリカを発見したのはアメリゴ＝ベスプッチだよ」

▶ §21　場所を示す語句＋ beV ＋ S / S ＋ beV ＋ p.p. ＋ by ＋行為者

　受動態を用いる本来の役割は〈行為者がわからない〉場合なのだが、行為者がわかっていてもあえて受動態にして〈by ＋行為者〉を添える場合がある。これは (c) の第 2 文のように**主語が** this という代名詞、すなわち**旧情報**であるか、(d) のように**行為者が新情報**のために、who 以下の修飾語句が続く場合か、(e) のように**対比**を暗示している場合である。

英文解説

　第 1 文の受動態に by 以下が付いているのにも情報構造と関係があり、by 以下を新情報として際立たせたいときに、能動態ではなくてあえて受動態を用いる。第 2 文の In the center of the cosmos が〈**場所を示す語句**〉で、次が倒置している（本書では倒置した場合の動詞部分を小文字の v で示すことにする ⇒ p.10）。a fire に**新情報**としての焦点を当てたいのが意図であろう。but 以下の文は主語が this（代名詞）で旧情報であることと、a body「天体」だけでは何の「天体」のことかわからず known as the "counter-earth" という付加情報としての修飾語句を付けたという意味では**新情報**なので、by 以下が付随する受動態にしたものと思われる。

The first attempt was made by the Pythagoreans,
　　　　　　　　　　　　　　　新情報

In the center of the cosmos was a fire
　　　場所を示す語句　　　　　v　　S

this was shielded from the earth by a body [(that is) known as 〜]
旧情報　　　　　　　　　　　　　　　新情報　　　　修飾語句

【訳例】
　最初の試みは、なお幾分曖昧で思索的だったが、ピタゴラス学派の人たちが行った。宇宙の中心には（太陽ではなく）火があるが、これは「反対の地球」として知られている天体によって地球から遮られている（という説だった）。

● 教　訓 ●

- 〈場所を示す語句〉＋ v ＋ S（＋修飾語句）☞ S（主語）が新情報
- 主語＋ be 動詞＋過去分詞＋ by ＋行為者 ☞ 主語が旧情報
- 主語＋ be 動詞＋過去分詞＋ by ＋行為者＋修飾語句 ☞ 行為者が新情報
- 主語＋ be 動詞＋過去分詞＋ by ＋行為者 ☞ 行為者に対比を暗示

▶第3章　語順：倒置と情報構造

§22　among ＋名詞＋ beV ＋ S

課題文

　Kyoto was the site for the 20th century's last major international climate conference in November 1997. There one of the most far-reaching international contracts ever developed emerged, introducing some exciting new ideas for dealing with topics of global concern. Among them was the concept of "emissions trading" in which countries with higher CO_2 outputs can buy the right to emit more, from countries emitting less.　〔2001年後期・本文中〕

【語註】

site 場所　far-reaching 広範囲に及ぶ　deal with ～ ～を解決する(≒ solve)　of concern 心配な、懸念されている　emissions trading 排出権取引　outputs 生産量（ここでは CO_2 の排出量）　emit ～ ～を排出する

構文研究

(a) **Among** the treasures in this museum's permanent collections *are several works by Picasso.*
「この博物館の永久保存の作品の中にはピカソの作品が何点かある」

(b) My grandparents send us a lot of fresh vegetables every year. **Among** them *are cabbages, carrots, potatoes, tomatoes*—you name it.
「祖父母は毎年私たちにたくさんの新鮮な野菜を送ってくれる。その中には、キャベツ、ニンジン、ジャガイモ、トマトなど、よりどりみどりだ」

　among ～ が文頭に来ると後続の主語と動詞が倒置する場合が多いが、これも among 内が**旧情報**で、主語が**新情報**だからということに起因する。(a)の文では「ピカソの作品」ということを前面に伝えたいために文末にしたものと考えられる。(b)では them が前文の vegetables を指す代名詞で、明らかに旧情報であるために文頭に回り、具体的な野菜名に新情報としての焦点を当てた文である。

▶ §22　among＋名詞＋beV＋S

英文解説

　第2文の ever developed の前には that have been が省略されており（過去分詞の後置修飾⇒ §73）、emerged が文全体の動詞となる。ever developed「これまで進められてきた」は the most far-reaching という最上級と呼応している。introducing ～は分詞構文で、and it introduced ～の意味。

〈There〉 <u>one</u> of the most far-reaching international contracts
　　　　　S

　　　　　　　［(that have) ever (been) developed］<u>emerged</u>
　　　　　　　　　　　　　　　　　　　　　　　　　　　V

　第3文の Among them の them が代名詞で旧情報なのでこれを文頭にし、主語の the concept に of 以下文末までの修飾語句を付けたために後ろに回したものと考えられる。in which の which の先行詞は emissions trading。emitting の前には which are が省略されている（現在分詞の後置修飾）。

<u>Among them</u> <u>was</u> the <u>concept</u> ［of "emissions trading"
　旧情報　　　　v　　　　S　　　修飾語句（文末まで）

｛in which countries with higher CO_2 outputs can buy the right to emit more, from <u>countries</u> ｛(which are) emitting less｝｝］.

【訳例】

　京都は1997年11月に開かれた20世紀最後の大きな国際気候会議の場所だった。その会議では、これまで進められてきた中で最も広範囲に及ぶ国際的な契約の一つが登場し、地球規模で懸念されている問題を解決するための、いくつかの刺激的な新しい考え方が導入された。その中には、二酸化炭素排出量の多い国が、少ない国からもっと排出量を多くする権利を買うことができる「排出量取引」という概念が含まれていた。

● 教　訓 ●

● **Among ＋名詞＋ be 動詞＋主語**　「～の中には…がある / いる」
　　　（旧情報）　　　V　　（新情報）

▶第3章 語順：倒置と情報構造

§23 CVS と OSV

課題文

(1) The animals (= Arctic foxes) were fitted with numbered ear tags, released, and their whereabouts were then recorded. Although next to nothing was revealed about how they got to various places, due to limitations of the techniques being employed, deep into the high Arctic, more than 2000 kilometers away, is where some were recovered.　〔2012年・下線部〕

(2) Preparation consists of conscious logical efforts to pin the problem down, make it precise, and attack it by conventional methods. This stage Poincaré considered essential; it gets the subconscious going and provides raw materials for it to work with.

〔2014年・本文中〕

【語註】

(1) be fitted with ～ ～を付けられる　ear tags 耳標　whereabouts 所在、居場所　employ ～ ～を用いる　recover ～ ～を回収する→再確認する　(2) pin /～/ down ～の正体をはっきりさせる　Poincaré ポワンカレ（フランスの数学者）　get ～ going ～を始動させる

構文研究

(a) What Tommy says is important, but more important is what he does.
　　　　　　　　　　　　　　　　　　　　C　　　　V　　S
「トミーの発言も重要だが、もっと重要なのは彼の行動だ」

(b) Tommy promised us never to give us trouble, but this promise he broke in less than a week.
　　　　　　　　　　　　　　　　　　　　　　　　　　O　　　S　V
「トミーは我々に二度と迷惑をかけないと約束したが、この約束を1週間もしないうちに破った」

第2文型 (SVC) は **CVS** と倒置することがあるが、これはふつう**主語が新情報**であるために文末に回されるからである。(a) は「発言」より「行動」を強調したいので、what he does「行動」が新情報として文末になった。

第3文型 (SVO) や第5文型 (SVOC) は、O が先頭に来て、それぞれ **OSV**、**OSVC** という語順になることがある。これは**目的語が旧情報**である場合が多い。(b) で this promise は前文で述べた旧情報なので文頭に来た。

▶ §23　CVS と OSV

英文解説

（**1**）released は were につながる受身形で fitted と並列。limitations of the techniques being employed の being employed は techniques を後置修飾し、「用いられる限界」ではなく「技術の限界」であることに注意（⇒ §92）。deep into the high Arctic と more than 2000 kilometers away は同格。into は前置詞であり、〈**前置詞＋名詞**〉**は主語にはならない**ので、後ろの where 節が主語（主部）で、**CVS** の倒置になっている。where は先行詞 a place を含む関係副詞、または「〜する所」を意味する接続詞と見てもよい（どちらも名詞節になる）。

deep into the high Arctic,	is	where some were recovered
more than 2000 kilometers away,	V	S
C		

☞ 2000 kilometers は副詞的目的格（⇒ §15）

（**2**）第 1 文の pin と make と attack は共に to 不定詞内で effort を修飾する形容詞用法。動詞 consider は consider ＋ O ＋ C で「O を C と考える」の語法だが、第 2 文の This が前を指す**旧情報**なので **OSV** という語順になった。to work with は materials を修飾する遠方修飾（⇒ §33）で、with の目的語が raw materials になる形容詞用法の to 不定詞（⇒ §89）。for it の it は the subconscious を指し、この部分が to work with の意味上の主語。

This stage	Poincaré	considered	φ	essential
O	S	V		C

【訳例】

（1）ホッキョクキツネは番号札を耳に付けられ、放たれ、それから出没場所が記録された。キツネたちがどうやって様々な場所にたどり着いたかは用いられた技術の限界のせいでほとんど何も明らかにされなかったが、もといた場所から 2000km 以上離れた奥深い高緯度の北極地方で何頭かが捕獲された。

（2）準備段階は、問題を突き留め、問題を正確なものにし、問題に従来の方法で取り組むという意識的かつ論理的な努力から成る。ポワンカレはこの段階が不可欠だと考えた。それは潜在意識を始動させ、取り組むべき原材料を潜在意識に供給する。

●　教　訓　●

● **CVS** ☞ **S が新情報** / **OSV** ☞ **O が旧情報**

§24 p.p. + beV + S

課題文

Gone are the days when experience of a dramatic performance was either a rare feast-day occurrence; or restricted to the social elites of courts; or accessible only to the more affluent classes in the larger cities. 〔1992 年前期・下線部〕

【語註】

feast-day 祝祭日の　courts 宮廷　accessible 近づきやすい　affluent 裕福な

構文研究

(a) **Hidden** microphones were discovered in the room of the head of the opposition party.
「野党党首の部屋から隠しマイクが見つかった」

(b) **Hidden** in a house, Anne escaped being captured.
「ある家に隠れていたので、アンネは捕まらずに済んだ」

(c) **Hidden** at the basement *was* a large sum of *money*.
「地下室に隠されていたのは、なんと多額の現金であった」

過去分詞から文が始まっていた場合は、上記例文のように、(a) **直後の名詞を修飾**するか、(b) 手前に **Being** が省略されている分詞構文か、(c) **受動態の倒置**かのいずれかである。客観的に表現するならば次のようになるので、この判別は比較的簡単である。

(a) **p.p.＋名詞＋動詞…**　☞　［p.p.］＋名詞＋動詞…
(b) **p.p.〜, 名詞＋動詞…**　☞　(Being) p.p.〜, 名詞＋動詞…
(c) **p.p.〜＋be 動詞＋名詞**　☞　名詞＋be 動詞＋p.p. の倒置

(c)の場合、名詞が**新情報**になる。そして、それを詳しく説明するべく、**修飾語句が後に続くのが通例**である。日本語も文末の方が新情報になるので、倒置の語順のまま訳した方が、筆者の意図に近づく。

▶ §24　p.p. ＋ beV ＋ S

英文解説

　第1文の Gone are the days が the days are gone の倒置である。days が新情報であり、関係副詞 when 節以下の付加情報が加わったためにこの語順となった。ただし、**be 動詞＋gone** は受け身ではなく「**過ぎてしまった**」という**完了**を表す。when 節内は was を共通項とする並列が either A or B or C を介して3つ並んでいる。

　Gone are <u>the days</u> [when experience of a dramatic performance was
　　either 　┌ a rare feast-day occurrence;
　　or 　　 │ restricted to the social elites of courts;
　　or 　　 └ accessible only to the more affluent classes in the larger cities].

【訳例】

　演劇の上演を見る経験が祝祭日だけのまれな特別行事であったり、宮廷の社会的特権階級だけに限られていたり、大都市の富裕階級にしか見ることができないといった時代は過ぎ去ったのである。

関　連

(d) **Sitting** for long periods can raise the risk of early death.
　「長時間座っていることは早死の危険性を増す可能性がある」
(e) **Sitting** for hours, I had a pain in my waist.
　「長時間座っていたので腰が痛くなった」
(f) **Sitting** at the kitchen table was our missing uncle.
　「台所のテーブルに座っていたのは行方不明の叔父だった」

　この項のテーマに関連して上の構文 (***Doing*** 〜 **＋ beV ＋ S**) も確認しておきたい。doing から文が始まっている場合は (d) の sitting のように動名詞で文の主語になるか、(e) のように分詞構文になるか、(f) のように進行形の倒置のいずれかになる。(f) の倒置は主語が新情報である場合に生じる。

●　教　訓　●

● p.p.〜＋ beV ＋ S ＋修飾語句「〜されるのは S だ」　☞　S が新情報
● ***Doing*** 〜＋ beV ＋ S ＋修飾語句「〜しているのは S だ」　☞　S が新情報

▶第3章 語順：倒置と情報構造

§25　as/than + v + S

課題文

　The first scribble of childhood with a well-sucked crayon will as surely lead to the making of recognizable shapes to represent 'Mummy' as will his early enthusiastic claps to the rhythm of nursery rhyme or popular song to the free-flowing steps of a yet unknown pop culture or the formal patterns of the traditional dance.　　　　　　　　　　　　　　〔1982年・下線部〕

【語註】

scribble 落書き　well-sucked よく吸った→しゃぶられた　recognizable それとわかる　represent〜 〜を表す　claps 手拍子　to the rhythm of 〜 〜に合わせて　nursery rhyme わらべ歌　free-flowing 自由に流れるような　steps 足さばき　pop culture 大衆文化

構文研究

(a) I like Barbara **better than** Victor.

(b) I like Barbara **better than** Victor does.

(c) I like Barbara **better than** *does Victor*.

　英語の比較構文は通常は主語と主語の比較に言及するので、(a)は通常(b)と同じで「ヴィクターがバーバラを好きな度合よりも、私がバーバラを好きな度合の方が上だ」(IとVictorの比較＝**主語と主語の比較**)の意味になる。しかし、(a)は時々「私はヴィクターよりもバーバラの方が好きだ」(BarbaraとVictorの比較＝**目的語と目的語の比較**)にもなり得るので、(b)のようにdoesを書き足せばはっきりする。doesがある以上、Victorは主語として働くことになるので、比較構文が主語と主語の比較であることが明瞭になる。

　ところが、doesは機能語として働くだけの助動詞にすぎず、意味の重点はVictorの方にある、すなわち、Victorが新情報なので、(c)のようにVictorを文末に回して語順転倒を起こすのである。このように、asやthanの次に(助)動詞があれば、語順転倒の可能性が高いのだが、これ以外に、asやthan自体が関係代名詞という場合もある。

(d) You should not use **more** energy **than** *is* necessary.
　「必要以上にエネルギーを使ってはいけない」

▶ §25 as/than ＋ v ＋ S

(d) の文では than が主格の関係代名詞として働いている。

英文解説

the making of 〜は「〜をつくること」という名詞構文 (⇒ §60)。to represent は shapes を修飾する形容詞用法 (⇒ §89)。**as will his early enthusiastic claps** の部分が **as** の次が語順転倒した形。主節と同じ文構造をするので、時制は will がつき、動詞は lead to なので、as ＋ will ＋ S ＋ lead to 〜となるところだが、lead は省略されている。to the free-flowing steps の to が lead to の to である。手前の to the rhythm of の to は「〜に合わせた」という意味の前置詞で後ろから claps を修飾する。of の目的語が or を挟んで nursery rhythm と popular song の２つ。また、後半の lead to (lead は省略) の to の目的語は or を挟んで the free-flowing steps of 〜 と the formal patterns of 〜の２つ。なお、surely は文修飾副詞なので、訳語は最後に「〜は確実だ」とする。

The first scribble of childhood [with a well-sucked crayon]
will **as** surely lead **to** the making of recognizable shapes [to represent 'Mummy']
    as *will* his early enthusiastic *claps* [to the rhythm of ⎡ nursery rhyme
       助動詞   S   or ⎣ popular song
      (lead) **to** ⎡ the free-flowing steps of a yet unknown pop culture
             or ⎣ the formal patterns of the traditional dance.

【訳例】

　わらべ歌とか流行歌のリズムに合わせてとる幼い頃の熱狂的な手拍子が、まだ知られていない大衆文化の自由に流れるような足さばきとか、伝統的な踊りの正規の型に発展していくのとまず同じように、よくしゃぶられたクレヨンで描かれた幼年時代最初の落書きは、見ただけでママを表すとすぐわかる形になるといったところに行き着くことは確かだろう。

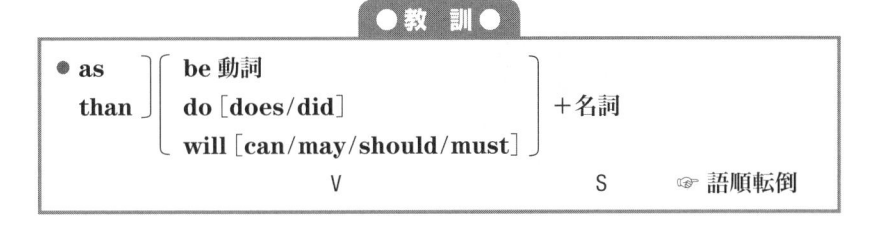

●教訓●

● as 　 than	be 動詞 do [does/did] will [can/may/should/must]	＋名詞
	V	S　☞ 語順転倒

▶第3章 語順：倒置と情報構造

§26　there fell 〜/there is 〜 *do*ing ...

> **課題文**
>
> (1) From that cloud, driven by a strong northwest wind, there fell on Pompeii a heavy hail of pumice stones, which smashed roofs, riddled the houses and buried the city under a blanket of pumice more than 12 feet deep. 〔1995 年前期・本文中〕
>
> (2) As if on cue, the door to the reception area opens and Nicki sweeps through. Nicki always sweeps through. She moves as if there is a camera following her, recording her every gesture, her eyes on guarded alert for the camera's telltale red light that signals she is "on." 〔1999 年前期・本文中〕

【語 註】
(1) hail 雹（ひょう）　pumice (stones) 軽石　smash 〜 〜を壊す　riddle 〜 〜を穴だらけにする　blanket 覆い；層　(2) on cue 合図通りに　reception area 待合室　sweep through 颯爽（さっそう）と中に進む　on guarded alert for 〜 〜を用心して　telltale light 表示灯　signal 〜 〜と合図する

構文研究

there is 構文の主語は there ではなく is の次の名詞だと教わるが、それは **there is 構文も倒置構文である**ことを意味する。〈a(n)＋名詞〉はふつう**新情報を表す**。これを文頭にするのは情報構造の観点からはあまりよろしくない。そこで、どうしても新情報を主語にせざるを得ないときは、there is というクッションを置いてから〈a(n)＋名詞〉を添えればコミュニケーションが円滑に進む。

(a) **There is** an old man sitting at the bench in the park.
(b) An old man *is sitting* at the bench in the park. (△)
　「一人の老人が公園のベンチに座っている」
(c) **There fell** a deep silence.「深い沈黙が訪れた」

(b) は An という新情報から文が始まっているので読みにくいが、(a) は There is からスタートしているのでスムーズである。また、(c) のように、be 動詞以外に**存在・出現・生起を表す動詞**（exist, stand, remain, live, appear, seem, come, go, arise, emerge, fall など）を伴うこともある（文語的）。

66

▶ §26　there fell ～/there is ～ doing ...

英文解説

(1) driven の前に being が省略されている分詞構文で、意味上の主語は主節の主語と同じ hail である。there is 構文の主語は there is の次の名詞。本文は is の代わりに fell になっている。〈前置詞＋名詞〉は主語にならないので、on Pompeii は飛び越えて次の hail が主語。また、hail を先行詞に which 以下が関係代名詞節で、続く動詞が〈A、B and C〉の列挙法で3つある。

〈From that cloud〉〈, (being) driven by a strong northwest wind,〉
there fell 〈on Pompeii〉 a heavy hail of pumice stones,
　　　V　　　　　　　　　　　　　S
[which ┌ smashed roofs,
　　　 │ riddled the houses
　and └ buried the city under a blanket of pumice more than 12 feet deep].

(2) there is a camera の次の following ～ と recording ～ が並列で【構文研究】の (a) のパターン。her eye 以下は on の前に being が省略された主語付きの分詞構文で and her eyes were on ～ の意味。that は主格の関係代名詞で先行詞は the camera's telltale red light。

She moves as if there is a camera ┌ following her,
　　　　　　　　　　　　　　　　　└ recording her every gesture,
　her eyes (being) on guarded alert for the camera's telltale red light
　　　　　　　　　　　　　　　　　　　　　[that signals she is "on"]

【訳例】
(1) その雲から、強い北西の風に追われて、はげしい軽石の雹がポンペイの町に降ってきて、屋根を壊し、家に穴をあけ、町一面を厚さ12フィート以上の軽石の層で埋めた。
(2) まるで予定通りというように待合室のドアが開き、ニッキーが颯爽と入ってきた。ニッキーはいつも颯爽としている。ニッキーは、まるでカメラが自分を追いかけて自分の一挙手一投足をとらえ、彼女の目が「本番中」を告げるカメラの赤い表示灯を絶えず意識しているかのような行動をとる。

● 教　訓 ●

● there is ＋〈a ＋名詞〉＋ doing ～「(名詞)が～している」

§27　It is not A that ~, but B

課題文

(1) The action of baseball, then, can be conceived of as a series of travels by individuals who attempt to leave home and make a circuit through a social field marked with obstacles. It is not getting through the field itself that scores, however, but returning safely home.　〔1991年後期・下線部〕

(2) What makes writing so terrifying is the writer's perpetual exposure to criticism. It's not the writing as such that provokes our fear so much as other people's reactions to our writing. Every word we put on paper to be seen by others is subject to scrutiny not just of anonymous readers but of colleagues, reviewers, friends, classmates, parents and children.　〔2000年後期・下線部〕

【語註】
(1) conceive of A as B　AをBと考える　a series of ~　一連の~　make a circuit　一巡する　marked with ~　~で目印を付けられた　score　得点する　as such　それ自体　(2) provoke　~(感情)を呼び覚ます　put ~ on paper　~を紙に記す　be subject to ~　~を受けやすい　scrutiny　吟味　anonymous　無名の　colleagues　同僚　reviewers　書評家

構文研究

(a) *It is* **not** what you read **but** how you read *that* counts.
(b) *It is* **not** what you read *that* counts, **but** how you read.
　「大切なのは何を読むかではなくどう読むかだ」
(c) *It is* **not so much** what you read **as** how you read *that* counts.
(d) *It is* **not** what you read *that* counts, **so much as** how you read.
　「大切なのは何を読むかというよりどう読むかだ」

It is ~ that ...は強調構文や分裂文とか呼ばれているが、この構文は対比する際に用いるので〈対比構文〉と改名したい(⇒ p.83)。対比ということは通常は**not A but B**「AではなくB」や**not so much A as [but] B** (**not A so much as B**)「AというよりむしろB」がit isとthatの間に挟まり、**B**が新情報だと(b)(d)のように**but B**や**so much as B**の部分を文末に回すことがある。

▶ §27　It is not A that 〜, but B

英文解説

（**1**）野球の話と人生の話とが掛詞になっている。home「家」は「ホームベース」、field「領域」は「グランド」、obstacles「障害物」は「野手」、travel「移動、旅」は「走塁」のことである。第2文が対比構文になっているが、**not A but B**「AではなくB」のBの部分に**新情報**として焦点を当てるために文末に回っている。

It is **not** getting through the field itself *that* scores 〈, however,〉
　　but returning safely home.
　　　　　新情報

（**2**）第1文の the writer's exposure to 〜は「作家が〜にさらされること」という名詞構文（⇒ §56）。第2文が **It is not so much A as B that** 〜の変化形。第3文は not just A but B の A と B が of 〜で共に scrutiny を修飾。

It's **not**　　 the writing as such *that* provokes our fear
so much as　other people's reactions to our writing.
　　　　　　　　　　　新情報

【訳例】
(1) してみると、野球という活動は、家（ホームベース）を離れて障害物（野手）が配された社会という名のグランドを一巡しようとする個人が行う一連の移動（走塁）としてとらえることができる。ただし、ここで得点になるのは、球場を駆け抜けるという行為そのものではなく、無事にホームベースへと帰ることなのだ。

(2) 執筆がこれほどまでに怖いのは、作家が絶えず批評にさらされているからである。我々作家の不安を呼び起こすのは、執筆活動そのものではなく、我々の著作に他の人々がどう反応するかである。他人に見せるべく我々が紙上に綴る1語1語が名も知れぬ読者ばかりか、作家仲間、書評家、友人、級友、親や子供たちの厳しい目にさらされることになるのである。

● 教　訓 ●

- **It is not A that 〜, but B**　　　「〜するのは A ではなく B だ」
- **It is not A so much that 〜, but B**　「〜するのは A というより B だ」

▶第3章 語順：倒置と情報構造

§28　否定語 + v + S

課題文

(1) Consequently, not only has the audience for drama increased by truly astronomical progression as compared to previous ages, the actual quantity of dramatic performances produced has gone up in equal proportion. 〔1992年前期・下線部〕

(2) From global temperature change to technology applied at the atomic level, rarely does a day go by without some findings being announced that carry the potential to have a significant impact on mankind. 〔2007年前期・下線部〕

(3) Only when combined do these tones become the complex sound we call classical music. Essentially, music is just one example of a hierarchical system, where patterns are nested within larger patterns—similar to the way words form sentences, then chapters and eventually a novel. 〔2015年・下線部〕

【語註】

(1) progression 数列→比率　as compared to ～ ～と比べると　actual quantity 実数
(2) apply～ ～を応用する　go by (時が)過ぎる　findings 発見、知見　carry～ ～を持つ、伴う　impact 影響　(3) essentially 本質的に　hierarchical 階層的な　nest～ ～を入れ子にする、埋め込む　the way + SV ～する様(さま)

構文研究

否定語が文頭に来ると疑問文と同じ語順で倒置する。be動詞なら主語と動詞を逆にする。一般動詞なら〈**do/does/did** + 主語 + 原形動詞〉の語順、助動詞付きの場合も〈**助動詞** + **主語** + **原形動詞**〉の語順(⇒ p.10)、完了形の場合は〈**have/has/had** + 主語 + 過去分詞〉の語順だ。これらを毎度記しているのは煩雑なので、本書では〈**v + S**〉という記号を用いている。この場合の倒置は特に主語が新情報だからというわけではない。否定語を文頭にすることで、**否定語自体を強調している**のだ。ではなぜ倒置までするのかと言えば、倒置しないと、主語である右隣の名詞だけを否定するように見えてしまうからである。**否定語は動詞（or 助動詞）を否定する**ので、先に is / do / can / have などの動詞または助動詞を持ってくれば、これらを否定することが一目瞭然である。

70

▶ §28　否定語＋ v ＋ S

英文解説

（1）第1文で、**not only** が文頭にあるため has the audience for drama increased の部分が疑問文と同じ語順で倒置した。the actual quantity の前に but also が省略されている。ただし、also はともかく but まで省略する傾向が最近は見られるが、作文の際にはきちんと書くべきである。

（2）出だしは from A to B「A から B に至るまで」という表現で、applied 以下 level までは後ろから technology を修飾する。**rarely**「めったに～ない」という否定語が文頭に出たために does a day go by が疑問文と同じ語順で倒置した。rarely と without で二重否定になる。「～なしに一日が過ぎることはない」が直訳。without some findings being announced の being は、being announced 以下に意味の重点が置かれるので動名詞で、some findings はその意味上の主語（⇒ §92）。that carry ～以下は findings を遠方修飾（⇒ §34）。

（3）第1文は、when 節を修飾する **only** が文頭に来たために、do these tones become が疑問文と同じ語順で倒置している（only は否定語の仲間⇒ §27）。when と combined の間に they（= tones）are の省略。sound を先行詞に we call classical music が関係代名詞節。なお、「クラシック」は和製英語で classical music が正しい英語。第2文は system を先行詞に where 以下が関係副詞節。the way 節内は sentences, chapters, a novel が form の目的語で、この順番に形成されるということ。

【訳例】

(1) その結果、演劇の観客が昔と比べて天文学的比率で増えたばかりではなく、製作される演劇の実数も同じ割合で増えたのである。

(2) 地球の気温の変化から原子レベルで応用される技術に至るまで、人類に重大な影響をもたらす可能性を秘めた様々な知見が発表されない日はない。

(3) こうした音が結びついてはじめて、クラシック音楽と呼ばれる複雑な音になる。本質的には、音楽は階層的な体系の一例にすぎず、さまざまな型がより大きな型の中に組み込まれている。これは語が文に、次には章に、最終的には小説になる様と同様である。

● 教　訓 ●

- not only ～ v ＋ S, but also ...　「～するのみならず...もする」
- rarely ＋ v ＋ S ～　　　　　　　「～することはめったにない」
- only ～ v ＋ S ...　　　　　　　　「～してはじめて...、～の場合のみ...」

▶第3章　語順：倒置と情報構造

§29　SV ＿, be + S 〜 or ...

課題文

Sometimes human beings lose their minds—be they drunk, drugged, ecstatic or simply mad.　　　〔2009年前期・本文中〕

【語註】
minds 理性　　drugged 薬物で麻痺して　　ecstatic 恍惚として　　mad 頭がおかしい

構文研究

(a) I'm not going to believe that gossip, **be** it true **or** not.
(b) I'm not going to believe that gossip, **whether** it is true **or** not.
「その噂が本当であろうが嘘であろうが信じるつもりはない」

(a)のように、カンマ（あるいはダッシュ）の次に突如、原形の be が現れて次に主語が来る倒置をしていて、さらに後ろに or がいた場合、これは whether SV 〜 or ...の意味である。これは〈命令法譲歩〉と呼ばれる**文語体**だ。そもそも**原形動詞**とは"**確定していない状態**"を表す。(a)の例文も「噂が本当かどうか」確定していないわけである。

(c) The king **demanded that** the defeated nation *cede* some of the territory.
「国王は敗戦国に領土の一部を割譲するように要求した」

(c)のような **demand** や **require** の that 節内が**原形動詞**になるのも、この要求をしている段階ではまだ領土の一部は割譲されておらず、確定していないからである。

英文解説

ダッシュの次に突然 be が現れ、隣が they で主格なので明らかに主語、つまり倒置していて、後ろに or があるので、whether 〜 or ...の意味だと判定する。この場合の or は、A, B, C or D という4つを並列にしている。

　　—<u>be</u> <u>they</u> drunk, drugged, ecstatic **or** simply mad
　　　 V　 S

≒ —**whether** they are drunk, drugged, ecstatic **or** simply mad

72

▶ §29 SV ＿ , be + S ～ or …

【訳例】
　　酔っている場合であれ、薬物のせいであれ、恍惚としている場合であれ、単に気が変になっている場合であれ、人間は時に理性を失うことがある。

類題

　　Older people these days are often taken aback at the easygoing, casual, offhand manner today's children display in their relationships with adults, be they parents, teachers, school principals, or strangers they run into (and do not give their seats up to) on the bus.
〔M.Winn: *Children Without Childhood*〕
　「この頃の年輩者は、親であれ、教師であれ、学校の校長であれ、バスでばったり出くわし（席など譲ろうとしない）見知らぬ人間であれ、大人との関係において今日の子供が見せる、のんびりした、打ち解けた、ぶっきらぼうな態度にしばしば呆気にとられる」

　be taken aback は「呆気にとられる」という熟語。easygoing「のんびりした」、casual「打ち解けた」、offhand「ぶっきらぼうな」という3つの形容詞が全て manner「態度」を修飾している。manner today's children display は〈名詞＋SV〉で manner の後続は display の目的語が欠落している不完全文なので関係代名詞 which か that の省略。be they が倒置していて後ろに or があるので、ここが譲歩の構文。strangers they run into (and do not give their seats up to) も〈名詞＋SV〉で run into と括弧内の up to の目的語が欠落しているので関係代名詞 who（目的格）か whom の省略。

```
　　 ～, be they          ┌ parents,
         V   S            │ teachers,
≒ ～, whether they are    │ school principals,
                   or     │ strangers [(who(m)) they run into φ
                          │  (and do not give their seats up to φ)
                          └  on the bus].
```

●教訓●

● SV ＿ , be + S ～ or … = SV ＿ , whether + SV ～ or …
　「～であろうが…であろうが、＿だ」

73

▶第3章 語順：倒置と情報構造

§30　原形動詞＋目的語＋主語＋助動詞

> **課題文**
>
> (1) Should we do likewise? No, we had set out to experience bus travel and experience it we would, with all its happenings.
> 〔2001年後期・本文中〕
>
> (2) Miss my flight I did. When he finally let me go, after 25 minutes of tough questioning, the flight had closed. 〔1992年後期・本文中〕

【語 註】

(1) likewise 同じ様に　set out to *do* 〜〜しに出かける　with all 〜〜にもかかわらず
(2) miss〜 〜に乗り遅れる　let *sb* go（人）を解放する　questioning 詰問　the flight had closed（その時点では）搭乗が終わっていた

構文研究

(a) **Love you** *I do*.
　「君のことがすごく好きだ」

(a) は "I do love you." の文の love you という〈原形動詞＋目的語〉が文頭に移動したものである。結果、〈原形動詞＋目的語＋主語＋助動詞〉という語順になった。これは先に伝えたいことを出して強調するための語順転倒と考えられるが、これについてはふつうの文法書では全く触れられていない。主に詩などで現れる現象なので、ふつうの論説文ではあまり用いられない。どちらかというと、衝動的に感情を前面に出す表現である。do は love を強調するための助動詞で、〈do / does / did ＋動詞原形〉で「確かに〜する / した」となる。

ついでながら、世間で "**代動詞の do**" と呼んでいるものも、個人的には上で使われている用法と同じ can や will などの（法）助動詞の仲間と定義したい（⇒『例解和文英訳教本 文法矯正編』§39）。

(b) You don't have to go there if you don't want **to**.　（○）
(c) You don't have to go there if you don't want **to** *do*.（×）
　「行きたくなければ行かなくてもよい」

これは作文の話になるが、(c) のような間違いをよく見かける。これは do を go there の代動詞と考えることに起因するのであろう。do は（法）助動詞

であるから、to can や to will と言えないように、to do とは言えないと考えておけばよい。

英文解説

(1) experience it we would の部分が experience it (= bus travel) を強調するための語順転倒である。ふつうの語順なら we would experience it となり、これは筆者の心中を表す描出話法 (⇒ §99)。I thought that の省略と考えるとわかりやすい。すると、would は時制の一致で、直接話法なら I will experience it となり、「そうだ！ それを経験するんだ」という意味になる。**I will** は "その場でとっさに決まった意志" を表す。

experience it we would → we would experience it
　　　　　　　　　　　　→ I thought that we would experience it
　　　　　　　　　　　　→ I thought to myself, "we'll experience it."

with all its happenings の with all ～は「～にもかかわらず」の意味で、「すべての出来事にもかかわらず」→「たとえ何が起きようとも」とする。

(2) 第1文の Miss my flight I did が語順転倒を起こしており、やはり Miss my flight を強調するためのものである。ふつうの語順に戻せば、I did miss my flight である。did は次の動詞を強調するための助動詞である。

Miss my flight I did → I did miss my flight.

【訳例】
(1) 私たちも同じようにするべきか。いや、私たちはバス旅行を経験するために出かけたのだ。何が起きようともバス旅行を経験するのだ。
(2) 確かに私は乗り遅れることとなった。25分にわたる厳しい取り調べから解放されたときには搭乗が終了してしまっていたのだ。

● 教　訓 ●

- 原形動詞＋目的語＋主語＋助動詞
  ☞ 原形動詞＋目的語を強調するための語順転倒
    本来は〈主語＋助動詞＋原形動詞＋目的語〉の語順

▶第3章　語順：倒置と情報構造

練習問題

(**1**) To prove the latter, one would have to show in a controlled experiment that children who have read fairy stories are more often guilty of cruelty than those who have not. Aggressive, destructive, sadistic impulses every child has and, on the whole, their symbolic verbal discharge seems to be rather a safety valve than a stimulus to direct action.

〔1988年B日程〕

(**2**) With books, unlike with friends, no sense of obligation exists. We are with them only because we absolutely wish to be with them. Nor do we have to laugh, politely, at their attempts at wit.

〔1997年後期・下線部〕

【語註】
(1) controlled experiment 対照実験　be guilty of ～ ～の罪を犯す　cruelty 残酷なこと　sadistic 加虐的な　impulses 衝動　on the whole 概して　verbal discharge 言葉として発すること　a safety valve 安全弁　a stimulus to ～ ～の励みになるもの
(2) With ～ ～に関しては　absolutely 絶対に　politely 儀礼的に　attempt at ～ ～の試み　wit 機知

第4章　分離：マクロに見る

　せっかく文型がわかっても、実際に目にする英文は、英文法の本の例文に出てくるような短い単純なものではない。そこには修飾語という名の枝葉末節が紆余曲折しているのである。この英文というパズルをいかに解いていくかが正しい英文解釈ということなのだが、極論を言えば、**複雑な英文の骨組みをとらえて、単純な一本の太い幹を見つけ出すことがコツ**と言える。
　短文なら理解できるのに、長文となると急に難しく感じるのは、五文型という太い幹の間に、修飾語句という小枝が入り込むからである（**挿入**）。そして、五文型の間を引き裂くのだ（**分離**）。例えば、次の英文を正しく訳してみよう。

　　The concept of time, for example, was implicitly thought until this century to be the same for any observer, anywhere, but Einstein showed that time was strictly a local matter.　〔1995年前期・下線部〕

　for example の前後にカンマがあるので、この挿入はすぐ見破れるとしても、century の次の to be の解釈を間違えていないだろうか。to be 以下を「〜であるために」と訳したり「〜であるための」と訳して century に修飾させたりしていたら誤訳である。think は **think ＋ O ＋ to be 〜**「Oを〜であると考える」という語法があり、これが受動態になると **be thought to be 〜**「〜だと考えられている」となる。この thought と to be の間に until this century が入り込んで全体を見にくくさせている。このように、間が空いて文の要素が離れるとわからなくなるというのが大半の英語学習者の教訓である。こういった**分離現象**を見破るためには、think の語法自体をしっかりと把握していることもさることながら、英文が複雑になって見失ったら、until this century のような〈**前置詞＋名詞**〉を**かっこで括る**というような作業が必要になってくる。
　この章では、どのような**分離**が起こるのかを探っていくことにしよう。

【訳例】
　例えば、時間の概念は今世紀までは誰がどこで観察しても同じであると暗黙のうちに了解されていたが、アインシュタインが時間は厳密には局地的なものであることを証明した。

▶第4章 分離：マクロに見る

§31 SVMO

課題文

(1) We have the power to extinguish in an astronomical instant species that took billions of years to evolve. 〔2003年前期・下線部〕

(2) After his first taste of military defeat in a disastrous major battle of the Civil War, his reaction was to take up his pen and stay up all night to set down on paper what needed to be done to make up for the situation.
（註：his は Lincoln を指す→Lincoln's） 〔2008年前期・下線部〕

【語 註】
(1) extinguish～ ～を消す　astronomical 天文学的な　species 種　take＋年数（年数）がかかる　evolve 進化する　(2) taste 経験　military 軍事的な　disastrous 悲惨な　the Civil War 南北戦争　take up *one's* pen 筆を取る　stay up all night to *do* ～ 徹夜で～する　set /～/ down ～を書き留める　make up for～ ～の埋め合わせをする

構文研究

(a) Chinese literature on tea discusses in great detail types of tea.
「中国のお茶に関する文献は事細かに茶の種類について論じている」

(b) Add to the example you already have those I have written on the blackboard.
「君たちがすでに持っている例に私が黒板に書いた例を付け加えなさい」

(a)は discusses と目的語（types）の間に in great detail という**修飾語句（M）**が入って他動詞と目的語が分離した形。(b)は add＋A＋to＋B「BにAを加える」が **add＋to＋B＋A** の語順になったもの。両者はいささか性質を異にするが、客観的には両者とも〈他動詞＋前置詞＋B＋A〉の形をしており、本書では〈前置詞＋名詞＝修飾語句（M）〉と考えて同一項目にした。この語順の場合、**Aが新情報**となる。(b)は関係代名詞節が付加情報として添えられた関係上、**文末に回したもの**と考えられる。

(a) Chinese literature on tea discusses ⟨in great detail⟩ types of tea.
(b) **Add** ⟨**to** the example [(that) you already have]⟩ those (= the examples) [(that) I have written on the blackboard].

add には、**add + A + to + B** 以外に **add to 〜** で「〜を増やす」（≒ increase）という語法もあり、**add + to + B + A** の語順の場合と一見似ているので注意が必要だが、to の後ろに 2 つ名詞が並べば後者と判断できる。

英文解説

課題文 (1) の extinguish も、(2) の set down も共に他動詞である。よって、目的語を必要とするが、(1) の instant と (2) の paper はそれぞれ、in と on の目的語になっているので、動詞の目的語にはならない。他動詞の目的語は (1) は species、(2) は what 節である。特に、(1) の instant は形容詞の場合もあるので、instant species とつなげて解釈したら間違いである。

(1) <u>extinguish</u> 〈in an astronomical <u>instant</u>〉 <u>species</u> [that took 〜]
　　他動詞　　前置詞　　　　　　　　　名詞₁　　名詞₂　　修飾語句

(2) <u>set down</u> 〈on 　 <u>paper</u>〉[what needed to be done 〜]
　　他動詞　前置詞　名詞₁　　　　　　　名詞(節)₂

(1) は that took 以下の関係代名詞節（**新情報**）がつながって長くなり、(2) は目的語が what 節でそれ自体が長い（**新情報**）ので後ろへ回したものと思われる。

ちなみに、(1) の「種を一瞬のうちに消滅させる力」とは核兵器などのことを言っている。(2) はアメリカ第 16 代大統領リンカーンは寝る暇もないほど仕事をこなした人で、各官庁に送る文章も自ら書いていたという話である。「筆を取る」（→ take up *one's* pen）は 1996 年前期の英作文でも出題されている。

【訳例】

(1) 進化するのに何十億年もかかった種を、我々人間は、天文学的に見れば一瞬のうちに消滅させる力を手にしているのだ。

(2) 南北戦争のある悲惨な大きな戦闘で初めて軍事的な敗北を味わった後、彼（リンカーン）の取った行動は、ペンを取り、徹夜をして、事態を収拾するために何をする必要があるかを紙に書き留めることであった。

●教訓●

- 他動詞＋前置詞＋B＋A＋修飾語句
  ☞ 他動詞＋〈前置詞＋B〉＋A＋［修飾語句］
  　　　　　　　　　　　　　新情報

▶第4章　分離：マクロに見る

§32　SVOMC

> **課題文**
>
> 　Sharon made her entrance about half an hour later, carrying her head and shoulders proudly erect, looking cool and completely self-possessed. She had learned that look in modeling school, and she did it well—better, in fact, than any of the other models Henry knew. But seeing her tonight, Henry had a shock. <u>There was another girl with her, an oriental girl who moved so gracefully in her blue, sleeveless dress she made the tall blonde Henry had previously thought incomparable look stiff and awkward.</u> As he sat on Bill's living room sofa watching them, he could not keep his eyes on Sharon.　　　　〔M. A. Smith: *Between the Two of Us*: 下線は筆者〕

【語　註】

make *one's* appearance 登場する　carry＋O＋C OをCに保つ　proudly 誇らしげに　erect まっすぐな　cool 冷静な　self-possessed 落ち着いた　oriental 東洋の　gracefully しとやかに、優雅に　sleeveless 袖のない　blonde ブロンド髪の女性（現在では性差別表現にあたるので a woman with blond hair を用いる）　previously それまで　incomparable 類い希な、比類ない　stiff ぶざまな　awkward ぎこちない　keep *one's* eye on ～ ～の方へ視線を当てておく

構文研究

Columbus called the nations who greeted him "Indians."
「コロンブスは自分に挨拶に来た先住民を『インディアン』と呼んだ」

　call という動詞は往々にして第5文型（**call ＋ O ＋ C**「OをCと呼ぶ」）で使わる。ところが、Oに当たる nations に関係代名詞節（＝修飾語句：M）が入り込んだために、O（nations）とC（"Indians"）の位置が離れた。このような**分離現象**が起きると、第5文型ということ自体に気づかないことがある。

　Columbus **called** the nations [who greeted him] "Indians."
　　　S　　　　V　　　　O　　　　　　M　　　　　　C

▶ §32 SVOMC

英文解説

　第 1 文の carrying と looking は分詞構文で「～しながら」の意味。第 2 文の look は「顔つき」という名詞。in fact は「いやむしろ」という意味で、前述よりも後述の方が程度が上がるときに用いる (*ex.* I like him; in fact, I love him.「彼のことを気に入っている。それどころか惚れている」)。第 3 文の seeing her は分詞構文で when he saw her の意味。another girl と an oriental girl は同格。dress と she (= the oriental girl) made の間に that の省略で、これは so ～ that ...構文 (⇒ §77)。blonde は「ブロンド髪の女性」すなわち「シャロン」のことで、これを先行詞に Henry から incomparable までが関係代名詞節。全体は **made ＋ O ＋ look ～** という第 5 文型で「O を～に見せた」が直訳。

There was another girl with her, an oriental girl [who moved
　　　　　　─────〈同格〉─────

so gracefully in her blue, sleeveless dress (**that**) she *made* the tall *blonde*
└──────── so ～ that ...構文 ────────┘　　　　　　V　　　　　O

{(who) Henry had previously thought φ incomparable} *look* stiff and awkward].
　　　　　　　　　　M　　　　　　　　　　　　　　　　　　　　C

　☞ M（関係代名詞節）内は think＋O＋C「O を C と考える」の O が先行詞 (blonde)

【訳例】

　シャロンは頭と肩を誇らしげにまっすぐに保ち、冷静で落ち着き払った顔つきをしながら、およそ 30 分後に部屋に入ってきた。彼女はそうした顔つきをモデル養成学校で身につけていて、それをうまくやってのけるのであった。いやむしろ、彼女はヘンリーの知り合いの他のどのモデルよりも上手にやってのけたのである。しかし、ヘンリーは今夜彼女を見たとき衝撃を受けた。シャロンと一緒にもう一人女性がいたのである。その娘は東洋人で、空色のノースリーブのドレスを着て、身のこなしが極めてしとやかであったから、ヘンリーがそれまで比類ないと思っていた背の高いブロンド髪のシャロンがぎこちなくぶざまな姿に見えたのである。二人を見つめながらビルの家の居間のソファーの上に腰をかけていたとき、彼は視線をシャロンの方へ向けていることができなかった。

● 教　訓 ●

● 主語＋他動詞＋目的語＋修飾語句＋補語　☞　O と C が分離
　　S　　V　　　O　　　M　　　C

▶第4章　分離：マクロに見る

§33　遠方修飾 (1)：to 不定詞編

課題文

　We will not stop reading fictional stories, because it is in them that we seek a formula to give meaning to our existence. Throughout our lives, we look for a story of our origins, to tell us why we were born and why we have lived.　〔1996年後期・下線部〕

【語 註】

will ここでは一般的傾向や習性（〜するものだ）を表す用法　fictional stories 小説　formula 公式　throughout *one*'s life 一生を通じて　look for 〜 〜を探し求める

構文研究

(a) The time has come to learn everything by heart in every subject.
　　「全ての科目の全ての項目を丸暗記する時が来た」

　(a) を come to learn 〜「〜を学ぶようになる」と読んではいけない。常識から考えても「学ぶようになる」の主語は人間であるはずなのに、(a) の主語は time だからおかしいと気づくべき。この to learn 以下の to 不定詞は time を修飾する形容詞用法である。

(a)' The *time* has come [**to learn** everything by heart in every subject].

　このように、修飾語と被修飾語が離れる現象を〈遠方修飾〉と呼ぶことにする。遠方修飾に気がつかないと誤訳してしまう。遠方修飾を引き起こす要因は決まっていて、① **to 不定詞**　②関係詞　③同格の **that** や **of**　④前置詞句　⑤ **only** である。このセクション以降、ひとつひとつ検討していこう。

英文解説

　第1文の it is in them that we seek 〜はいわゆる〈強調構文〉で、them は fictional stories を指す。しかし、§27で述べたように、この構文は**対比構文**と改名したい。というのも、この構文は対比があるときに用いられるからである。それが **not A but B** という形ではっきりと示される場合もあるが、このセクションの課題文のように明示されていない場合もある。明記されていない

82

時は、文脈上、もしくは常識的にわかりきっているからだ。課題文は前後の文脈を抜いてしまったが、「事実は小説より奇なり」という言葉あるように、常識的に「小説」の対比は往々にして「事実、現実」である。課題文も「現実ではなくて小説」という対比である。また、この構文の it is と that の間には旧情報が入る場合が多い。だからこそ**文頭近くに置かれるのである**（⇒ p.51）。

　第 2 文の to tell us 以下は、手前の origins ではなく、さらに前の story を修飾している（**遠方修飾**）。本文は to tell の前にカンマが打たれていることもそのヒントになっているが、意味を考えれば、tell「語る」の意味上の主語は origins「起源」よりも story「話」の方がしっくりくるからである。また、to tell us 以下を「語るために」という副詞用法で解釈するのも間違いである。**副詞用法の場合、to 不定詞の意味上の主語は文の主語と同じになる**のだが、この文の主語は we であり、「我々が我々に語る」は不自然であり、仮にそう表現するなら us は ourselves でなければならないからだ。さて、遠方修飾を見破ったなら、訳し方に気を付けなければならない。「なぜ生まれ、なぜこれまで生きてきたのかを教えてくれる起源の話」と文尾から訳し上げるだけでは、to tell を origins に修飾させたものと思われてしまう。こういう場合は、**被修飾語**と **to 不定詞の間の of our origins** を先に訳し、次に **to 不定詞内を訳してから、被修飾語の story を訳せ**ば、to 不定詞が story を修飾する訳になる。

we look for a story 〈of our origins,〉

　　[**to tell** us why we were born and why we have lived].

【訳例】

　我々は小説を読むことを止めないものだ。なぜなら、生きる意味を与えてくれる公式を我々が求めるのは小説の中においてであるからである。生涯にわたって、我々は自分の起源についての、なぜ生まれ、なぜこれまで生きてきたのかを教えてくれる話を探し求めている。

●　教　訓　●

● 被修飾語＋〈前置詞＋名詞〉＋ **to do** 〜
　　③　　　　　①　　　　　②　　　☞ 訳の順番

▶第4章　分離：マクロに見る

§34　遠方修飾（2）：関係詞編

課題文

(**1**) By and large, news reveals only a part of the scientific pyramid—that part of science which is today in progress, being conducted in the here and now.　〔2004 年前期・下線部〕

(**2**) When you drive so many miles, you get in a lot of good thinking time. I experienced the rich kind of meditation that occurs only when you reach a nearly selfless state of relaxation.　〔2000 年前期〕

(**3**) For all sorts of reasons, specific organs might turn out to be more poorly designed than is possible even within these constraints; perhaps because such design failures contribute to modifications elsewhere in the highly integrated system that improve reproductive capacity.　〔1998 年前期・下線部〕

【語註】

(1) by and large 概して　reveal～ ～を明らかにする　in progress 進行中　in the here and now 目下　(2) get in～ ～に没入する　meditation 瞑想　selfless 無我の　(3) for ～ reasons ～な理由で　all sorts of ～ 多種多様な～　turn out to be ～ 結果的に～になる　poorly designed 下手に設計されて　constraints 制約　design failures 構造上の欠陥　contribute to ～に寄与する　integrated 統合された　reproductive 生殖の

構文研究

(a) Nature is that part of the world which man did not make.
「自然とはこの世の中のうちで、人間が手を加えていない部分である」

(a) の文において、which の先行詞は the world でなく part だ。それは part の前の that の存在でわかる。**that** には関係代名詞の先行詞を限定する働きがあり、この場合の **that** は日本語には訳さないことになっている。

(a)' Nature is **that** part (of the world) [which man did not make].
　　　　　　　③　　①　　　　　　　　　②　　※番号は訳の順番

このように、先行詞と関係代名詞節が分離することがある（**遠方修飾**）。そ

84

の和訳の場合に注意するのは、先行詞がどれなのかを訳文に明示することである。〈**that**＋名詞$_1$＋**of**＋名詞$_2$＋関係代名詞＋(S) V〜〉において、関係代名詞の先行詞は〈名詞$_1$〉の方だが、後ろから順番に「〜する(名詞$_2$)の(名詞$_1$)」と訳すと、先行詞が〈名詞$_2$〉のように聞こえる。そこで、先行詞と関係代名詞が離れた場合は「(名詞$_2$)のうち〜する(名詞$_1$)」と訳せば先行詞が〈名詞$_1$〉の方だと明示できる。この文のように that があれば、すぐに先行詞を見つけられるが、that は常にあるとは限らない。そういう場合は文脈で考えるしかない。

英文解説

(1) —(ダッシュ)は「つまり」を表し、前後の part が同格。that part of science which is 〜の which の先行詞は that の次の part とすぐにわかる。なお、in progress と being conducted は同格で、後者も is につながる受動態の進行形。

(2) **the kind of 〜 that ...** は1つのパターンで、この場合 that(関係代名詞)の先行詞は kind になる。「...するような類の〜」と訳す。

(3) than is possible「可能なよりも」の than は主格の関係代名詞(⇒ §25)。that improve 〜の先行詞は手前の system ではなく modifications である。それは that 内の動詞 improve に三単現の -s が付いていないことからもわかる。もし system が先行詞なら、improves としなければならないからだ。

【訳例】

(1) 概してニュースによって明らかになるのは、科学というピラミッドの一部、つまり科学のうちで今日進行中、すなわち目下行われている部分だけだ。
(2) これだけ何マイルも運転すると、たっぷりとしたよい思考時間に没入する。無我に近い寛ぎの状態に達してはじめて生じるような類の豊かな瞑想状態を私は経験した。
(3) さまざまな理由で、特定の器官はこうした制約の下さえ実現可能なものよりも結果的には粗雑に作られているのかもしれない。それはおそらく、高度に統合された体の組織の他のどこかの部分で、このように不完全に設計されていることが生殖能力を高める修正作業に役立つからだろう。

● 教 訓 ●

- **that**＋先行詞＋**of**＋名詞＋関係代名詞＋(S) V〜
  「(名詞)のうち〜する(先行詞)」

▶第4章　分離：マクロに見る

§35　遠方修飾 (3)：同格編

課題文

But this part of common sense has so much power and precision in predicting, controlling, and explaining everyday behavior, compared to any alternative ever entertained, that the chances are high that it will be included in some form in our best scientific theories.　〔1999年後期・下線部〕

【語註】

compared to ～　～と比較すると　　alternative 代替手段　　entertain ～　～を心に抱く

構文研究

(a) I don't want to accept the fact **that** Nick knows.
「私はニックが知っている事実を受け入れたくない」
(b) I don't want to accept the fact **that** Nick knows *it*.
「私はニックがそれを知っているという事実を受け入れたくない」

(a) と (b) の違いは、文末に it があるかないかだけであるが、これが関係代名詞と同格の that の境目になる。**関係代名詞なら節内は不完全文**になる。know は他動詞だが、(a) はその目的語が見かけ上欠落して不完全文になっている。それはもとの文 (Nick knows the fact.) から先行詞となった箇所だけが前に移動したからである。一方、**同格の that は接続詞**であり、**接続詞の定義は節内が完全文**であることだ。(b) は他動詞 know の次に it という目的語があって、文の要素として何も欠落していない。

ただし、同格の that と使える名詞はどのような名詞でもよいわけではなく、ある程度決まっている。主なものは次の通りだ。

① 事実系：**fact/information/knowledge/message/news/plan/proposal**
② 思考系：**idea/belief/decision/doubt/dream/impression/theory**
③ 可能性系：**chance/opportunity/possibility/hope/fear/sign**

さらに、同格の that を用いる文の特徴としては、同格になる名詞の冠詞が the である場合が多いこともあげられる。ちなみに関係詞の先行詞は the とは限らない (⇒『例解和文英訳教本 文法矯正編』p.179)。

(c) The belief is commonly held that cancer is an incurable disease.
「癌は不治の病であるという考えが一般的に抱かれている」

(c) を held that ～と読んではいけない。hold は能動態なら hold that ～という語法を取れるが、(a) は受動態なのでこの解釈は無理。さらに、that 節内が完全文であることが確認できるので、that は belief と同格と判断する。このように**同格の that と同格になる名詞が離れることがある**（**遠方修飾**）。

英文解説

全体は so ～ that ...「あまりにも～なので...」の構文だが、so と that (the chance の手前の that) の位置が離れているのでマクロに見なければならない。has so much power and precision は「とても大きな力と正確さを持つので」という直訳でもよいが、is so powerful and precise と同じことなので「とても強力で正確なので」と意訳してもよい。everyday behavior は predicting と controlling と explaining の 3 つの動詞の目的語。in *do*ing ～は「～する際に」の意味。ever entertained は後ろから alternative を修飾する (⇒ §73)。the chances are high that it will be ～の that が chances と同格の関係で**遠方修飾**になっている。that 節内は完全文で chances (ふつう複数形) は同格の that とよく使われる名詞である。in some form を挟んで be included in ～で「～の中に組み込まれる」の意味。

the *chances* are high [**that** it will be included ⟨in some form⟩ in our best scientific theories]

【訳例】
　しかし、常識のこの部分は、これまでに考えられた他のどんな代替手段と比べても、日常の行動を予言し、管理し、説明するのに非常に強力で正確であるから、これが我々の最善の科学的理論の中に何らかの形で取り入れられる可能性は高い。

● 教 訓 ●

● the ＋名詞＋動詞～＋ that ＋ SV〈完全文〉☞ 名詞と that 節が同格

▶第4章 分離：マクロに見る

§36　遠方修飾（4）：前置詞編

課題文

（1）Different accounts exist of why Newton gave the rainbow, or white light spectrum, seven colours—violet, indigo, blue, green, yellow, orange and red. One account involves his interest in musical harmonies, where there are seven distinct notes in the scale.　〔2006年前期・下線部〕

（2）Science, on the other hand, has no dogmatic beliefs of this kind, scientific knowledge being self-correcting. Any fresh evidence that may appear either discredits or helps to confirm existing theories: if evidence builds up against a theory it is discarded and a better one sought in its place.　〔1983年・下線部〕

【語註】
(1) account 説明　spectrum スペクトル　indigo 藍色　involve〜 〜を伴う　musical harmonies 和音　distinct (違いが)明確な　note 音色　scale 音階　(2) dogmatic 独断的な　self-correcting 自らを修正する　discredit〜 〜の信用を傷つける　confirm〜 〜を確証する　build up 確立する　discard〜 〜を捨てる　sought (＜seek 求める)　in one's place 〜の代わりに

構文研究

(a) News arrived this morning of heavy rain in the Kanto area.
「関東地方が豪雨になるという知らせが今朝届いた」

(a)の文の of heavy rain を morning にかけて「豪雨の今朝に知らせが届いた」では意味が通じない。of heavy rain は News を修飾する（**遠方修飾**）。とは言え、この部分を News の次に持ってくると、頭でっかちな主語になってしまう。一般に英語では主語を長くすることは忌避される。

(a)′ News of heavy rain in the Kanto area arrived this morning. (△)

英文解説

（1）第1文の of why Newton 以下は accounts を修飾する（**遠方修飾**）。white light spectrum は the rainbow の説明で or は「すなわち」の意味。gave

▶ §36　遠方修飾（4）：前置詞編

の目的語は the rainbow, or white light spectrum と seven colours の 2 つ。

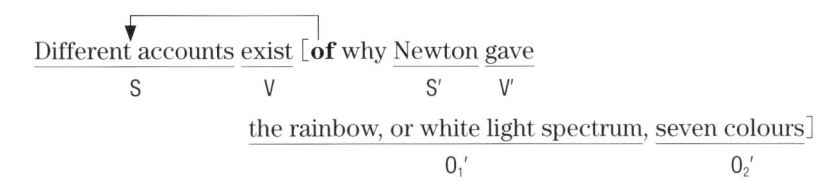

Different accounts exist [**of** why Newton gave
　　S　　　　　　　　V　　　　　　　S′　　　V′
　　　　　　　the rainbow, or white light spectrum, seven colours]
　　　　　　　　　　　　　　O₁′　　　　　　　　　　　　O₂′

―（ダッシュ）は「すなわち」の意味で seven colours の具体例をあげている。

第 2 文の his interest in 〜は「彼（ニュートン）の〜への関心」でもよいが、わかりやすい訳語を追求するなら「彼が〜に関心を抱いていたこと」とやわらかく訳したい（名詞構文⇒§56）。where は関係副詞で、musical harmonies が先行詞。非制限用法（手前にカンマがある用法）なので訳し下げる（≒〜, **and there** (= in musical harmonies) there are seven distinct notes in the scale）。

(2) 第 1 文の scientific knowledge being self-correcting は主語付きの分詞構文で、理由で解釈（≒ **because** scientific knowledge **is** self-correcting）。that may appear は evidence を先行詞とする関係代名詞節で、either 〜 or …「〜か…かどちらか」を介して discredits と helps が並列の関係。against 以下は evidence を修飾する（**遠方修飾**）。a better one sought の one は theory を指し、one と sought の間に is の省略（直前と同じ文構造だから⇒§71）。

【訳例】
(1) ニュートンが虹、すなわち白色光のスペクトルをなぜ紫、藍、青、緑、黄、橙、赤の7色にしたのかについては諸説がある。一説によれば、それはニュートンが音楽の和音に関心を持っていたからだという。和音では音階が明確な7音に分けられているからだ。
(2) 他方、科学にはこの手の独断的思い込みはない。というのも、科学的知識は自浄作用があるからだ。新たに登場するかもしれないどんな証拠も、既存の理論の信用を落とすかその裏付けに役立つかのどちらかである。もしある理論に相反する証拠が確立すれば、その理論は排除され、その代わりにもっと良い理論が求められる。

● 教　訓 ●

● 名詞₁＋自動詞＋前置詞＋名詞₂
　☞〈前置詞＋名詞₂〉は名詞₁を修飾する場合がある

▶第4章　分離：マクロに見る

§37　遠方修飾（5）：only 編

課題文

(1) But the past, by definition, does not now exist; it has gone for good. There may be a poetic truth in declaring that "the past is another country." But there are no boats, no jet planes, which will take us directly to that "country." The past can only be apprehended by the relics and traces which it has left.

〔1995 年後期・下線部〕

(2) Our capacity to make wise, well-supported judgements in matters of historical fact and significance can only be formed over years of discussion with others, many of whom have very different horizons from our own.

〔2000 年前期・本文中〕

【語註】
(1) by definition 定義上、当然　for good 永久に　declare that ～ ～と公言する　take sb to ～ （人）を～へ連れて行く　apprehend ～ ～を理解する　relics 遺物　traces 痕跡
(2) leave ～ ～を残す　well-supported 十分根拠のある　horizons 視野、視点

構文研究

　英文における only の位置は原則として 2 つ考えられる。1 つは**修飾される語（被修飾語）の直前**。もう 1 つは **not と同じ位置**である。only は「～しかない」と訳す場合があることからもわかるように否定語の仲間（⇒ §28）なので、not と同じ位置に置くのは至極当然である。ところが、日本人学習者は not の位置に only が来ると、only の修飾する部分が離れるために（**遠方修飾**）、それを把握しきれず誤訳してしまいがちである。

(a) I have been living in Tokyo **only** *for a week*.
(b) I have **only** been living in Tokyo *for a week*.
　　「東京に住み始めてまだ一週間しか経っていない」

　(a) の文なら難なく only が for a week を修飾していることはわかるだろうが、(b) の文も同様に only は for a week を修飾している。離れているから要注意である。only の遠方修飾にもある程度パターンがあって、**後方に「～に**

90

▶ §37 遠方修飾 (5)：only 編

よって」の意味の by、when 節、after 節・句が来ることが多い。

英文解説

(1) 第2文から第3文にかけての may 〜. But ...「〜かもしれないが、しかし...」は〜で一般論を、...で筆者の意見を述べる相関構文 (⇒ p.151)。第3文の which will take 〜の先行詞は boats と jet planes である。which の直前のカンマは非制限用法ではなく、no jet planes の挿入のための〈, 〜,〉であるから、この which は実質上は制限用法である。よって which 以下を訳し上げる。第4文の only は by 以下を修飾する (**遠方修飾**)。which it has left は relics and traces を先行詞とする関係代名詞節で、it は the past を指す。

(2) wise も well-supported も judgements を修飾する形容詞。wise の次のカンマだが、形容詞を二個並べるときに、1つ目の形容詞と2つ目の形容詞の間にカンマを打つ筆者もいる。よって、wise で文を切って解釈してはならない。only は over years of 〜を修飾する (**遠方修飾**)。many of whom の先行詞は others で、この非制限用法は譲歩の意味 (≒ 〜, **although** many of them have very different horizons from our own.)。own の後ろに horizons の省略 (⇒ §15)。

【訳例】
(1) 過去は文字通り今では存在しない。過去は永久に消え去ったのである。「過去は別の国である」と述べることは詩的には正しいかもしれないが、その「国」へ直接私たちを導いてくれる船もなければ、ジェット機もない。過去は、それが残した遺物や痕跡によってしか理解できないのである。
(2) 歴史的事実と歴史的意義の問題において我々が賢明な、十分に裏付けのある判断を下す能力は、他の人々との多年にわたる討論を通じてはじめて形成されるのである。もっとも、その他人の多くは自分の視点とは大変違った視点をもつ人たちなのだが。

● 教 訓 ●

- **S + only + V〜 by ... [when + SV ... /after +名詞/after + SV]**
  「...によって [...して/...の後/...した後] のみ/はじめて〜」

▶第4章 分離：マクロに見る

§38　I don't know ＋ 疑問詞の挿入

課題文

(1) Primary sources derive, "naturally," as it were, or "in the ordinary course of events," if you prefer that phrase, from human beings and groups of human beings going about their business or fulfilling their vocations in past societies; occasionally, perhaps, with an eye on the future, but generally in accordance with immediate needs and purposes. 〔1995年後期・下線部〕

(2) 'It couldn't be helped. Some of it I used to pay old bills. We've owed money to Jacob for I don't know how long.'

〔1994年前期・下線部〕

【語 註】

(1) primary sources 第一次史料　derive from ～ ～に由来する、～から生じる　in the ordinary course of events 自然の成り行きで　go about *one's* business せっせと仕事をする　fulfill *one's* vocations 使命を果たす　in accordance with ～ ～に従って　immediate needs 差し迫った必要　(2) It couldn't be helped どうしようもなかった　owe ＋金＋ to *sb*（人）に（金）を借りている

構文研究

(a) Established facts come from observation of nature in the raw, **as it were**, or from experiment.
「既成事実はいわばありのままの自然観察からか実験から生じる」

(b) Shingen and Kenshin were rivals for **I don't know how many** years.
「信玄と謙信は何年かは知らないが長い間、好敵手であった」

(a) の **as it were**「いわば」は挿入だが、手前の nature in the raw に対するコメントである。**as it were** と **so to speak** は筆者独特の言い回しを用いた際に用いる熟語であり、raw「生の」という語はふつう raw fish「生魚」などに使われるのだが、敢えて nature に使っているところに筆者の個性が表れている。「生のままの自然」とは「ありのままの自然の姿」ということである。

(b) は本来なら for ten years のような数字が伴うところを、はっきりとした年数を知らないために生じた表現である。**for I don't know how many**

92

▶ §38　I don't know ＋疑問詞の挿入

years は for 〜 years の間に I don't know ＋疑問詞が挿入された形。

英文解説

（1）"naturally" から "in the ordinary course of events" までが挿入なのだが、naturally に as it were「いわば」という句が付いており、この句の前後には通常カンマを置くので、カンマの数が多くなってややこしくなった。ちなみに、さらに in the ordinary course of events にも if you prefer that phrase という添え言葉が入った。全体は derive from 〜「〜から生じる」と読む。この表現とは違い、what is called の前後にはカンマを打たない（⇒ §39）。

〜 **derive** [[{,"naturally," (as it were,)}
　　　　　　 or {"in the ordinary course of events," (if you prefer that phrase,)}]]
from [human beings　　　　　　　] [going about their business] in past
 and [groups of human beings] of [fulfilling their vocations 　] societies

（2）第 2 文は〈O ＋ S ＋ V〉の倒置（⇒ §23）。used to do 〜は「昔〜していた」ではなく、used は「〜を使った」の意味で、some of it（＝ twenty dollars ☞ 下線部の前に出てくる——ここではカットした）が目的語。to pay 〜は「〜を払うために」という副詞用法。そして、第 2 文が I don't know ＋疑問詞の挿入の構文。

Some of it I used to pay old bills → I used some of it to pay old bills
We've owed money to Jacob for 〈**I don't know**〉 how long.

【訳例】
（1）第一次史料は、過去の社会で人間や人間の集団が、時にはおそらく未来に目を向けながらも、一般には目の前の必要や目的に応じて自分の仕事に精を出したり使命を果たしたりしたことから、いわば「自然に」、あるいはこういう言い回しがお好みなら「当然の成り行きで」生まれたものである。
（2）仕方がなかったのよ。その金のいくらかは昔の支払いにまわしたの。どれくらいかは覚えていないけど結構長い間ジェーコブにもお金を借りているし。

● 教　訓 ●
● 〜, **as it were**「いわば〜」☞ 〜は筆者独特の言い回し
● **for I don't know how long**「どれくれいか知らないが長い間」

▶第4章 分離：マクロに見る

§39 挿入的な what 節

> **課題文**
>
> I took my first step with what might be called a fresh eye, since I had never lived with a cat and knew little of its habits, but in fact that fresh eye peered out from all the mainstream values and attitudes of the late twentieth century. 〔2004年後期・本文中〕

【語註】
mainstream 主流を占める　values（複数形で）価値観　attitudes 基本的姿勢、考え方

構文研究

what is called ～「いわゆる～」という頻出表現をご存知だろう。

(a) Hiroshi is **what is called** a walking dictionary.
「ヒロシはいわゆる生き字引だ」

直訳は「～と呼ばれるもの」で、～には有名な決まり文句（誰もが聞いたことがある or 一読してわかる決まり文句）が来る。これはふつうの関係詞の what 節の使い方と相違ない。what 節を [　] で括ってみると次の通りだ。

(b) Hiroshi is [**what is called** a walking dictionary].
「ヒロシは生き字引と呼ばれているものだ」

文法的に分析すれば (b) の通りだが、この句に限り、文法よりも意味の視点で分析した方がよいことが多い。日本語の「いわゆる」という句と同じように、what is called の部分を、一種の挿入と考えて分析する。

(c) Hiroshi is 〈**what is called**〉 a walking dictionary.

ちなみに、英作文でこの句を用いる場合、本来は挿入ではないので前後にカンマを打ってはいけない。

(d) Hiroshi is, **what is called,** a walking dictionary. (×)

英文解説

文法的には what から eye までが what 節なのだが、そうとらえるよりも

94

▶ §39　挿入的な what 節

what might be called の部分を一種の挿入的表現と考えて、I took my first step with a fresh eye「新鮮な目で第一歩を踏み出した」とマクロにとらえることが先決である。そうすれば what の手前の with の意味も見えてくる。なお、例文 (a) でも示した通り、**what is called** 〜の〜には有名な決まり文句が来るが **what might be called** 〜の場合は might が "現実から遠い形"（⇒ p.219）だから、それほど認知されていない語句が続く。

I took my first step **with** ⟨*what might be called*⟩ a fresh **eye**.

類　例

　We have all at some time made what we consider to be a witty remark at the wrong time and in the wrong company and have consequently had to suffer severe embarrassment to find the joke falls flat.　　　　　　　　　　　　　　〔東大・1994 年前期〕
「我々は皆何らかの折りに、自分では気の利いているつもりの言葉を、とんでもない時に、言ってはならない人の前で言い、結果、そのジョークが全く通じなくてひどく気まずい思いをすることになった経験がある」

what we consider to be a witty remark で「我々が気の利いた発言とみなすもの」（＜ consider＋O＋to be 〜「O を〜と見なす」の O が what となり前に出た形）だが、この文も **what we consider to be** を一種の挿入句ととらえた方が、全体の make 〜 remark「〜な発言をする」という構造を見つけやすい。

We have all ⟨at some time⟩ **made** ⟨*what we consider to be*⟩ a witty **remark** at the wrong time and in the wrong company and 〜

【訳例】
　私はいわゆる新鮮な目で第一歩を踏み出した。なぜなら、私は猫と暮らしたたことがなく、猫の習性をほとんど知らなかったからだ。しかし、実際その新鮮な目というのは、20 世紀末期という時代の主流を占めた全て価値観と物事に対する姿勢から覗き見たものだった。

● 教　訓 ●

● **what is called/what might be called/what is known as/what we consider to be** などを挿入句と考えて全体の骨組みの文構造を探る

▶第4章　分離：マクロに見る

§40　as/than 以下の割り込み

課題文

(1) Drama, there can be no doubt about it, has become immensely important in our time. More human beings than ever before see more drama than ever before and are more directly influenced, conditioned, programmed by drama than ever before.
〔1992年前期・本文中〕

(2) Thus it is by no means so easy as one might suppose to give a straightforward answer to the question: how large is a child's vocabulary, on average, at different age.　〔1989年前期・下線部〕

【語註】
(1) immensely すごく　condition ～ ～を左右する　program ～ ～を方向づける　(2) by no means ～ 決して～ない　straightforward 単刀直入な　on average 平均して

構文研究

(a) We had a **hotter** summer **than** usual this year.
(b) We had a **hotter than** usual summer this year.
「今年は例年になく暑い夏だった」

(a) も (b) も同じ意味だが、日本人にとっては (a) の語順の方がわかりやすいのではなかろうか。than usual は「いつもより」という決まり文句なので、(a) だと後ろから素直に「いつもより暑い夏」と読める。ところが、英語では往々にして (b) のような語順が現れる。これは、比較級の直後になるべく than 以下を並べたい（原級の場合もこれと同じ現象が起き、as ～ の直後になるべく後半の as ... を置きたい）と考えるからだそうだ。だが、その位置に置かれると、英文に慣れない日本人には却って難しくなる。hotter が summer を修飾していることをいち早く見破れるだろうか。そのためには than ... （または as ...）の部分を挿入のようにとらえ（実際は順番が繰り上がっただけで挿入ではない）、それを飛び越して全体をマクロに読まなければならない。この現象を〈**as/than 以下の割り込み**〉と呼ぶことにしよう。

(b)′ We had a **hotter** ⟨**than** usual⟩ summer this year.

▶ §40 as/than 以下の割り込み

英文解説

(1) 第1文の there can be no doubt about it は前後にカンマがあるので挿入で、it は前後の文全体を指す。第2文の主語の More human beings と動詞の see の間に than ever before が割り込んでいる。そして see と are が and を挟んで並列になっている。また、influenced, conditioned, programmed も並列で by 以下を共通で使っている。

More human beings ⟨**than** ever before⟩
and ⎡ see more drama ⟨than ever before⟩
      ⎣ are more directly ⎡ influenced,   ⎤ by drama ⟨than ever before⟩.
                          ⎢ conditioned,   ⎥
                          ⎣ programmed   ⎦

(2) suppose to give 〜と連続して読んではいけない。suppose は目的語に to 不定詞を取れない。全体は it is ... to do 〜「〜するのは...である」（仮主語構文：it は to give 以下を受ける仮主語）と not so 〜 as ...「...ほど〜でない」の組み合わせで、as one might suppose を**割り込み**ととらえると全体が見やすくなる。なお、might を入れるのは、普段は考えないようなことについて言及する場合である（⇒ p.115／『例解和文英訳教本 文法矯正編』p.118）。

Thus it is ⟨by no means⟩ **so** easy ⟨**as** one might suppose⟩ to give 〜

【訳例】

(1) 演劇は現代においてとても重要なものになったことには疑いはない。これまでになく多くの人々が、かつてないほどに多くの演劇を見て、かつてないほど演劇に直接影響を受け、左右され、演劇に規範を求めるようになった。

(2) このように、子供の年齢別の語彙力は平均してどれくらいかという質問に単刀直入に答えるのは、人が考えるほど決して簡単なことではない。

● 教　訓 ●

- **as** + 形容詞［副詞］⟨**as** ...⟩ 〜　☞ as ...を飛び越えて文構造を把握する
- 比較級 + 形容詞［副詞］⟨**than** ...⟩ 〜
  　　　　　　　　　　　　　　　☞ than ...を飛び越えて文構造を把握する

▶第4章 分離：マクロに見る

練習問題

(**1**) But the overarching ideas that have influenced my work and fueled my interest in conscious and unconscious memory derive from a perspective on mind that psychiatry and psychoanalysis opened up for me. Thus, my initial career as an aspiring psychoanalyst was hardly a detour from the main path; rather, it was the educational bedrock of all I have been able to accomplish since. 〔2008年・下線部〕

(**2**) While other disciplines specialize in getting the right answers to their defining questions, we philosophers specialize in all the ways there are of getting things so mixed up that nobody is even sure what the right *questions* are, let alone the answers. Asking the wrong questions risks setting any inquiry off on the wrong foot. Whenever that happens, this is a job for philosophers!

〔2014年・下線部〕

【語註】
(1) overarching 何より重要な　fuel *one's* interest ～の興味を掻き立てる　derive from ～ ～に由来する　perspective 見方　psychiatry 精神医学　psychoanalysis 精神分析学　open /～/ up ～を切り開く　aspiring 野心に燃える　psychoanalyst 精神分析医　a detour from the main path 本道からの回り道→本流からの逸脱　bedrock 基盤
(2) disciplines 学問分野　specialize in ～ ～を専門的に研究する　defining 典型的な　get+O+C OをCにする　mixed up 混乱した　let alone ～ ～は言うまでもなく（≒ to say nothing of ～）　set /～/ off ～を出発させる　inquiry 研究　job 責務、役割

第5章　関係詞：もとの文構造を確認

　文を長くする要素の代表といえば、関係詞節である。**枝葉末節である関係詞節を切り抜けて、幹である文型を正確に見分けられことが英文読解のカギ**となる。しかも、目的格の関係代名詞（who(m)/which/that）や関係副詞（when/why/that）は**省略**されることも多いため、自力で関係代名詞の省略を見破り、どこからどこまでが関係詞節なのかを探し出さなければならない。（なお、関係副詞の where は省略できない。主格の関係代名詞も原則として省略できない）　関係代名詞の省略を見破る際の目安は、〈**名詞＋SV**〉を見かけたら〈名詞〉と〈SV〉（S は特に代名詞）の間に関係代名詞の省略の可能性が高いことと、SV の部分が**不完全文**（他動詞や前置詞の目的語が欠落している）であることだ。

　そして、先行詞を関係代名詞節中の本来の位置に戻して考えないと誤訳してしまう可能性もある。また、**先行詞を関係代名詞節中の本来の位置に戻して考える**ことで、〈前置詞＋関係代名詞〉の前置詞の意味・役割も見えてくる。

　次は文法問題だが、空所に適切なものは①〜⑤のどれだろうか。

　　The teacher (　　　) has not yet arrived.
　　① I wrote to you about　　　　② who I wrote to you
　　③ I wrote to you about her　　　④ whom I wrote to you
　　⑤ whom I wrote to you about her

　文意は「私が手紙でお話しした先生はまだ来ていない」だが、意味だけで考えていると、どれでもよいのではないかと思える。まず、①〜④は teacher の直後にどれも I wrote という SV が来ているので、teacher と I の間には関係代名詞の省略だと判断する。次に、関係代名詞である以上、**節内は不完全文**になっていなければならない。write to *someone* は「（人）に手紙を書く」の意味で、①〜⑤すべてに you という目的語があるが、そのために②と④だと節内が完全文になってしまう。また、③と④は about の目的語（her）も書かれているので、これまた完全文になってしまう。よって、about の後ろが欠落している（不完全文である）①が答えである。もとの文は次の通りだ。

　　The teacher has not yet arrived. ＋ I wrote to you about the teacher.

99

▶第5章　関係詞：もとの文構造を確認

§41　関係代名詞の基本

課題文

If we are faced with a message we dislike, or which fails to confirm our prejudices, we tend to ignore those parts which make us uncomfortable. 〔1990年前期・下線部〕

【語註】
be faced with 〜　〜に直面している　fail to *do*　〜しない　confirm 〜　〜を確証する
prejudices 先入観、偏見

構文研究

文を長くして、文構造を複雑にする要因の1つに**関係詞**（**関係代名詞・関係副詞・関係形容詞**）がある。正確に構文を把握するためには、関係詞節がどこからどこまでで、先行詞はどれなのか（関係詞節がどの語を修飾（説明）しているのか）を確認する必要がある。そこで、一度基本に返って関係代名詞の特徴からおさらいしてほしい。

(a)　Mike is one of those people **who** never believe in democracy.
　　「マイクは民主主義をよいと思っていない人たちの一人だ」
(b)　Mike is one of those people (**who**(**m**)) you can entirely depend on.
　　「マイクは全面的に頼ることのできる人たちのうちの一人だ」

(a) の who が関係代名詞で、who 以下が手前の people を修飾し、この people がどのような people なのかを詳しく説明している。関係代名詞が修飾する語句を**先行詞**と呼ぶ。先行詞は通常は関係詞の直前の名詞だが、時々、直前ではなく、それより前という場合もある（⇒ §34）。もし、関係詞より前の名詞が that や those で修飾されていたら、that や those の直後の名詞が先行詞となる。このように、that（先行詞が単数形の場合）や those（先行詞が複数形の場合）には先行詞を指示する働きがあり、この that や those は通常、日本語には訳さない。

次に、関係代名詞節内の文は、見かけ上、主語・目的語・補語のどれかが欠落している。これを**不完全文**と呼ぶ（逆に、それらの欠落がない文が**完全文**）。(a) は believe の主語が、(b) は depend on の目的語が見あたらない。(b) のように、**名詞（特に代名詞）の直後に SV があり、その SV が不完全文（目的語**

か補語がない) だった場合は、名詞と SV の間に関係代名詞が省略されている可能性が高い (関係代名詞の目的格は省略可。主格は原則として不可)。

英文解説

　課題文の If 節中の a message we dislike の部分が〈(代) 名詞＋SV〉の構造になっているので、関係代名詞の省略の臭いがする。次に we dislike とあり、dislike は他動詞であるにも関わらずその目的語がない。つまり、不完全文になっているので、we と dislike の間には関係代名詞 that か which の省略であることが裏付けられた。or の次に which があるので、この or は関係代名詞節と関係代名詞節を結んでいることに気がつく (⇒ §1)。主節の those parts which make us uncomfortable の which も関係代名詞だが、先行詞は parts であることは、手前の those の存在からはっきりとわかる。この場合は関係代名詞の直前の名詞は parts しかないので、parts が先行詞であることはすぐわかるから、この those はなくてもよいが、文によっては関係代名詞の前に名詞が 2 個以上ある場合があり、そのような時は those がいると、those の直後の名詞が先行詞であると教えてくれるので助かる (⇒ §34)。

If we are faced with a message
　　[[(**which**) we dislike φ],
　or [**which** φ fails to confirm our prejudices],
　we tend to ignore **those** parts [**which** φ make us uncomfortable].
　　　　　　※φは関係代名詞節内で主語、φは目的語が欠けている箇所

【訳例】

　自分の気に入らないことや自分が思い込んでいたことと相反することを聞くと、その嫌な思いをさせる部分は無視しがちである。

● 教 訓 ●

- 関係代名詞節内は不完全文である
- 〈(代) 名詞＋SV〉で SV 内が不完全文なら、名詞と SV の間に関係代名詞が省略されている可能性が高い
- 関係代名詞の前に that か those で修飾される名詞があれば、その名詞が先行詞である

▶第5章　関係詞：もとの文構造を確認

§42　関係代名詞の省略

> **課題文**
>
> (1) Social status, sex, age, and the kinds of social networks people belong to turn out to be important dimensions of identity in many communities.　〔1994年前期・下線部〕
>
> (2) That book did something that not many other things I had thus far encountered in life were able to do—it took me out of myself and put me into a larger world—not all that much larger now that I come to think about it, but larger enough to stir my imagination.
> 〔1997年後期・下線部〕

【語 註】

(1) networks 組織　turn out to be ~ ~であると判明する　dimensions 様相　identity 身元、本人であること　(2) thus far これまで　now that I come to think about it 今考えてみると　stir *one's* imagination 想像力をかき立てる

構文研究

(a) Things a person does because he must do them are work.
(b) He imagines what kind of wives the various girls he has met would make.

　(a)も(b)も単語自体は簡単だと思うが正確な解釈ができるだろうか。文の区切りをどこでつけるかがポイントになる。そのためにも関係代名詞節がどこからどこまでなのかをきちんと把握する必要がある。(a)は things a person does が、(b)は girls he has met の部分が〈(代)名詞＋SV〉の構造になっており、does も met も他動詞なのに目的語が見当たらない（**不完全**）ので、関係代名詞 that（(a)は which でも (b)は whom でもよい）の省略である。

(a) *Things* [(**that**) *a person does* φ ⟨because he must do them⟩] are **work**.「しなければならないためにやることが仕事である」
(b) He imagines what kind of wives the various *girls* [(**whom**) *he has met* φ] would **make**.
　「彼は今まで会ったさまざまな女性たちがどんな妻になるのかを想像する」

英文解説

(1) 文全体の動詞を belong と思ってはいけない。まず、social networks という名詞と people という名詞が連続していることで〈名詞＋SV〉ととらえ、belong to の目的語がないことに目を付ければ、networks と people の間に関係代名詞 that か which の省略とわかる。social networks を先行詞に people belong to が関係代名詞節となる。すると、Social status, sex, age, and the kinds の4つを主語に turn out が文全体の動詞となる。

(2) something を先行詞に that から were able to do までが関係代名詞節で、something は do の目的語の関係になる (that は目的格)。さらに、other things I had ～ encountered の部分が〈代名詞＋SV〉になっており、encountered は他動詞であるにもかかわらず目的語が欠落しているので、other things と I の間に関係代名詞の省略とわかり、大きな関係代名詞節の中に小さな関係代名詞節が入り込んだ二重構造。not all that much larger と larger enough 以下は but を介して並列 (not A but B のパターン) で、共に a larger world を後置修飾する。

That book did something [that not many other things {I had 〈thus far〉 encountered φ in life} were able to do φ]—it ┌ took me out of myself
　　　　　　　　　　　　　　　　　　　　　　　　　　　　　　　　　　　　　　and └ put me into a larger world—
　　　┌ not all that much larger 〈now that I come to think about it〉,
but └ larger enough to stir my imagination.

【訳例】
(1) 社会的地位、性別、年齢、所属している社会組織の種類が、結局多くの社会において、その人がどのような人間であるかを判断する上で重要な要素になることがわかる。

(2) その本は、私が今までに出くわした他の多くの物事にはできなかったことをしてくれた。(それは私を自分の枠から外へ連れ出して、もっと大きな世界に入れてくれた。) 今考えてみると、それほど大きくはないが、私の想像力をかき立てるのに十分な大きさの世界に入れてくれた。

● 教　訓 ●

● 〈(代)名詞＋SV〉で SV 内が不完全文なら
　　　　　　☞ (代)名詞と SV の間に関係代名詞の省略

▶第5章　関係詞：もとの文構造を確認

§43　that 節と add to ～ / apply to ～

課題文

(1) True, the world is indifferent to our hopes—and fire burns whether we like it or not. But our ways of learning about the world are strongly influenced by the biased modes of thinking that each scientist must apply to any problem. 〔1998 年後期・本文中〕

(2) That's because the best philosophy doesn't just come up with a few new facts that we can simply add to our stock of information, or a few new maxims to extend our list of dos and don'ts, but embodies a picture of the world and a set of values.

〔2003 年前期・下線部〕

【語註】
(1) be indifferent to ～ ～に無関心だ　biased 偏見のある　must 必ず～する　(2) come up with ～ ～を提供する　stock 蓄積　maxim 格言　dos and don'ts すべきこととすべきでないこと　embody～ ～を具体的に表す　a set of values 価値体系

構文研究

(a) They know the fact **that** reading a lot **adds to** their vocabulary.
「多読すれば語彙力が増えるという事実を彼らは知っている」

(b) That is a new fact **that** historians should **add to** the chronological table.
「それは歴史家たちが年表に加えるべき新事実だ」

add の語法には、① **add to ～**「～を増やす」と② **add A to B**「A を B に足す」とがある (⇒ §31)。また、apply の語法も、① **apply to ～**「～に当てはまる」と② **apply A to B**「A を B に当てはめる」がある。これらが that 節中で用いられる場合、どちらの解釈をするかによって、that が同格を表す接続詞なのか、関係代名詞なのかが分かれ、訳文も異なってくる。①の場合、主語は無生物になることが多い。対して②の場合、主語は人間および人間の組織である。(a) は that 節内の主語が reading という無生物なので①だとわかり、すると **that** 節内は完全文になるから、**that** は同格を表す接続詞となり、that 自体は「という」と訳すことになる。一方、(b) の that 節内の主語は historians という人間なので②だと判定でき、add A to B の A が欠落している不完全文 (A

104

▶ §43　that 節と add to ～ / apply to ～

が先行詞として前に移動している) なので、**that は関係代名詞**で、これ自体に訳はつけない。

英文解説

(1) True, ～. But ...「なるほど～だが...」という譲歩してから主張を展開する構文。第 2 文の that 節内の主語は scientist という〈人間〉なので、apply の語法は **apply A to B** の方だとわかり、A が先行詞として前に移動しているために that 節内が不完全文になっている。よって、that は関係代名詞。

　　～ <u>modes of thinking</u> [*that* each scientist must **apply** φ **to** any problem].

(2) facts that の that 節内は、主語が we で〈人間〉なので **add A to B** の方だとわかり、A が欠落しているので that は関係代名詞とわかる。全体は not just ～ but ...の構造。

the best philosophy doesn't just come up with
　　┌ <u>a few new facts</u> [*that* we can simply **add** φ **to** our stock of information]
　or └ a few new maxims [to extend our list of dos and don'ts],
but embodies ┌ a picture of the world
　　　　　 and └ a set of values

【訳例】
(1) 確かに、外界は我々の希望に関係なく動いている。火は我々の好むと好まざるとにかかわらず燃えるのである。だが、我々が外界について知る方法は、一人一人の科学者がどんな問題にも必ず当てはめることになる偏った考え方に強く影響されるのである。
(2) その理由は、最もすぐれた哲学は、単に私たちが蓄積している知識に上乗せすればいいような若干の新たな事実や、すべきこととしてはいけないことの一覧表を拡張する若干の新たな格言を提供してくれるばかりだけでなく、世界観と価値体系を具現化してくれることである。

● 教　訓 ●

● 名詞＋that＋無生物＋add [apply] to ～ ☞ that は同格の接続詞「という」
● 名詞＋that＋人間＋add [apply] to ～ ☞ that は関係代名詞（訳さない）

▶第5章　関係詞：もとの文構造を確認

§44　連鎖関係代名詞

課題文

　As anyone who has ever been in a verbal disagreement can confirm, people tend to give elaborate justifications for their decisions, which we have every reason to believe are nothing more than rationalizations after the event.　　〔2010年・下線部〕

【語註】

verbal disagreement 言葉の食い違い　confirm〜 〜を確証する　elaborate 入念な　justifications 正当化　have every reason to *do* 〜 〜する十分な理由がある　nothing more than 〜 〜にすぎない（≒ only）　rationalizations 無理な理屈づけ

構文研究

次の空所に適切な関係代名詞を入れてみよう。

(a)　The person (　　) I believed was a friend of mine betrayed me.
　　「友人だと信じていた人が僕を裏切った」

I believed の目的語の代わりをするから目的格の whom だと考えた人は間違いで、was の主語の代わりをするから **who** が正解だ。もとになったのは次の文だ。

(b)　I believed (that) the person was a friend of mine.

(b) の文の believed that SV〜 の接続詞 that は通常でも省略可能だが、関係代名詞の直後で用いられる場合は必ず省略しなければならない。さらに the person が先行詞として前に移動したため、believed という動詞と was という動詞が隣り合い (a) の文ができる。動詞が連続で並ぶことは通常はあり得ないことだが、関係代名詞節においてはしばしば起きる現象である。そのために、関係代名詞 (who) と節内の動詞 (was) が分離する。この構文のような関係代名詞を**連鎖関係代名詞**と呼ぶ。その際、関係代名詞の直後の SV を挿入的にとらえるとわかりやすい。この動詞は think や believe などの**思考動詞**である場合が多い。

(a)′ The person [who {I believed} φ was a friend of mine] betrayed me.

106

▶ §44　連鎖関係代名詞

英文解説

　As anyone who 〜 can confirm の As は confirm の後ろが不完全（目的語がない）なので関係代名詞（⇒ §41）。「〜する人なら誰でもわかることだが」という前置き。which は elaborate justifications を先行詞とする非制限用法の関係代名詞節（訳し下ろす）で、we have every reason to believe を挿入的にとらえ、which are nothing more than 〜とマクロに読む（**連鎖関係代名詞**）。

　〜 <u>elaborate justifications</u> for their decisions, [which {we have every reason to believe} are nothing more than rationalizations after the event]

【訳例】

　言葉の食い違いを経験したことのある人ならば誰でも裏付けできるように、人は自分が下した決定について念入りな正当化を行なう傾向があるが、そうした正当化は、事後の理屈づけに過ぎないと考えてよい十分な理由がある。

発　展

　(c) One year you may have a teacher you feel is unfair.
　　「ある年、あなたは公平でないと感じる先生に出会うかもしれない」

　左ページの (a) の解答を whom だと思う人は実は英米人でも多く、そのせいで whom（本来は who）を省略する場合が結構ある。そうなると、英文に慣れない日本人学習者はさらに困難を極めることになる。連鎖関係代名詞が主格の場合、本来は省略してはいけないのだが、英米人も目的格と勘違いするせいか、結構の頻度で省略されてしまう。これを**連鎖関係代名詞の主格省略**と呼ぶ。

　(c) の teacher と you の間は関係代名詞の who が入るはずである。is fair に対する主語が欠落している主格の連鎖関係代名詞だからである。ところが、feel にひかれるために whom と勘違いし、さらに目的格と思って省略されてしまったのである。

　(c)' One year you may have a teacher [(who) {you feel} is unfair].

● 教　訓 ●

● 先行詞＋ [（関係代名詞（主格））＋ { S ＋ think } ＋ V 〜]
　☞ 主格でも省略があり得る

107

▶第5章 関係詞：もとの文構造を確認

§45 前置詞＋関係代名詞（1）：動詞の語法編

課題文

(1) Like all living things, insects are best viewed in the light of their ecological context, the plants and other animals with which they associate. 〔1997年後期・本文中〕

(2) If parents fail to teach the traditions of the community to their offspring, then the resulting adult might become a less cooperative citizen than some would like, and will become more like a fish out of water—a person with an outlook different and possibly incompatible to the shared worldview on which society, for better or worse, bases itself. Once such people become sufficient in numbers, then the communal bonds might loosen beyond repair and the web of human relations may disintegrate.

〔2007年前期・下線部〕

【語註】

(1) living things 生物　in the light of ～ ～に照らして（≒ considering）　ecological 生態学的な　context 背景　(2) offspring 子供　outlook 見解　possibly もしかしたら　incompatible to ～ ～とは相容れない　for better or worse 良かれ悪しかれ　communal 共同体の　bonds 絆　loosen 緩む　web 入り組んだもの　disintegrate バラバラになる

構文研究

(a) Emily is a girl (　　) whom Ben is speaking.
「エミリーは今ベンが話しかけている娘だ」

(b) Hiroshi Sato is the only colleague (　　) which I can depend for the English language.
「佐藤ヒロシ氏は私が英語のことで頼れる唯一の同僚だ」

空所に適当な前置詞が入るだろうか。〈前置詞＋関係代名詞〉の前置詞は主に2つの要因で決まる。1つは関係代名詞節中の動詞に着目して、その動詞の語法やその動詞を含んだ熟語になっているというものである。(a) は speak to ～「～に話しかける」という語法で **to** が、(b) では depend であり、depend on A for B「B を A に依存する」という語法の **on** が入る。

英文解説

(1) with which の with は、関係代名詞節中の動詞である associate と呼応した、**associate with ～**「～と交際する→関わりを持つ」の with である。なお、〈be 動＋ best ＋ p.p.〉の best は文修飾副詞になる。

(2) 第1文の then は if 節を受ける係り結びなので訳さなくてもよいが、なんなら「その場合には」と訳すのも可。the resulting adult は「その結果として生じた大人」が直訳。some would like の次に him or her (＝ the resulting adult) to be の省略で、もともとは some would like him or her to be cooperative「一部の人は彼や彼女に協力的であることを望む」ということ（⇒ §61）。a fish out of water は「場違いな人間」ということだが、日本語には「陸に上がった河童」という慣用句がある。これを―（ダッシュ）以下で補足説明している。an outlook に、to を共有する different と incompatible 以下が後置修飾している。on which の on は関係代名詞節中の動詞である base と絡んで **base oneself on ～**「～に基盤を置く」という句。第2文は once が「いったん～すると」の接続詞。beyond repair は「修復不可能なほど」という潜在的否定表現。

$$
\text{a person with an outlook} \begin{bmatrix} \text{different} \\ \text{and } \langle\text{possibly}\rangle \text{ incompatible} \end{bmatrix} \text{to the shared worldview}
$$
[**on *which*** society 〈, for better or worse,〉 **bases itself**]

【訳例】

(1) 全ての生物と同様に、昆虫はその生態学的な背景、つまり、彼らが共に暮らす植物や他の動物を考慮してみると、最も的確な観察ができる。

(2) 親が共同体の伝統を子に教えることができなければ、その子が親になっても一部の人が望むほどには協力的な市民になっていないかもしれないし、むしろ陸に上がった河童のようになるはずである。つまり、良くも悪くも社会が基盤としている共有の世界観とは異なる、ことによっては相容れない物の見方をする人間になるはずだ。ひとたびそういう人間が十分な数に達すると共同体の絆は修復不可能なほどに緩み、人間関係の結びつきは崩壊するかもしれない。

● 教 訓 ●

- ［前置詞＋関係代名詞］の前置詞は関係代名詞節中の動詞の語法や熟語の一部になっている場合がある

▶第5章　関係詞：もとの文構造を確認

§46　前置詞＋関係代名詞（2）：名詞の語法編

課題文

(1) The faculty with which we ponder the world has no ability to peer inside itself to see its own mechanism.　〔2000年後期・下線部〕

(2) The importance of personality traits is shown by the great individual variation in people's responses to any one situation, but the need to invoke environmental determinants is equally evident in the extent to which any person's mode of functioning alters from situation to situation.　〔1989年前期・法〕

【語註】
(1) faculty（精神的・肉体的）機能、能力　ponder ～ ～を熟考する　peer inside ～ ～の内部をのぞく　see ～ ～を確かめる　(2) personality traits 個性　variation 相違　invoke ～ ～を引き合いに出す　determinants 決定因子　evident 明らかな　mode 様式（≒ way）　alter from ～ to ～ ～ごとに変わる　function（人が）正常に活動する

構文研究

(a) The speed (　　) which the teacher spoke surprised his students.
「その先生の早口に生徒たちは驚いた」

(b) We don't realize the extent (　　) which we depend on other people.
「我々はどれほど他人を頼っているかに気がついていない」

〈前置詞＋関係代名詞〉の前置詞の決定要因の2つ目は、先行詞（名詞）の語法で決まるというものである。(a)はspeedにつく前置詞を考えてatが入る（at ～ speed「～の速さで」）。あるいはwith speed「速く」（≒ speedily）と考えてwithでもよい。これは〈**with＋抽象名詞**≒副詞〉という公式による。(b)はextentにつく前置詞を考慮する。to some extent「ある程度」というような表現でわかるようにtoが正解。そして、(a)も(b)も「～する速さ」「～する程度」と直訳するより、「**かなり～する**」「**どの程度～するか**」と意訳した方が自然な日本語に近づく。これらを決まり文句ととらえ、最初から意訳を頭に入れて読めば、英文を左から右にスムーズに読める（訳し上げなくてもよい）という点で速読用にもなる。

▶ §46　前置詞＋関係代名詞(2)：名詞の語法編

英文解説

(1) **with which** の with は先行詞である faculty につく前置詞で、with faculty で「能力を持って」の意味。よって the faculty with which は「〜する際の能力」や「〜するのに用いる能力」などと訳出するのがよい。to peer は ability を修飾して同格を表す形容詞用法の to 不定詞。

The **faculty** [**with *which*** we ponder the world] has
　　no ability [to peer inside itself to see its own mechanism]

(2) 下線部の to invoke 〜は need を修飾する同格を表す形容詞用法の to 不定詞。**to which** の to は先行詞である extent につく前置詞。in the extent to which 〜の直訳は「〜する程度において」であるが、「どの程度まで〜するかを見れば」(≒ in how far 〜) と訳出するとわかりやすい。any person's mode of functioning の直訳は「誰であれ人間の活動の仕方」だが「個人の行動様式」ということ。なお、is shown と is equally evident の言い換えにも注意。

the need [to invoke environmental determinants] is equally evident in
　　the **extent** [**to *which*** any person's mode of functioning alters from 〜]
　　(≒ **how far** any person's mode of functioning alters from 〜)

【訳例】
(1) 私たちが外界についてじっくり考える際に用いる能力は、その能力自体の内部をのぞき込み、その仕組みを確かめるという力を有していない。
(2) 個性が大切であることは、どんな状況に対してであれ人々の反応は個人的に大きく異なることから明らかだが、環境的決定因子を引き合いに出すのが必要なことも、個人の行動様式がどの程度まで状況によって変わるかを見れば、同様に明らかである。

● 教 訓 ●

- **the speed at [with] which SV〜**　「とても速く〜すること」
　　　　　　　　　　　　　　　　(≒ **that SV〜 very speedily**)
- **the extent to which SV〜**　　　「どの程度〜するか」
　　　　　　　　　　　　　　　　(≒ **how far SV〜**)

111

▶第5章　関係詞：もとの文構造を確認

§47　前置詞＋関係代名詞（**3**）：決まり文句編

課題文

But as a group they (= insects) are essential to our well-being, because they are indispensable components of virtually all of the ecosystems upon which we depend for the food and other organic products without which we could not survive. Even the survival of city dwellers who have never seen a farm ultimately depends upon insects.　　　　　　　　　　　　　　〔1997 年後期・下線部〕

【語 註】

as a group 全体として（≒ as a whole）　　well-being 健康、幸福　　components 構成要素
virtually ほとんど（≒ almost）　　ecosystem 生態系　　city dwellers 都市生活者

構文研究

(a) Freedom of speech is a condition **without which** democracy **cannot exist**.
「言論の自由は民主主義の存続には不可欠の条件である」

(b) If we look at the languages spoken in the world today, we notice very wide differences **in the use to which** they **are put**.
「今日世界で話されている言語を見ると、その使われ方が多種多様であることに気づく」

(c) Their choice reflected **the esteem in which** France and all things French **were held**.
「彼らの選択は、フランスやフランス的なもの全てに対する尊敬の念を反映していた」

　(a) は without 以降が関係代名詞節だが、「それなしでは民主主義が存続できない条件」と訳すよりも「民主主義の存続には不可欠な条件」と訳す方が自然な日本語に近づく。〈先行詞＋ **without which** ～ **cannot**［**couldn't**］**exist**［**survive**]〉を決まり文句と考えて「～の存続［生存］には不可欠の（先行詞）」と覚えておくと便利。

　(b) は uses を先行詞に to which 以下が関係代名詞節だが、ここには **put ～ to use**「～を利用する」という句が隠れている。これも〈**the uses to which ～ is put**〉を決まり文句ととらえ、「～の利用度、利用の仕方、使われ

方」とすると自然な訳語になる。構造は以下の通り。

$$we\ \textbf{put}\ them\ (= languages)\ \textbf{to use}\ 「我々は言葉を使う」$$
⇨ (受動態に) they (= languages) **are put to use**「言葉が使われる」
⇨ (use を先行詞に) **the use** (which) they **are put to**「言葉の使われ方」
⇨ (to を which の前に) **the use to which** they **are put**「言葉の使われ方」

(c) は esteem を先行詞に in which 以下が関係代名詞節だが、ここには **hold ～ in esteem**「～を尊敬する」という句が分解されている。これも〈**the esteem in which ～ is held**〉を決まり文句ととらえ、「～に対する敬意の念、～をいかに尊んでいるか、～をかなり敬っていること」などと覚えておくとよい。

英文解説

第 1 文の because 節内の ecosystem を先行詞に upon which 以降が関係代名詞節で、upon は関係代名詞節中の動詞である depend と絡んで depend on A for B「B を A に依存する」という句の一部。さらに、products を先行詞に without which 以下が関係代名詞節になっている二重構造。限定用法ではあるが、ここから訳し上げると冗長な日本語になるので、訳例では without 以下は訳し下ろした。そして、〈先行詞＋ **without which ～ couldn't survive**〉のパターンなので「～の生存には不可欠の（先行詞）」と意訳した。

the ecosystems [**upon *which* we depend for** the food and
　　　　　　　other organic products {**without *which* we could not survive**}]

【訳例】
　しかし、昆虫は全体としては、我々人間の健康には絶対必要だ。というのは、昆虫はほとんど全ての生態系のなくてはならない構成要素であり、我々の生存に不可欠な食物や他の有機製品を我々はその生態系に依存しているからである。畑を一度も見たことのない都会の住民さえ、究極的には昆虫に依存している。

●教　訓●

- 先行詞＋ without which ～ [cannot / couldn't] [exist / survive]「～の[存続/生存]には不可欠の（先行詞）」
- the uses to which ～ is put「～の利用度、利用の仕方、使われ方」

▶第5章　関係詞：もとの文構造を確認

§48　of which

課題文

(1) Anyone who has used a tape-recorder knows how much more difficult it is to avoid background noises than they might have expected. In addition to the voice, there is a storm of other sounds of which you were unaware when making the recording.
〔1990年前期・本文中〕

(2) In many ways, our age is no different from any other: most people work hard merely to survive, while a few live in the lap of luxury; many perish in wars and conflicts, the causes of which they have no control over.
〔2003年後期・本文中〕

【語註】
(1) in addition to ～ ～に加えて　a storm of ～ 嵐のような～　make the recording 録音をする　(2) in many ways 多くの点で　live in the lap of luxury 贅沢三昧の暮らしをする　perish 非業の死を遂げる

構文研究

(a) The kind of romance of which many people approve is only escapism.
「多くの人々がよしとする類のロマンスは単なる現実逃避である」

(b) The house the roof of which we can see from here is his.
「ここから屋根が見える家が彼の家です」

(a) も (b) も一見 of which であるが、(a) は of which から関係代名詞節が始まり、of は approve of ～「～をよしとする」の of である。(b) は the roof から関係代名詞節が始まり、the roof of which 全体を1つの関係代名詞ととらえ、この部分が see の目的語になっている。

(a) The kind of romance [**of** *which* many people **approve**] is only escapism.
(b) The house [the roof *of which* we can see φ from here] is his.
　　　　　　　　　　　　　　　　　　　　　　　　　　　　　　　(＝ his house)

114

▶ §48　of which

(b)のように〈名詞＋ **of which**〉を 1 つの関係代名詞ととらえることがある。

英文解説

（1）第 1 文は Anyone を先行詞に who から tape-recorder まで関係代名詞節。than they might have expected の they は anyone を指し（代名詞は複数で受けることもある）、might は普段予想することがないような事柄に言及するときに用いる（⇒ p.97/『例解和文英訳教本 文法矯正編』p.118）。第 2 文の of which の of は were unaware of ～「～気がついていなかった」という語法の一部。

　～ other sounds [**of** *which* you **were unaware** when making the recording]

（2）our age とはふつう「現代」のこと。no different from ～は the same as ～と同じ。while は「一方」という対比を表す接続詞。the causes of which 全体を 1 つの関係代名詞ととらえ、この部分が over の目的語になっている。which の先行詞は wars and conflicts である。このように、関係詞の前にカンマがある場合（非限定用法）は関係代名詞は接続詞と代名詞でパラフレーズできる。この which は and と them でパラフレーズする。

　～ wars and conflicts, [the causes **of which** they have no control over]
　≒ ～ wars and conflicts, *and* they have no control over the causes of *them*

【訳例】

(1) テープレコーダーを使ったことのある人なら、背景に入る雑音を避けるのが意外に難しいことを知っている。声以外にも、録音の時に気づかなかった音が嵐のように入って来るのである。
(2) 多くの点で、現代は他のどの時代とも全く同じである。つまり、ほとんどの人々がただ生き延びるだけのために一所懸命に働いており、一方では少数の人間が贅沢三昧の暮らしをしている。多くの人々が戦争や紛争で命を落とすが、争いの原因に対して彼らはどうすることもできない。

●　教　訓　●

- **of which** の考え方
  ① which 節内の動詞の語法で of を使うもの（**be aware of ～**など）
  ②〈名詞＋ **of which**〉を 1 つの関係代名詞ととらえる

§49　whose ＋名詞／前置詞＋ whose ＋名詞

課題文

(1) The mysterious effect of reading, the immense undecidability of meaning, all this was contained in a book whose title, author and illustrator I can't remember. And no one's ever heard of it. The book is like a memory whose status as an object is in question.
〔1996 年前期・下線部〕

(2) My father, for whose skill as a surgeon I have the deepest respect, says, "The operation with the best outcome is the one you decide not to do."
〔2012 年前期・本文中〕

【語 註】
(1) immense 途轍もない　undecidability 決めることの難しさ　status as an object 物象としての状態→物として存在していたこと　in question 疑わしい　(2) surgeon 外科医　operation 手術

構文研究

(a) The house the roof of which we can see from here is his.
(b) The house of which the roof we can see from here is his.
(c) The house whose roof we can see from here is his.
　「ここから屋根が見える家が彼の家です」

(a) が the roof から関係代名詞節が始まっていることは前項で述べたが、英米人も the house と the roof という名詞の連続が一瞬おかしく感じられるせいか、(b) のように of which を the roof より先に書いてしまう例も時々見られる。これは of which から関係代名詞節が始まることをいち早く伝えたいからだろう。さらに、**the ～ of which** は (c) のように、**whose ～** とも書き換えられる。一般に「AのB」という言い方は〈**the B of A**〉と〈**A's B**〉の2パターンがあり、このAが関係代名詞になったと考えればよい。

(a)′ The house [**the roof of which** we can see φ from here] is his.
(b)′ The house [**of which the** roof we can see φ from here] is his.
(c)′ The house [**whose** roof we can see φ from here] is his.
(d) The house on the roof of which a cat is lying is his.

(e) The house the roof of which a cat is lying on is his.
(f) The house on whose roof a cat is lying is his.
(g) The house whose roof a cat is lying on is his.
「屋根に猫が寝転んでいる家が彼の家です」

(d) や (f) のように the ～ of which や whose ～の前に前置詞が付くこともあるが、これは**関係代名詞節中の動詞の語法の一部**（上記例文では lie on ～）であり、(e) や (g) のように前置詞を関係代名詞節中の最後に回してもよい。

(f)′ The house [*on* **whose** roof a cat is *lying*] is his.
(g)′ The house [**whose** roof a cat is *lying* on ϕ] is his.

英文解説

(1) 第 1 文は The mysterious effect ～と the immense undecidability ～が並列しており、それを all this と総括して述べているわけで、この 3 つが主語。whose title, author and illustrator を 1 つの関係代名詞ととらえ、この部分が remember の目的語。第 3 文も whose から文末までが関係代名詞節で、whose status as an object を 1 つの関係代名詞ととらえ、この部分が is の主語。

(2) whose skill as a surgeon を 1 つの関係代名詞ととらえ、この部分が for の目的語で、for を関係代名詞節の最後に戻せば respect for ～「～に対して敬意を払う」の for とわかる。

【訳例】
(1) 読書の神秘的な効果、書物の意味を見出すことの途方もない困難、こういうこと全てが、その書名も、著者も挿絵画家も記憶にない一冊の本の中に込められていた。しかも、その本のことを耳にした人は誰もいないのだ。その本は本当に存在したのかも怪しい思い出のようなものである。
(2) 外科医としての父の腕前に私は最も敬意を払っているのだが、その父が「最良の結果を生む手術は、しないでおこうと決めた手術だ」と言っている。

● 教 訓 ●

- 〈whose ＋名詞〉を 1 つの関係代名詞ととらえる
- 〈前置詞＋whose＋名詞〉の前置詞は関係代名詞節中の動詞の語法の一部

▶第5章　関係詞：もとの文構造を確認

§50　関係形容詞 what/whatever

課題文

(1) I begged them to put me on the flight. I would have gone down on my knees if it would have helped. The woman hesitated, her superior stroked his chin, I held what breath I had. They gave in.

〔1992年後期・下線部〕

(2) In normal waking consciousness, the forebrain sorts through various kinds of internal and external sensory data to construct a meaningful view of the world. Faced with a flood of disconnected, random inputs generated by more primitive areas of the brain during sleep, the higher mental centers attempt to impose order on the incoming signals, creating whatever narrative structure dreams have.

〔2001年前期・下線部〕

【語註】
(1) put *sb* on the flight（人）を搭乗させる　go down on *one's* knees ひざまずく　stroke 〜 〜をなでる　give in 降参する　(2) forebrain 前脳　sort through 〜 〜を分類する　sensory 感覚の　a flood of 〜 夥しいほどの〜　disconnected 支離滅裂な　inputs 入力情報　mental centers 脳内の中枢部　incoming signals 受信信号　narrative 物語の

構文研究

(a) I gave him **what** (**little**) *money* I had.
≒ I gave him **all the** (**little**) *money* (**that**) I had.
「私はなけなしの金をそっくり彼にあげた」

(b) I'll give you **whatever** *flower* you want.
≒ I'll give you **any** *flower* (**that**) you want.
「君の望む花は何でもあげよう」

　関係代名詞の what や whatever が次の名詞を修飾する場合は**関係形容詞**となるが、関係形容詞節全体は文中で主語か目的語の働きをするので名詞節となる。(a)も(b)も give の目的語である。〈**what**＋名詞＋(S)V〉の場合は little がなくても「僅かな」という意味が内包され「〜する僅かだが全ての（名詞）」という意味。〈**whatever**＋名詞＋(S)V〉は「何であれ〜する（名詞）」の意味。

118

▶ §50　関係形容詞 what / whatever

英文解説

(1) 第1文の them は関係者を表し、この場合は文脈上、航空会社の人たちを指す。第2文は仮定法過去完了で描出話法（⇒ §99　☞ 全文の前に I thought that の省略）。第3文は文章が3つ並列で並んでいるが、本来なら三番目の文の前に and を付けるべきだ（⇒ §2）。そして、その最後の文の what が、次に breath という名詞を従えているので関係形容詞となる。

　　I held [**what** breath I had] ≒ I held **all the** (**little**) breath [(**that**) I had]

(2) 第1文の to construct ～は「～を構築するために」と訳し上げても可。第2文の Faced の前に Being の省略（分詞構文）。disconnected と random は前から、generated から sleep までは後ろから inputs を修飾する（⇒ §73）。creating 以下は分詞構文で、and they (= the higher mental centers) create ～ の意味、その目的語が whatever 節で、structure という名詞が連なるから関係形容詞節。

　　creating [**whatever** narrative structure dreams have]
　≒ creating **any** narrative structure [(**that**) dreams have]

【訳例】

(1) 乗せてくれるように私は懇願した。それで乗せてくれるのなら私はひざまずくこともしただろう。女性の係員は躊躇し、その上司の男性はあごをなでて思案した。私は残る限りのわずかな息を詰め（て返答を待っ）た。彼らは折れてくれ（、私の願いを聞き入れてくれ）た。

(2) 目が覚めている時の正常な意識下では、前脳はさまざまな種類の内部および外部から知覚したデータを分類し、意味のある世界観を構築する。睡眠中に脳のより原始的な領域から生み出された、夥しいほどの脈絡のない無作為の情報に直面すると、脳のより高度な思考中枢が、受信信号に秩序を与えようとして、何であれ、夢の物語の筋らしいものを創り上げる。

● 教　訓 ●

- **what** + (**little**) + 名詞 + (S) V～
　≒ **all the** + (**little**) + 名詞 + **that** + (S) V～「～する僅かだが全ての（名詞）」
- **whatever** + 名詞 + (S) V～
　≒ **any** + 名詞 + **that** + (S) V～「何であれ～する（名詞）」

▶第5章　関係詞：もとの文構造を確認

練習問題

(**1**) I don't think, in the last analysis, that the novelist and the poet are trying to do different things: they are both using language to say something about life in emotional rather than analytic terms. But whereas the poet relies on the intensity with which he can say it, the novelist relies on the persuasiveness with which he can show it.

〔1988年A日程・本文中〕

(**2**) Some satellites have exploded or have collided, one with another, and each time this happens, they fragment into small pieces, all of which continue to orbit the Earth.　〔1991年前期・下線部〕

【語 註】
(1) in the last analysis 結局、突き詰めれば　〜 rather than ... ...ではなく〜（≒ 〜 instead of ...）　analytic 分析的な　terms 用語　in 〜 terms 〜的な観点から　whereas 〜 〜する一方（≒ while）　persuasiveness 説得力
(2) collide 衝突する　each time 〜 〜する度に　fragment into 〜 砕けて〜になる　orbit 〜 軌道を描いて〜を回る

120

第6章　熟語くずし・名詞構文

　巷の参考書ではあまり重視されていないが、筆者は正確な英文解釈を行う上で、〈熟語くずし〉という概念が極めて重要になってくると考えている。〈熟語くずし〉という呼び名は筆者がつくったものだが、文字通り、**文中において熟語がくずれる**ということである。例えば、次の文の空所に適語が入るだろうか。

(1) They don't understand the importance we attach (　　) the result.
(2) In studying geographical material, constant use must be made (　　) maps.

(1) 空所には **to** が入るが、attach to ～という結びつきではなく **attach importance to** ～で「～を重要視する」という熟語 or 決まり文句なのである。この importance が関係代名詞の先行詞として前に移動したために語順がくずれた。また、attach importance to ～で「～を重要視する」とわかっていれば、「彼らは我々がその結果に付与する重要性を理解していない」というかたい直訳ではなく、「我々がその結果を**どれほど重要視しているか**を彼らはわかっていない」というこなれた日本語で訳すことができる。
　(2) 答えは **of** で、これは **make use of** ～「～を利用する」という表現が受動態になったために語順が変わったのである。全体で熟語という意識があれば、訳す際も「地図に絶え間のない利用がなされなければならない」という理解困難な日本語ではなく、「地理の教材を勉強する際には、地図を絶えず**利用し**なければならない」と訳せる。
　〈熟語くずし〉という概念がわかっていれば、和訳にも有効だ。では、どういう場合に〈熟語くずし〉という現象が起きるのかをこの章で研究しよう。そして、〈名詞構文〉と通称で呼ばれている構文も一種の〈熟語くずし〉と言えるので、この章で取り上げることにする。
　なお、**熟語**とは「それぞれの単語のもとの意味の組み合わせとは異なる意味を表すもの」というのが定義で、(a) の attach importance to ～などは正確には熟語ではなく**決まり文句**なので、本来は "**決まり文句くずし**" とでも呼ぶべきなのだが、語呂が悪いので、本書では決まり文句なども含めて "**熟語くずし**" と呼ぶことにする。

▶第6章 熟語くずし・名詞構文

§51 熟語くずし (1)：関係代名詞編

課題文

　As a creature of American civilization I had no idea what love and respect for other creatures meant, how it felt, what it required. As a citizen of the West, I assumed that an animal, no matter how enjoyable its company, was ultimately a commodity and not worthy of the priceless value we humans place on our own lives.

〔2004年後期・下線部〕

【語 註】

one's company 〜と一緒にいること　commodity モノ、物品　priceless 値段が付けられないほど貴重な、かけがえのない　be worthy of 〜 〜に値する、相応しい

構文研究

次の穴埋め問題を解答できるだろうか。

(a) The effect acid rain has (　　) plants is serious.

この問題を答える際に、その根底になる **have (a(n)＋形容詞) effect on 〜**「〜に (形容詞的な) 影響を与える」という決まり文句が理解されていなければならない。(a) の文の根底は次の (b) である。

(b) Acid rain **has** a serious **effect on** plants.
　　「酸性雨は植物に深刻な影響を及ぼす」

(b) の語順を少し入れ替えてできたのが (a) の文だ。よって、答えは on で「酸性雨が植物に及ぼす影響は深刻だ」となる。(b) では acid rain が旧情報で、plants が新情報、一方、(a) は effect が旧情報で serious が新情報と考えられる (⇒ p.51)。(a) は effect と acid rain の間に関係代名詞 that か which が省略されており、そのために have (a ＋形容詞) effect on 〜 という熟語の順番がくずれた。これを**関係代名詞による**〈熟語くずし〉と呼ぶことにする。

▶ §51　熟語くずし (1)：関係代名詞編

英文解説

　第 1 文は had no idea の目的語（厳密には idea の次に省略された of の目的語だが、この句は疑問詞節が後につながるときは of は省略されることが多い）が what love and respect for other creatures meant と how it felt と what it required の 3 つである。本来なら、列挙の最後の印として、最後の what 節の手前に and をつけるべき (⇒ §2)。文頭の As a creature of ～の creature の訳だが、「生物」と訳すのは突飛な感じがする。第 2 文の As a citizen of the West と対になっていることに目を向ければ、citizen と同じような意味合いで使っていることがわかるので、「～を生きる者、～で暮らす者、～の住民」などに意訳したい。おそらく筆者は、後続する other creatures「他の生物」との兼ね合いで、わざと a creature of American civilization と洒落たのであろう。

　第 2 文の no matter how enjoyable its company の部分は前後にカンマがあるのですぐに挿入と見極められるだろう。ultimately a commodity と not worthy of 以下は and を介して並列になっている。value を先行詞に we humans place 以下が関係代名詞節になっており（value と we の間に関係代名詞 that か which の省略）、**place value on** ～「～に価値を置く」という表現の〈熟語くずし〉になっている。place が動詞で使われるときは他動詞であることを踏まえていれば、見かけ上 place の目的語がないことに気づき、その本来の目的語は先行詞である value だと判断できる。

　　～ was ┌ ultimately a commodity
　　　 and └ not worthy of the priceless **value**
　　　　　　　　　[(that) we humans **place** ø **on** our own lives]

【訳 例】

　アメリカ文明を生きる者として私は、他の生物に対する愛情や敬意が何を意味するか、それがどのような感じなのか、それには何が必要なのかもわからなかった。西洋の一市民として私は、動物というものは一緒にいることがどれほど楽しくても結局はモノであって、人間が自分たちの生命に置く、かけがいのない価値を有するものではないと思い込んでいたのである。

● 教　訓 ●

● 関係代名詞節は先行詞も含めて〈熟語くずし〉になることが多い

▶第6章　熟語くずし・名詞構文

§52　熟語くずし (2)：受け身編

課題文

　Decisions have to be taken before all the evidence is in to prevent possible disasters like massive crop failure: moreover, they have to be taken internationally with agreements pulled in from hundreds of competing positions and interests, not least because our climate does not recognize national boundaries.　〔2001年後期・下線部〕

【語 註】
be in 届く、到着する　massive 大きな　crop failure 凶作　pull /～/ in ～を引き出す
interests 利益、利害関係　not least 特に～（≒ particularly）

構文研究

次の空所を適切に埋められるだろうか。

(a) More attention should be paid (　　) his lecture.

paid だけに目がいって for などと答えてはいけない。受け身形（受動態）の文を見たときは、主語まで含めて考えなければ誤訳する場合がある。(a) は **pay attention to ～**「～に耳を傾ける」の受け身形である。attention が主語として文頭に出たために、熟語がくずれた。よって答えは to である。このような状態を、**受け身形による〈熟語くずし〉**と呼ぶことにする。

(a) More **attention** should be **paid to** his lecture.

次にこの訳だが「もっとの注意が彼の講義に払われるべきだ」という直訳では日本語として不自然すぎる。受け身形による〈熟語くずし〉が起きた場合には、**能動態のように訳す方が自然な日本語になる**。つまり、(a) はその能動態である (b) を訳すのと同じことになる。

(b) You should **pay** more **attention to** his lecture.
　　「彼の講義にもっと耳を傾けるべきだ」

英文解説

課題文は次の2箇所が〈熟語くずし〉になっている。

Decisions have to **be taken** 〜 : moreover, **they** have to **be taken** 〜

　they は decisions を指すので、これは両方とも take decisions「決定・決断を下す」という決まり文句の受け身形である。take decisions を知っておかないと、「決定を受け入れなければならない」と誤訳してしまう場合がある。この場合には〈熟語くずし〉というよりも〈**決まり文句くずし**〉と呼んだ方が適切かもしれない。

　all the evidence is in の in は副詞で「到着して」の意味なので、「全ての証拠が届く→全ての証拠がそろう」と意訳したい。また、our climate does not recognize national boundaries も「気候は国境を認識しない→気候には国境がない」と意訳したい。

発　展

　実は、〈熟語くずし〉が起きやすい熟語はある程度決まっている。一般に、〈他動詞＋名詞＋前置詞〉から成る熟語である。主なものを次にあげておく。

have (a(n) ＋形容詞) effect on 〜	「〜に（形容詞的な）影響を与える」
play a ＋形容詞＋ part [role] in 〜	「〜で（形容詞的な）役割を演じる」
pay attention to 〜	「〜に目を向ける、耳を傾ける」
take (good) care of 〜	「〜を（十分）面倒を見る」
make (good) use of 〜	「〜を（十分）活用する」
put/lay ｝ ｛**emphasis** ｝ **on** 〜 **place** 　　 ｛**stress** 　 ｝	「〜に重きを置く、〜を強調する」
attach importance to 〜	「〜を重視する」

【訳 例】

　大凶作といった、起こりうる災害を防ぐためには、すべての証拠がそろう前に決定を下さなければならない。さらに、特に気候には国境がないのだから、何百という競合する立場や利害関係から合意を引き出して、国際的にその決定をしなければならない。

●　教　訓　●

● 受け身形（受動態）の文は〈熟語くずし〉になることがあり、その場合、能動態でもとの熟語のように訳す方が自然な日本語になる場合が多い。

▶第6章　熟語くずし・名詞構文

§53　熟語くずし(3)：
to 不定詞・過去分詞・how・what 編

課題文

　The testimony of those who saw him regularly is overflowing with evidence confirming Lincoln's exertions. As is often pointed out, the physical toll that these efforts exacted is visible in the photographs taken over the course of his four years in office.　〔2008 年前期・下線部〕

【語 註】

testimony 証言　be overflowing with ～ ～であふれている　exertions 努力、尽力　toll 犠牲　exact ～ ～を強要する　over the course of ～ ～の間で　in office 在任中の

構文研究

次の各文において〈熟語くずし〉を意識しながら、空所を考えてみよう。

(a) We have no fault to find (　　) his writing.
「彼の作文は申し分ない」

(b) Nowadays everybody realizes the important (　　) played in their lives by economic factors.
「最近誰もが経済的要因が生活で果たす重要な役割に気がついている」

(c) It's surprising how much influence our beliefs have (　　) what we see.
「我々の思いこみが、我々の見るものに及ぼす影響は驚くほどである」

(d) We are called upon to determine what role we shall (　　) in life.
「我々は、人生において自分がどういう役割を演じるべきかを決めるよう求められる」

　(a) は to find が後ろから fault を修飾する〈**to 不定詞の形容詞用法**〉(⇒ §89) であり、**find fault with ～**「～にけちをつける」の〈熟語くずし〉で答えは with。(b) は played が後ろから空所を修飾する**過去分詞**で、「～において果たす役割」という意味になるので答えは role か part で、過去分詞による〈熟語くずし〉。(c) は **have a(n)＋形容詞＋influence on ～** の influence が **how** much に引っ張られて前に出たための〈熟語くずし〉で答えは on (この文では a(n)＋形容詞の代わりに much が用いられている)。(d) は **play a role in ～** の play が **what** に引っ張られて前に出たための〈熟語くずし〉で答えは play となる。

126

▶ §53　熟語くずし (3)：to 不定詞・過去分詞・how・what 編

英文解説

　第 2 文の the photographs taken の taken という過去分詞が後ろから photographs を修飾しており (⇒ §73)、**take photographs**「写真を撮る」の〈熟語くずし〉になっている。よって taken の訳語は「撮られた」となり、全体で「撮られた写真」となる。過去分詞の後置修飾とは、言い方を変えれば、被修飾語 (修飾される語) と過去分詞の間に〈**関係代名詞＋ be 動詞**〉が省略されたものである。

　As is often pointed out の As は関係代名詞 (⇒ §88) で、**As is often the case with *sb*, 〜**「(人) にはよくあることだが〜」や **As is usual in … , 〜**「…ではいつものことだが〜」や **As might have been expected, 〜**「予想したように [案の定] 〜だった」などの表現の類型 (⇒ §88) であり、As の先行詞は後続の文全体である。(したがって厳密には後行詞と呼ぶべきかもしれないが。)

　over the course of 〜は一語では during 〜となる。in office は「在任中の」という決まり文句なので、全体で「在任中の 4 年間に撮られた写真」と訳す。

　　As is often pointed out, the physical toll that these efforts exacted is visible in the **photographs** [**taken** over the course of his four years in office].

　≒　〜 in the **photographs** [(which were) **taken** during his four years in office]

【訳例】

　リンカーンにいつも会っていた人たちの証言はリンカーンの努力を裏付ける証拠で溢れている。よく指摘されることだが、これらの努力が強いた肉体的な犠牲は、4 年にわたる在任中に撮られた写真から見て取れる。

● 教　訓 ●

- **to 不定詞**の形容詞用法において、**to 不定詞**内の動詞と被修飾語が〈熟語くずし〉の関係になることがある。
- 過去分詞の後置修飾において、過去分詞と被修飾語が〈熟語くずし〉の関係になることがある。
- **how** や **what** の影響で、〈熟語くずし〉が発生することがある。**how** は形容詞か副詞を、**what** は名詞をそれぞれ直後に連れて来て語順転倒を引き起こすからだ。

§54 熟語くずし(4):
〈It is ＋前置詞＋名詞＋ that ＋主語＋動詞〉編

> **課題文**
>
> (**1**) One should not be afraid to try new things, such as moving from one field to another or working at the boundaries of different disciplines, for it is at the borders that some of the most interesting problems reside. 〔2008 年前期・下線部〕
>
> (**2**) Sometimes even the greatest pressure we can exert on a door knob will not enable us to turn it. It is of such common domestic frustrations, if not absolute failures, that everyday inventions are born. Typically, first attempts to fix a problem begin with improving the existing technology with the aid of devices that serve the purpose at hand. 〔2013 年前期・下線部〕

【語 註】
(1) boundaries/borders 境界(線)　field 分野　disciplines 学問(分野)　(2) exert ～ ～(圧力)を及ぼす　frustrations 挫折　typically 概して　fix a problem 問題を処理する　begin with ～ ～から始まる　serve the purpose 目的にかなう　at hand 当面の

構文研究

次の空所を適切に埋められるだろうか。

(a) It is (　　) each individual effort that the safety and happiness of the whole depends.
「全体の安全性や幸福が依存しているのは、まさに各個人の努力にである」

全体は It is ～ that ...の強調構文(分裂文)(私見では"**対比構文**"と名付けたい⇒ p.82)であるが、It is と that の間に〈前置詞＋名詞〉が来るとき、〈**熟語くずし**〉の可能性が高い。(a) は depend on ～「～に依存する」という句が分断されている。よって答えは on で、客観的に表現すると全体は、**It is ＋前置詞＋名詞＋ that ＋主語＋動詞**というパターンになる。さらに、破格(非文法的)ではあるが、**It is ＋名詞＋前置詞＋ which ＋主語＋動詞**という語順も実際には結構見かける (⇒ (b))。

128

(b) **It is** each individual effort **on which** the safety and happiness of the whole depends.

英文解説

(**1**) は **reside at ~**「~にある」の、(**2**) の第 2 文は **be born of ~**「~から生まれる」の〈熟語くずし〉である。さらに、(2) の第 2 文は if not ~「~とは言わないまでも」の構文 (⇒ §8) が挿入されている。

(1) ~ *it is* **at** the borders *that* some of the most interesting problems **reside**.
(2) *It is* **of** such common domestic frustrations, 〈if not (**of**) absolute failures,〉 *that* everyday inventions **are born**.

ちなみに、(**2**) の第 1 文は **exert pressure on ~**「~に圧力を及ぼす」の関係代名詞による〈熟語くずし〉である (⇒ §51)。

Sometimes even the greatest **pressure** [(that) we can **exert** φ **on** a door knob] will not enable us to turn it.

【訳例】
(**1**) たとえば一つの分野から別の分野に移ることや、さまざまな学問の境界で研究することといった新しいことに挑戦することを恐れてはならない。というのも、まさにその境界に最も興味深い問題の一部があるからである。
(**2**) 時には、ドアノブに最大の圧力を加えてもノブを回すことができない場合がある。日常的な発明品が生まれるのは、完全に機能しないとまでは言わなくても、このように家の中でよく経験する挫折からである。概して、問題を解決しようとする最初の試みは、当座の目的を満たす装置の助けを借りて、今ある技術に改良を加えることから始まる。

● 教 訓 ●

- 〈**It is** ＋前置詞＋名詞＋ **that**＋主語＋動詞〉では、**it is** と that の間の〈前置詞＋名詞〉の前置詞と that 節内の動詞とが熟語になっている場合が多い

▶第6章 熟語くずし・名詞構文

§55　熟語くずし(5)：挿入編

> **課題文**
>
> (1) Thus the familiar paper clip has long been widely admired by architects and designers for being a graceful loop-within-a-loop spring that silently does its job. 〔2009年・下線部〕
>
> (2) Only a few days ago, I played a favorite trick of developmental psychologists on her (= my nine-month-old daughter). I covered a toy she was about to grab with a cloth, but she didn't try to take the cloth away and uncover the object. Now, however, she appears to begin to understand the trick and clumsily attempts to pull the cloth aside. 〔2005年後期・本文中〕

【語註】
(1) graceful 優美な　loop-within-loop 輪が二重になっている　spring バネ　silently 黙って　(2) uncover〜 〜の覆いを取る　clumsily ぎこちなく　pill /〜/ aside 〜を脇へ引く

構文研究

次の文の空所に適語が入るだろうか。

(a) His present post rest (　) part on his father's connections.
「彼の現在の地位はひとつには彼の父親の縁故による」

(b) The students of this university are exposed (　) an early stage to a variety of new and interesting ideas.
「この大学に入学してくる学生は早い段階からさまざまな新しい興味深い考えにたっぷり触れ合う」

(a)の答えは「(要因などを述べるときの) ひとつには」を意味する **in part** の in だが、この句が「〜次第である、〜による」を意味する **rest on** 〜の間に入り込んでいる。いわば挿入による〈熟語くずし〉ということになる。

(b) は **be exposed to** 〜「〜にさらされる→〜をたっぷり経験する」の exposed と to の間に挿入された **at an early stage**「早い段階で」の at が答えである。読解の際には at an early stage を飛び越えて be exposed to 〜とマクロに読むことが肝要だ。

▶ §55　熟語くずし (5)：挿入編

英文解説

(1) admire という動詞の語法・意味は **admire *sb* for *sth*** で「(人) の (事) を賞賛する」である。これが受身形の be admired for 〜になって、admired と for の間に行為者を表す by architects and designers が挿入された形である。that silently does its job は手前の spring を先行詞とする関係代名詞節。

(2) 第 1 文は **play a trick on *sb*** で「(人) にいたずらをする」という句になるが、trick の前に favorite「大好きな」という形容詞が付き、trick と on の間に favorite の主体 (「発達心理学者が好む」という関係) である of developmental psychologists が入り込んでいる。第 2 文は **cover A with B** で「B で A を覆う」だが、A に she was about to grab「彼女がこれからつかもうとしていた」という関係代名詞節が入り込んで (toy と she の間に関係代名詞 that か which の省略)、A に相当する部分が長くなったために cover A with B という熟語を気づきにくくさせている。これに気づかず with に「〜と共に」や「〜に対して」などの訳語を付けると誤訳になる。

【訳例】

(1) かくして、おなじみの紙を留めるクリップは、黙々とその役割をこなしている、輪の中に輪があるという見事なバネの構造をしていることで、建築家や設計者たちから長い間広く賞賛されてきた。

(2) ほんの数日前のことだが、私は娘に発達心理学者が好むいたずらをしてみた。娘がつかもうとしているおもちゃを布で覆ったのだ。ところが、娘は布を取っておもちゃを見えるようにしようとはしなかった。しかし、今や娘はそのいたずらを理解し始めたようで、ぎこちなくも布を脇へ引っ張ろうとしている。

● 教　訓 ●

- 熟語や動詞の語法の途中に、他の句や修飾語が挿入されて、熟語を見つけにくくさせることがある。
- rest 〈in part〉 on 〜 「ひとつには〜による」
- be exposed 〈at 〜 stage〉 to ... 「〜の段階から...にさらされる」
- be admired 〈by A〉 for B 「A から B のことで賞賛される」
- play a 形容詞 trick 〈of A〉 on B 「A が (形容詞) ないたずらを B にする」
- cover A 〈関係代名詞節〉 with B 「(関係代名詞節) の A を B で覆う」

§56　名詞構文（1）：A's ＋名詞＋前置詞＋ B

課題文

(1) Man's love of a quiet life and his resistance to anything that threatens his mental harmony account for his dislike of change.
〔一橋大・1981 年〕

(2) Indeed it could be argued that it is largely as a result of man's preoccupation with these elements of his make-up that he has been able to dominate the world.
〔1982 年・本文中〕

(3) No fairy story ever claimed to be a description of the external world and no sane child has ever believed that it was. There are children (and adults), certainly who believe in magic, that is, who expect their wishes to be granted without any effort on their part.
〔1988 年 B 日程・下線部〕

【語 註】
(1) threaten ~ ~を脅かす　account for ~ ~を説明する　(2) elements of ~ 基本的な~　make-up（人の）性質　(3) claim to do ~ ~すると主張する　grant wishes 願いをかなえる　on *one's* part ~の側で

構文研究

次の文はどう訳すべきだろう。

(a) **Columbus' discovery of America** was accidental.

直訳すると「コロンブスのアメリカの発見は偶然だった」だが、「の」が連続で並ぶのと、全体の訳語がかたい印象を受ける。**Columbus' discovery of America** は、**Columbus discovered America.** を discovery という名詞を中心に凝縮した表現である。このような名詞を中心にした表現を**名詞構文**と呼んでいる。英語では、特に文語体では名詞構文が使われることが多い。英語のまま読んで理解するにはこのままでよいが、和訳の際にはもとの動詞表現のようにやわらかく意訳した方がわかりのよいきれいな日本語になる。よって、(a) は「コロンブスがアメリカを発見したのは偶然だった」と訳すのがよい。この例のように、**名詞構文における所有格は名詞の意味上の主語を表す**。一般に、〈**A's ＋名詞＋前置詞＋ B**〉で「**A が B を / に（名詞）すること**」と訳す。

▶ §56　名詞構文（1）：A's ＋名詞＋前置詞＋ B

英文解説

（1） **A's love of B** は「AのBに対する愛情」より「**AがBを好むこと**」と訳す方がわかりやすい。同様に、**A's dislike of B** は「**AがBを嫌うこと**」、**A's resistance to B** は「**AがBに抵抗すること**」（A resist B の名詞構文）と訳し、**A account for B** も「**AがBを説明する**」から「**AはBだからだ**」と意訳すると明確になる。

（2） it could be argued that 〜 の it は that 以下を指す仮主語で、could は「〜できよう」という断定を避ける婉曲的な言い方。it is largely as a result of 〜 that ... は対比構文（⇒ p.82）で「...したのは主として〜の結果だ」の意味。man's preoccupation with 〜 は man is preoccupied with 〜「人間は〜に没頭している」の名詞構文なので、**A's preoccupation with B** で「**AがBに没頭していること**」と訳すときれいな日本語になる。

（3） **a description of 〜** は describe 〜 の名詞構文で「〜を描写すること」（of は目的格）と訳す（⇒ §59）。it was の次には a description of the external world の省略（⇒ §72）。第 2 文の effort on their part の **on one's part** や **on the part of 〜** という表現は、辞書には「〜の側の」という訳語が記載されているが、早い話が直前の名詞の意味上の主語を表す。よって、effort on their part は「彼ら（子供たち）が努力すること」と訳すのがよい。なお、第 2 文の certainly は There are children (and adults) という文全体を修飾する。

【訳例】
(1) 人間が安穏と暮らすことを好んだり、何であれ自分の心の調和を脅かすものに抵抗したりするのは、人間が変化を嫌うからである。
(2) 実際、人間が世界を支配できたのは、主として人間が自らのこうした基本的な性質に没頭した結果だと主張できよう。
(3) おとぎ話が外界を描写していると言われたこともないし、まともな子供ならおとぎ話がそのようなものなどと信じることは決してない。確かに、魔法を信じている、すなわち、自分はいっさい努力しないで願いがかなえられると思っている子供（大人も）はいるのだが。

● 教　訓 ●

- **A's ＋名詞＋前置詞＋ B**　「**AがBを / に（名詞）すること**」
- 名詞＋ **on one's part** / 名詞＋ **on the part of sb**
　　　　　　　　　　　　　「**（人）が（名詞）すること**」

133

§57 名詞構文 (2)：A's＋名詞＋to do など

課題文

(1) There is also a considerable difference between refusing to respond to an attempt by a friend to initiate conversation and one that a complete stranger initiates. 〔1995年後期・下線部〕

(2) History is the long struggle of man, by the exercise of his reason, to understand his environment and to act upon it. 〔1977年・本文中〕

【語註】
(1) considerable かなりの　initiate～ ～を始める　a complete stranger 赤の他人　(2) the exercise of～ ～の行使　reason 理性　act upon～ ～に基づいて行動する

構文研究

次の文はどう訳すべきだろう。

(a) **His failure to come** on time made her angry.

「彼の時間通り来る失敗」と訳してもしっくりこない。failure の動詞は fail だが、**fail to do** ～の形では「～しない」ないしは「～できない」と訳す。(a) の **His failure to come on time** の部分は He failed to come on time.「彼は時間通り来なかった/来られなかった」が名詞構文になった形であるから、「彼が時間通り来なかった/来られなかったことが彼女を怒らせた」という意味になり、無生物主語構文なのでさらに意訳して（⇒ §62)、「彼が時間通り来なかった/来られなかったので彼女は怒った」とするとわかりやすい日本語になる。一般に、**A's＋名詞＋to do** ～／名詞＋of＋A＋to do ～で「Aが～する（名詞）」「Aが（名詞）すること」というように訳すわけだが、ここで使われる名詞は、派生語の動詞の場合も to 不定詞と使うもので、主に次のようなものがある。

the ability of A to do ～「Aが～できること」← A is able to do ～
the inability of A to do ～「Aが～できないこと」← A is unable to do ～
the failure of A to do ～「Aが～しないこと／できないこと」← A fails to do ～
the refusal of A to do ～「Aが～しようとしないこと」← A refuses to do ～
the willingness of A to do ～「Aが～するのを厭わないこと」← A is willing to do ～

英文解説

(1) a difference between A and B「AとBの違い」のAが refusing to respond to an attempt by a friend to initiate conversation で、Bが one that a complete stranger initiates だが、〈between A and B〉の A と B は意味の上で同一レベルのことになるので、one の前に refusing to respond to の省略と判断できる。one は a conversation の意味。conversation は可算・不可算の両方があるが、限定用法の関係詞節が付いて種類を暗示したので one（可算）で受けたと思われる。**an attempt by a friend to initiate** の部分が名詞構文で by〜は attempt の意味上の主語を表し（by は主格）、「友人が〜を始める試み」となる。

There is also a considerable difference
between⎡refusing to respond to an attempt by a friend to initiate conversation
   and ⎣(refusing to respond to) <u>one</u> (= a conversation)
               [that a complete stranger initiates φ].

(2) **the struggle of A to *do* 〜**で「Aが〜する奮闘・努力」という意味で、of は struggle の意味上の主語を表す。and は to understand〜と to act〜を並列に結び、共に struggle を修飾する形容詞用法。by the exercise of his reason はこの2つの to 不定詞を修飾するが、the exercise of〜も「〜の行使」より「〜を行使すること」（of は目的格⇒ §59）とやわらかく訳したい。

History is **the** long **struggle of** man
〈, by the exercise of his reason,〉⎡**to** understand his environment
                     and ⎣**to** act upon it.

【訳例】
(1) また、友人が会話を始めようとする試みに対応するのを拒否することと、全くの他人が会話を始めるのに対応するのを拒否することとの間にもかなりの違いがある。
(2) 歴史とは、理性を働かせることによって、人間が自らの環境を理解し、その環境に応じて行動する、長きにわたる奮闘なのである。

● 教　訓 ●

- **A's＋名詞＋to *do* / 名詞＋by＋A＋to *do* 〜 / 名詞＋of＋A＋to *do* 〜**
  「Aが〜する（名詞）」or「Aが（名詞）すること」

§58　名詞構文 (3)：主格の of

課題文

(1) Researchers, in the paper on music and spatial task performance, reported that listening to as little as ten minutes of Mozart's music produced an elevation in brain power lasting ten to fifteen minutes, a finding that triggered much of the current interest in the positive effect of music on learning.　〔2002年前期・下線部〕

(2) Montaigne believed in the superiority of wisdom—knowing what helps us live happily and morally—over mere learning. Education that makes us learned but fails to make us wise is, in his scheme of life, quite simply absurd. Would that he were living at this hour.

〔2001年前期・下線部〕

【語 註】

(1) spatial task performance 空間把握能力　as little as ～ わずか～ (≒ only)　elevation 上昇、向上　last ＋（時間表現）持続する　finding 調査結果　trigger ～ ～の引き金・きっかけとなる　(2) Montaigne モンテーニュ（16世紀フランスの思想家）　learning 学識、学問　learned [lə́ːrnid] 博識な、物知りの　fail to do ～ ～しない　scheme of life 人生哲学　simply ～でしかない (≒ only)　at this hour 今この時代に

構文研究

名詞構文における of は**主格**の場合（「～が」と訳す）と**目的格**（「～を」と訳す）場合があるが、その区別は中心となる名詞の語法・派生語を考えて of の次の語が主語であったか目的語であったかを考えれば判断できる。

(a) **The effect of** *acid rain* **on** plants is serious.
  (≒ *Acid rain* **has a** serious **effect on** plants.) ☞ acid rain は主語
  「酸性雨が植物に及ぼす影響は深刻だ」

(b) **The superiority of** *TV* **to [over]** radio is obvious.
  (≒ It is obvious that *TV* **is superior to** radio.) ☞ TV は主語
  「テレビがラジオよりも優れていることは明らかだ」

書き換えの文では (a) の acid rain も (b) の TV も主語になるので of は主格。

▶ §58 名詞構文 (3)：主格の of

英文解説

(1) lasting ten to fifteen minutes は後ろから elevation を修飾する (⇒ §73) が、ここは円滑な日本語にするために「脳の力が上昇し、10 分から 15 分持続する」と訳し下ろした方がよい。a finding の前には which is の省略 (⇒ §74) で、先行詞は前文の reported that ～ 以下の「報告内容」。that triggered ～ は finding を先行詞とする関係代名詞節。**the** positive **effect of** music **on** learning が名詞構文で、この of は主格なので「音楽**が**学習**に及ぼす**プラスの影響[効果]」と訳す。

～ reported 〈that listening to as little as ten minutes of Mozart's music produced an elevation (in brain power) [lasting ten to fifteen minutes]〉,
(which is) a finding [that triggered much of the current interest in
　　　　　　　　　　　the positive **effect of** music **on** learning].

(2) 第 1 文の knowing から morally までは wisdom と同格になる挿入。それを飛び越えて、**the superiority of A over B**「**A が B より優れていること**」とマクロに読む。Would that ＋ S ＋仮定法過去は「～ならなあ」(≒ I wish ～) という古風な表現。

【訳例】
(1) 研究者たちは、音楽と空間把握能力に関する論文の中で、モーツァルトの音楽をわずか 10 分聴いただけで、脳が活性化し、それが 10 分から 15 分持続すると報告している。これは、音楽が学習にもたらすよい効果に対して最近多くの関心を集めるきっかけとなった研究結果である。
(2) モンテーニュは、知恵、すなわち何が幸福で道徳的な人生を送る助けとなるかを知っていることは単なる学識よりも勝ると信じていた。我々が物知りになっても賢くなることのない教育はモンテーニュの人生哲学においては全く以て馬鹿げたものでしかない。モンテーニュが今この時代に生きていてくれればなあと思うばかりだ。

● 教　訓 ●

- **the effect [influence/impact] of A on B**「**A が B に及ぼす影響**」
- **the superiority of A over B**「**A が B より優れていること**」

▶第6章 熟語くずし・名詞構文

§59　名詞構文（4）：目的格の of

課題文

I believe that the discovery by computer science of the technical challenges overcome by our everyday mental activity is one of the great revelations of science, an awakening of the imagination comparable to learning that the universe is made up of billions of galaxies or that a drop of pond water is full of microscopic life.

〔2000年後期・下線部〕

【語註】

challenges 課題、難題　paper 論文　revelations 啓示　awakening 覚醒　comparable to ～ ～に匹敵する　be made up of ～ ～から構成されている　microscopic life 微生物

構文研究

〈**the ＋名詞＋ of ～**〉という型の名詞構文の **of** が目的格になるのは、名詞の派生語の動詞が他動詞で、～が他動詞の目的語の関係にあるときである。

(a) **The discovery by** Columbus **of** *America* was accidental.
　　（≒ That Columbus **discovered** *America* was accidental.）
　　☞ America は目的語
　　「コロンブスがアメリカを発見したのは偶然だった」

(b) **The application of** *science* **to** actual life affects us.
　　（≒ If we **apply** *science* **to** actual life, we are affected.）
　　☞ science は目的語
　　「科学を実生活に応用すると我々に影響が及ぶ」

英文解説

the discovery by computer science **of** the technical challenges が名詞構文で、by は主格なので「～が」（**by は必ず主格になる→目的格はあり得ない**）、of は目的格なので「～を」と意訳し「コンピューター科学が技術的難題を発見したこと」とする。さらに、overcome by our everyday mental activity が後ろから challenges を修飾している。換言すれば、challenges と overcome の間に which is の省略（⇒ §73）。revelations と an awakening が同格で言い換

▶ §59　名詞構文（4）：目的格の of

えになっている。comparable は後ろから imagination を修飾している（⇒ §73）。learning that ～の that 節が or を挟んで 2 つある。

the discovery by computer science **of** the technical challenges
　　［(which is) overcome by our everyday mental activity］is one of
　　the great revelations of science,
　　an awakening of the imagination［(which is) comparable to learning
　　　　┌ that the universe is made up of billions of galaxies
　　or └ that a drop of pond water is full of microscopic life］.

【訳 例】
　私たちの日常的な知的活動によって克服されている技術的難題をコンピュータ科学が発見したことは科学の偉大な啓示の一つである。つまり、宇宙が何十億もの銀河から成り立っているということや、池の水の一滴にも微生物がいっぱいいるということを知ることにも匹敵する、想像力の覚醒なのだと私は考える。

【補 足】
　この文はここだけでは意味がわかりにくいだろう。この文全体は「知能」がテーマであった。人間は「知能」というものを未だ作り出せないでいる。人間のようなロボットを作ったとしても、細部においてどうしても人間と同じような行動は取れない。一つの動作を行う際の、脳が行う判断・命令いわば精神的なものを解明できないために人間の心理は神聖なもので、世の中には万物を動かすたった一つの原理があるなどと勘違いしてしまう。「技術的難題」とは、人間にはできてもロボットにはできないような動き・判断のことで、「知的活動」とは我々の脳のことだが、脳もロボットと同じ装置だという。ただ、ロボットよりははるかに高級で複雑なハイテク装置なのだ。ロボットを作り出せるまでの科学技術を発達させたことで、少なくとも人間の脳ははるかにその先を行く技術で成り立っているということを知るだけでも十分に科学の功績だと述べているのである。

●　教　訓　●

● **the discovery by A of B**　「A が B を発見したこと」
● **the application of A to B**「A を B に応用・適用すること」

▶第6章 熟語くずし・名詞構文

§60　名詞構文 (5)：the *doing* of ～

課題文

(1) Looking beyond the personal factors that undoubtedly came into play here, not least the intellectual vitality shown by Darwin at this time and in his later career, the persistence displayed by Darwin, FitzRoy and others has something to tell us about the role that 'travel' may have had in the rising professional world of the nineteenth century and the functions it may have carried out in the making of a career.　〔1994年後期・下線部〕

(2) The complexity of the behavior of higher mammals confirms this view. Much of their behavior can be interpreted only in terms of the trying out of alternative methods to reach a goal.

〔1989年前期・下線部〕

【語註】
(1) come into play 活動し始める　not least 特に　intellectual vitality 知的活力→知的好奇心　persistence 粘り強さ　professional 専門職の　(2) confirm ～ ～を確証する　view 見解、見方　in terms of ～ ～という観点から　alternative 代替可能な　methods to *do* ～ ～する手段　reach a goal 目標を達成する

構文研究

the *doing* of ～という形をしばしば見かけるが、これも名詞構文の仲間で of は目的格を表す。全体で「～を...すること」と訳せばよく、the と of を省いた *doing* ～という動名詞の形とほぼ同じである。

(a) **The speaking of** language has made humans different from animals.
　(≒ **Speaking** language has made humans different from animals.)
　「言語が喋れることで人間は動物とは異なる存在となった」

(b) Art is **the making public of** something that is private.
　(≒ Art means **making** public something that is private.)
　「芸術とは、個人的なものを公にすることである」

(b) は make something public という第5文型だが、something に関係代名詞が付いたために O と C の位置が入れ替わった (⇒ §20)。

140

▶ §60　名詞構文 (5)：the *doing of* ～

英文解説

（1）Looking ～は分詞構文で beyond は「～を越えて→～以外を」の意味。not least ～ in his later career の前後のカンマは挿入の合図。shown は後ろから vitality を修飾（⇒ §73）。the persistence が文全体の主語で、displayed から others までがこれを修飾している。文全体の動詞は has。tell us about の目的語が the role と the functions の 2 つで共に関係代名詞節が後続している。**the making of a career** が名詞構文で **make a career**「出世する、仕事で身を立てていく」の変化形。

〈Looking beyond the personal factors [that undoubtedly came into play here],
　｛not least the intellectual vitality
　　[(which was) shown by Darwin at this time and in his later career],｝〉
the persistence [(which was) displayed by Darwin, FitzRoy and others]
　has something to tell us about
　　　　┌ the role [that 'travel' may have had
　　　　│　　　〈in the rising professional world of the 19th century〉]
　and　└ the functions [(that) it (= 'travel') may have carried out
　　　　　　　〈in the making of a career〉].

（2）**the trying out of** ～が try /～/ out「～を試してみる」の名詞構文。

【訳例】

(1) 間違いなく影響し始めていた個人的な要因、とりわけ、ダーウィンが、この時に、また後年の経歴において示した知的好奇心を除いて考えてみると、ダーウィンやフィッツロイや他の人たちが示した忍耐強さは、19 世紀に台頭しつつあった専門職業社会において「旅」が担っていたかもしれない役割と、仕事で身を立てていく上で「旅」が果たしたかもしれない機能について、私たちに何事かを語りかけている。

(2) 高等哺乳動物の行動が複雑であることにより、この見解が正しいことが裏付けられる。高等哺乳動物の行動の多くは、目標を達成するための代替手段を試してみるという観点からのみ解釈できるのだ。

● 教　訓 ●

● **the *doing of* ～**「～を...すること」(≒ *doing* ～)

▶第6章　熟語くずし・名詞構文

練習問題

（1）In Germany at Easter time they hide coloured eggs about the house and the garden so that the children may amuse themselves in hunting after them and finding them. It is to some such game of hide-and-seek that we are invited by that power which planted in us the desire to find out what is concealed, and stored the universe with hidden things so that we might delight ourselves in discovering them.

〔1988 年 B 日程・下線部〕

（2）There are marked individual differences in children's temperamental styles—differences thought to be constitutionally determined in part. The importance of temperamental features is evident in their links with various forms of psychopathology and in their effects on the manner in which other people respond to the child.

〔1989 年前期・法〕

【語 註】
(1) Easter 復活祭　so that ＿ may 〜　＿が〜するように　amuse *oneself* in 〜　〜して楽しむ　hunt after 〜　〜を探す　game of hide-and-seek 隠れんぼ（※この場合は「宝探しごっこ」あたりが妥当な訳）　power（全能の神の）力　store A with B　AにBを蓄える　delight *oneself* in 〜　〜して喜ぶ
(2) marked 際立った、著しい　temperamental 気質上の　constitutionally 体質上、生まれつき（≒ by nature）　in part いくぶん、ある程度（≒ to some degree）　features 特徴　psychopathology 精神病理学　manner やり方（≒ way）

142

第7章　比較：比較三原則の確認

〈非核三原則〉にあやかって、筆者が駄洒落的に〈比較三原則〉と呼んでいるものがある。

- 第一条　**as ～ as ...** に挟まれた形容詞や副詞、比較級になる形容詞・副詞およびそれに絡む語は同一文中では一回しか書かない。二回目は省略する
- 第二条　比較の構文においては、比べるもの同士（比較対象）は文法的にも意味の上でも同一レベル・同一範疇のものでなければならない
- 第三条　**as/than** の次は明確なこと（時には明確な嘘）を述べなければならない☞ as 以下次第では、**as ～ as ...** の～は逆に訳したり意訳したりしなければならない

第二条の「文法的に同一レベル」というのは、第1章の §6 で扱った〈as/than の前後も線対称〉という話と同じである。「意味の上でも同一レベル」という項目に関しては、読解のときは意識しなくても支障はないが、作文では重要なことなので、あえてここで触れておく。

「この街の人口はわが故郷よりも多い」を英訳してみよう。

(a) **The population** of this city is *larger than* **my hometown**. (×)

(a) は文法的には正しくない文とされる。このままでは population「人口」と hometown「故郷」を比べることになってしまい、比較対象がそろっていないからだ。比較対象は意味の上でも統一しなければならないので、population と population を比べなければならない。英語は同じ語を二度使うことを嫌うので、二回目は代名詞 **that**（前出名詞が単数形のとき）か **those**（前出名詞が複数形のとき）を用いる。

(b) **The population** of this city is *larger than* **that** of my hometown. (○)

143

§61 比較級が絡む語は二度書かない

課題文

They (= the results) show that children in countries such as Mali and Mozambique have less chance of completing primary school than children in France or the United Kingdom have of reaching higher education. 〔2010年・下線部〕

【語註】
higher education 高等教育（この句の high は常に比較級 higher で用いる）

構文研究

〈比較三原則〉第一条：
　as 〜 as ... に挟まれた形容詞や副詞、比較級になる形容詞・副詞およびそれに絡む語は同一文中では一回しか書かない。二回目は省略する。

(a) My father is **as** *old* **as** Hitoshi Matsumoto.
　「父は松本人志と同い年だ」
(b) My father is *old***er than** Hitoshi Matsumoto.
　「父は松本人志より年上だ」

比較の構文は全て2つの文の合成で、(a) も (b) も My father is old. という文と Hitoshi Matsumoto is old. という文の合成である。合成する際に (a) は as old as で、(b) は older than で接着するわけだが、この接着剤として使った old という単語は一度しか書かない。as/than 以下の二回目の old は省略される。

(c) My father is **as** *old* **as** Hitoshi Matsumoto is ~~old~~.
(d) My father is *old***er than** Hitoshi Matsumoto is ~~old~~.

次に、as/than 以下の動詞が be 動詞のときはこれもよく省略される。ただし、主語が代名詞のときは省略しない。口語体では、as や than の次を (g) のように目的格にしてしまう場合もあるが、英作文ではなるべく避けたい。

▶ §61 比較級が絡む語は二度書かない

(e) My father is **as** old **as** *she*.　　(△)
(f) My father is **as** old **as** *she is*.　　(○)
(g) My father is **as** old **as** *her*.《口》(○)

ここでもう1つ確認しておきたいのは、**as** や **than** は直後に she is のような SV 構造が来るので**本来は接続詞**だということだ。(g) の場合は**前置詞扱い**だが、厳密に言えば、これは非標準とされる。

英文解説

課題文の show that 節内ももとは次の2つの文が合成されたものだ。

(h) Children in countries such as Mali and Mozambique have　chance of completing primary school
(i) 　Children in France or the United Kingdom have chance of reaching higher education.

このように比較級によって修飾された名詞も合成後は二度書かない。よって、二回目の have chance of の chance は省略されて have of だけが残るのである。A has **more** chance of ～ **than** B has of... なら「A が～する可能性は B が...する可能性より多い」となるが、more の反対の less を使って A has less chance of ～ **than** B has of... とすると「A が～する可能性は B が...する可能性より少ない」となる。

　～ children 〈in countries such as Mali and Mozambique〉
　　　 have **less** *chance* of completing primary school
than children 〈in France or the United Kingdom〉
　　　 have ~~chance~~ of reaching higher education.

【訳例】
　その結果によれば、マリやモザンビークなどの国々の子供たちが小学校の課程を修了する可能性は、フランスやイギリスの子供たちが高等教育を受ける可能性よりも低いということがわかる。

● 教　訓 ●

● 比較級 (形容詞) ＋名詞＋ than ... ☞ 名詞は二回書かない
　　　　　　　　　　　　　　　(than の後では消去)

145

▶第 7 章　比較：比較三原則の確認

§62　比較対象の統一

課題文

　The problem of not being able to develop enough grip between the hand and the doorknob can also be solved by changing the shape of the knob to oblate or prolate. <u>This modification shapes the knob more like an egg, which can be turned not so much by the friction but rather by the action of pushing opposite sides of the knob in opposing directions, effectively working it as a pair of levers.</u> A doorknob of whatever roundish shape is in effect a continuum of levers.
〔2013 年〕

【語 註】
oblate 横長楕円形の / prolate 縦長楕円形の（oblate や prolate は形容詞だが、change A to B の B は形容詞になることもある）　modification 変形、修正、形を変えること　shape 〜 〜を作る　friction 摩擦　opposing 逆の、相反する　levers てこ　roundish 丸みを帯びた　effectively ≒ in effect 事実上　continuum 連続体

構文研究

〈比較三原則〉第二条：

　比較の構文においては、比べるもの同士（比較対象）は文法的にも意味の上でも同一レベル・同一範疇のものでなければならない。

(a) Jill bikes to work **not so much** *to save money* **as** *to stay healthy*.
　「ジルはお金の節約というより健康維持のために自転車通勤している」

(b) *The population* of this city is **larger than** *that* of my hometown.
　「この街の人口はわが故郷よりも多い」

　(a) の not so much 〜 as ... は「A というより B」というおなじみの公式 (⇒ p.22) だが、A と B は文法的に同じ形になるので、A が to 不定詞なら B も to 不定詞というわけだ。as は本来接続詞であるから、as の次は he does (bike to work) の省略と考えてもよい。課題文では **not so much A but rather B** という変化形になっているが、(a) と同じ理屈なので A と B には共に by 〜が来ている。
　(b) において than の次に代名詞の that (the population を指す) が必要なのは、比較対象は意味の上でも統一しなければならないからだ (⇒ p.143)。

146

▶ §62　比較対象の統一

英文解説

　This modification shapes the knob more like an egg の直訳は「この修正はドアノブをより卵のように形作る」であるが、これは無生物主語構文なので、主語を理由や条件や手段などを表す副詞句や副詞節のように訳し、目的語を日本語では主語に据えて、動詞は意訳する。

　pushing opposite sides of the knob in opposing directions は「ノブの両端をそれぞれ反対方向に押す」という意味であるが、私が担当した生徒の答案には the opposite sides を「反対側」ととらえて、「ノブの反対側を反対方向へ押す」と訳す人が多かった。それはいったいどういう状態なのだろうか？　図を頭に浮かべながら訳さないと支離滅裂になる。

　effectively working it as a pair of levers の working は分詞構文ではない。分詞構文なら、working の意味上の主語は主節の主語と同じ語となるわけだが、主節の主語は which すなわち the knob であり、一方、working it の it も the knob を指すわけだから、「ノブがノブを働かせる」ということになっておかしい。ここは手前の pushing 以下と同格で、the action of の目的語 (of は同格) と解釈するのが正しい (よって working は動名詞)。**effectively** の意味は、この場合は「効果的に」ではなく「事実上」であることは、次の文に **in effect** という書き換えがあることからもわかる。whatever roundish shape の whatever は関係形容詞で、any roundish shape の意味 (⇒ §50)。

　～, which can be turned **not so much** *by* the friction **but rather** *by*
　　the action of ⎡ **pushing** opposite sides of the knob in opposing directions,
　　　　　　　　　⎣ effectively **working** it as a pair of levers.

【訳例】

　手とドアノブとの間で十分に握りを利かすことができないという問題はノブの形を横長か縦長の楕円に変えることで解決できる。このようにノブの形を変えることによって、ノブはより卵型に近づく。そのノブは、摩擦力というよりはノブの両端をそれぞれ反対方向に押す、すなわち、事実上ノブを一対のてことして機能させる行為によって回すことができるのである。どんな丸みを帯びたドアノブでも、事実上はてこの連続体なのだ。

● 教　訓 ●

● 比較構文において、比較対象は同一レベルのものでなければならない

147

▶第7章 比較：比較三原則の確認

§63 否定語 as ～ as ... / 否定語 __ 比較級 ～ than ...

課題文

(1) Working scientists are constantly learning undiscovered things and are not inhibited from venturing into a new area because it is unfamiliar. They follow their interests instinctively and teach themselves the necessary science as they go along. Nothing is more stimulating for self-education than working in an unexplored area. 〔2008年・下線部〕

(2) It has been said that the young child plays with materials and thereby learns them. The truth of this observation can nowhere be seen as clearly as in the field of the arts—picture-making, modeling, music and drama. 〔1982年・本文中〕

【語註】
(1) be inhibited from doing ～することを抑制される　venture into ～ 思い切って～へ入る　instinctively 本能的に　go along 前進する　stimulating 刺激的な　unexplored area 未探求の分野・領域　(2) thereby それによって　modeling 模型作り　drama 演劇

構文研究

(a) **No other** *mountain* in Japan is **as high as** *Mt. Fuji*.
≒ **No other** *mountain* in Japan is **higher than** *Mt. Fuji*.
「富士山ほど高い山は日本には他にはない」
(b) **Nowhere** in the world are land prices **as high as** *in Tokyo*.
≒ **Nowhere** in the world are land prices **higher than** *in Tokyo*.
「東京ほど地価の高い場所は世界中どこにもない」

〈否定語 __ as ～ as ...〉や〈否定語 __ 比較級 ～ than ...〉は「...ほど～な __ はない」と訳す。そういう意味では (a) も (b) も訳し方は基本的には同じなのだが、(b) の 2 つ目の as や than の次になぜ in という前置詞があるのだろう。この in Tokyo の部分は「東京におけるほど」と訳してもよいが、自然な日本語では単に「東京ほど」となるので、この場合は in は訳していないことになる。しかし、英語ではこの in は絶対に不可欠な文の要素である。

そこで〈比較三原則〉第二条の「**比較構文において比較対象は文法的に同一**

148

レベルのものでなければならない」という確認が必要になる。(a) で比べているのは「富士山」と「日本の他の山」で共に名詞なので、文法的に形がそろっている。(b) の比較対象は「東京」と「世界中の他の場所」だが、Tokyo は名詞であるのに対して、nowhere は副詞である。よって、Tokyo にも in を付けることで副詞句にしなければならない。これで形がそろう。

あるいは、原級の 2 つ目の as や比較級の than は原則として接続詞なので、省略された部分を補ってみると in が必要であることがわかる (They (= Land prices) are high Tokyo. ではなく、They are high in Tokyo. と言わなければならないから)。なお、nowhere が文頭だと疑問文の語順で倒置が起きる (⇒ §28)。

(c) **Nowhere** in the world *are land prices* **as high as** (they are ~~high~~) *in Tokyo.*

英文解説

(1) Nothing is 以下が【構文研究】の (a) と同様の文だが、Nothing が主語の場合は「…ほど〜なものはない」と訳す。as they go along は「前進するにつれて」という直訳から「研究を進めながら、研究を進める際に」と意訳する。

(2) nowhere は本来なら文頭に置くべき (その後は (c) のような倒置になる) だが、この文では珍しくふつうの not と同じ位置に置いている。

【訳例】

(1) 現役の科学者というものはつねに未知の事柄を学んでおり、なじみがないという理由で、思い切って新たな分野に飛びこむのをためらうことはないのだ。彼らは本能的に自分の関心を追究し、研究を進めながら自学自習で必要な科学を身につける。未知の分野で研究することほど独学に際して知的興奮をかきたてるものはない。

(2) 幼児はさまざまな素材を使って遊び、それによって素材というものを覚えていくと言われてきたが、芸術という分野 (絵画、模型作り、音楽、演劇) ほど、この観察の正しさがはっきり見て取れる分野はない。

● 教 訓 ●

- **Nothing is** +　　　　　　　 　as 〜 as 　　 …　☞名詞と名詞の比較
  No other +単数名詞+ **is** 　　比較級 than
- **Nowhere** + v + S + 　as 〜 as 　　 in …　☞副詞と副詞句の比較
  　　　　　　　　　　　比較級 than

▶第7章 比較：比較三原則の確認

§64　as sensible as ... は「理にかなっている」か？

> **課題文**
>
> 　New discoveries may conceivably lead to dramatic, even "revolutionary" shifts in the Darwinian theory, but the hope that it will be "refuted" by some shattering breakthrough is about as sensible as the hope that we will return to a geocentric vision and discard Copernicus.　　〔2002年経済・下線部〕

【語 註】

lead to ～ ～に至る　refute ～ ～に反駁する　shattering 衝撃的な　breakthrough（学問上の）重大な発見　about ほとんど、だいたい　geocentric vision 天動説（地球が中心）　Copernicus コペルニクス：地動説（太陽が中心）

構文研究

(a) My sister is **as** *old* **as** Carla.
(b) Jessica is **as** *intelligent* **as** *a monkey*.
(c) My boss loved me **as** *much* **as** *Churchill loved Hitler*.

　原級 (as ～ as ...) の構文は、**比較対象が同程度である**ことを示すので、(a)の文は言うまでもなく「妹はカーラと年齢が同じ」ということであって、両方とも「年寄り」というわけではない。つまり、この old 自体には「年寄りだ」という意味はないのである。ここでの教訓は、**as と as に挟まれた形容詞は本来の原義を失う**ということである。

　(b) の intelligent は文字通り「頭がよい」と解釈してよいだろうか。ここで〈比較三原則〉第二条の「**as/than の次は明確なこと（時には明確な嘘）を述べなければならない**」が関係してくる。中には頭の良い猿もいるだろうが、一般的には猿は人間より劣った生物だというのが"明確な常識"である。as ～ as ...は比較対象が同程度だということを述べていることからしても、「猿と同程度の知能だ」ということであり、さらに突っ込めば、「**as 以下次第では、as ～ as ...の～は逆に訳さなければならない**」という原則からしても「ジェシカは猿と同じくらいバカだ」という意味であることがわかる。

　(c) は as 以下で「チャーチルがヒトラーを大好きだった」という明確な嘘を述べているので、前半もそれと同じくらい嘘だということで、「チャーチルが

150

▶ §64　as sensible as ...は「理にかなっている」か？

ヒトラーのことを大嫌いであったのと同じくらい、上司は私のことが嫌いだった」と訳すのが妥当である。

英文解説

　conceivably は supposedly と同様 (⇒ §118) に文全体を修飾しているので、It is conceivable that 〜と書き換えてもよい。訳語も「〜することが考えられる」とするとよい。dramatic は even を挟んで revolutionary と共に shifts を修飾する (共通関係)。may 〜, but ...は〜で一般論を述べた後...で筆者の主張を述べる構文 (⇒ p.91)。2つある the hope that 〜の that は共に接続詞で同格を表す。**sensible** は本来は「**理にかなっている**」という意味だが、**as 〜 as ...** で挟まれていることと、「天動説に帰り、コペルニクスの地動説を捨てることを期待すること」は常識的に理にかなっているのかを考えると直訳のままではおかしいと気づく。ここは「**理にかなっていない→ばかばかしい**」と逆に訳すべきである。

　the hope [that it (= the Darwinian theory) will be "refuted"
　　　　　　　　　　　　　　　by some shattering breakthrough]
is about **as sensible as** the hope [that we will
　　　　　　　　　　┌ return to a geocentric vision
　　　　　　　and └ discard Copernicus].

　統計的に、この逆パターンで訳す場合の as 〜 as ...に挟まれる形容詞は **sensible** が圧倒的に多い。

【訳例】

　数々の新たな発見は、ダーウィンの進化論における劇的な、いやむしろ「革命的な」変化に至るかもしれないとは考えられるが、ダーウィンの理論が何か衝撃的な大発見によって「誤りであると証明される」のを期待するのは、天動説に帰り、コペルニクスの地動説を捨てることを期待するのと同じくらいばかげている。

● 教　訓 ●

- **as 〜 as ...の〜は、...次第では、〜の原義とは逆に訳した方がよい**
　☞ **as sensible as** ＋明白な嘘「...と同じくらいばかばかしい」

▶第7章 比較：比較三原則の確認

§65　no more ～ than ... 〈クジラの構文〉

> **課題文**
>
> If rational examination revealed that we had been unfairly treated by the community, philosophers recommended that we be no more bothered by the judgement than we would be if we had been approached by a confused person bent on proving that two and two amounted to five.　　　〔2006年前期・下線部〕

【語註】

rational 合理的な　examination 検証　reveal that ～ ～をはっきさせる　unfairly 不当に　recommend that ＿ 原形動詞 ～ ＿が～することを勧める　bother～ ～を煩わす　approach ～～に言い寄る　confused 頭の混乱した　bent on ～ ～に夢中の　x and y amount to z　x＋y＝z（x足すyはz）

構文研究

(a) A whale is **no more** a fish **than** a horse is.
(b) A whale is **not** a fish **any more than** a horse is.

日本の英語教育では昔からこの例文が使われてきたために、〈クジラの構文〉というあだ名がついた。no ＝ not ～ any であるから、(a) と (b) は同じことである。まず、省略を補ってみる。

(a)′ A whale is **no more** a fish **than** a horse is (a fish).

no more ～ than ... は「...しないのと同様に～しない」と、**than** 以下も否定で訳すと教わる。(a) の than 以下の直訳は「馬は魚類である」という "明白な嘘" を述べている (☞〈比較三原則〉第三条)。そして、**no** は否定語というよりも「ゼロにする・差をなくす」と説明した方が正確である。幼い子供に「鯨は魚類ではなくて哺乳類である」ことを説明したいとき、「哺乳類」という言葉はまだ難しいだろうが、「馬が魚類でない」ことぐらい知っているだろうと判断して、これを引き合いに出して前半の内容を納得させようとしているわけだ。no がなければ「鯨は馬以上に魚類だ」という意味になる。鯨は海で生活しているから幼い子供が鯨を魚類と勘違いするのも無理はない。確かに、一見、鯨は海で泳いでいる分、馬よりも魚類に近そうな気がするが、そのプラス評価 (**more**) を no の力によって**ゼロに戻し**、than 以下の "明らかな嘘" と同じレ

152

▶ §65　no more 〜 than ...〈クジラの構文〉

ベルにまで引き下げる。つまり、共に嘘という点では差がないということだ。よって、英語本来の味を活かすなら「鯨が魚なら馬だって魚になってしまう」と訳したいところだが試験の答案としては控えよう。「お前が京大に受かるなら俺は逆立ちして校庭を一周してやる」という日本語に近いかもしれない。つまり、「俺が逆立ちして校庭を一周することがないように、お前は京大に受からない」と言いたいのだ。

英文解説

　If rational examination revealed 〜は意味的に we be 以下の節の従属節になっており、文法的には philosophers recommended that 〜の that 節内に書くか、philosophers recommended を挿入にして挟むべきである。

　Philosophers recommended that we be ... **if rational examination revealed 〜**
　If rational examination revealed 〜, **philosophers said**, we should be ...

　we be no more bothered by the judgement than ...の **no more 〜 than ...**がクジラの構文で、than we would be の後ろにはもともとは bothered がいたのだが、〈比較三原則〉第一条「**as 〜 as ...に挟まれた形容詞や副詞、比較級になる形容詞・副詞およびそれに絡む語は同一文中では一回しか書かない**」により書かれていない。もっとも we would be 自体を省略しても構わない。

　we be **no more** bothered by the judgement〈if rational examination
　　　　　revealed that we had been unfairly treated by the community〉
　than we would be (~~bothered~~)〈if we had been approached by <u>a confused person</u>
　　　（who was）bent on proving that two and two amounted to five〉.

【訳例】

　もし合理的に検証してみて、我々が社会から不当な扱いを受けてきたことが明らかになった場合には、2足す2は5であると証明しようと躍起になっている頭の混乱した人物にからまれた場合と同様に、その不当な扱いだと判断したことに煩わされるべきではないのだ、と哲学者たちは提唱した。

●教　訓●

● **no more 〜 than ... / not 〜 any more than ...**
　　　　　　　　　　　　　　　　「...（ないの）と同様〜ない」

▶第7章 比較：比較三原則の確認

§66　no less ～ (than ...)

課題文

(1) Cities are thought to be populated by middlemen, while farmers are thought to be producers. Yet farmers are no less middlemen than city dwellers.　　　〔1975年・本文中〕

(2) In a well-designed system, the components are black boxes that perform their functions as if by magic. That is no less true of the mind. The faculty with which we ponder the world has no ability to peer inside itself to see its own mechanism. That makes us the victims of an illusion: that our own psychology comes from some divine force or almighty principle.　　　〔2000年後期〕

【語註】
(1) ～ (場所) is populated by sb (場所) には (人) が住んでいる　middlemen 仲買人　city dwellers 都会人　(2) well-designed 見事に設計された　be true of ～ ～に当てはまる　components 構成部分　ponder ～ ～を熟考する　peer ～ ～をのぞく　mechanism 仕組み、構造　victims 犠牲、生け贄　psychology 心理　divine 神聖な　almighty 万能の

構文研究

(a) Tom is **no less** handsome **than** his brother.
「トムは弟と全く同様に男前である」

no less ～ than ... という公式は、参考書にはよく「...に劣らず～だ」という訳語が載っているが、これは前項の no more ～ than ... と逆の理論になるだけだ。まず (a) の文から no だけを取り除いて考えると、「トムは弟ほど男前ではない」となり、世間では「弟は男前」で「トムはそれほど男前ではない」という評価だが、ここに **no** の「ゼロにする・差をなくす」という語が挟み込まれ、「トムは男前ではない」というマイナス評価をご破算 (ゼロ) にし、than 以下と同じレベルにまで引き上げる。その結果、「トムと弟の男前度に差はない」→「弟は男前」という世評と同様に「トムも男前」ということになる。早い話が **just as ～ as ...**「...と全く同様に～」ということである。なお、この構文は往々にして **than** 以下が省略される。その場合は **than** 以下の比較対象が**直前の文に登場**している。

▶ §66　no less 〜（than ...）

英文解説

（1）第 2 文が **no less 〜 than** ...の構文なので、公式通り「**...と全く同様に〜だ**」と訳せばよい。

（2）第 2 文の That は「あたかも魔法のように機能を果たすこと」を指し、**no less 〜 than** ...の **than** 以下が省略されている。ここでは比較対象である well-designed system の省略なので、ちゃんと訳せば「そのことは**見事に設計された装置と同様に**知能にも当てはまる」となるが、単に「そのことは**全く同様に**知能にも当てはまる」だけでもよい。

That is **no less** true of the mind（**than** it is of a well-designed system）.

The faculty with which we ponder the world の部分のもとの文は we ponder the world *with faculty*「我々は能力をもって外界を熟考する」となる（⇒ §46）から、関係代名詞節を訳し上げる際に、「我々が外界を熟考する**際に用いる**能力」くらいに訳すのが理想的であるが、単に「我々が外界を熟考する脳力」でもよい。

that our own psychology comes from some divine force or almighty principle は手前に：〈コロン〉があること（コロンは情報の付け加えや言い換え表現にも用いられる）からも、illusion と同格で、illusion の具体的内容を述べている。psychology は「心理学」ではなく「心理」。divine force と almighty principle が or を挟んで並列になっている。

【訳例】

（1）都会には仲買人が住んでいて、農村の者たちは生産者だと考えられている。しかし、農家も都会人と全く同様に仲買人なのだ。

（2）よくできた装置では、その中身は魔法のように機能を果たすブラックボックスである。そのことは（よくできた装置と）全く同様に知能にも当てはまる。私たちが外界について考える際に用いる能力は、それ自体の内部をのぞき込み、その仕組みを確かめるという能力を持っていない。そのために私たちはある錯覚に陥ってしまう。人間の心理は何らかの神聖な力ないしは万能の原理から生まれる、という錯覚である。

● 教　訓 ●

● **no less 〜（than ...）** ≒ **just as 〜（as ...）**「（...と）全く同様に〜」

▶第7章　比較：比較三原則の確認

§67　as 〜 as ...は許容範囲を表す

課題文

　A familiar example is the human skeleton. Few people escape back problems, because the system is poorly designed from an engineering standpoint. That may be true for large vertebrates generally (though cows don't know how to complain about back pains). The system works well enough for reproductive success, and perhaps it is the "best solution" under the conditions of vertebrate evolution. But that's as far as the theory of evolution reaches.

〔1998 年前期〕

【語 註】

familiar よく知られている　skeleton 骨格　escape 〜 〜を免れる　back problems 腰痛　from a 〜 standpoint 〜の見地から言うと　be true for 〜 〜に当てはまる　vertebrates 脊椎動物(せきついどうぶつ)　reproductive 生殖の

構文研究

(a) "Would you make it cheaper?"
　　"I'm sorry. That's **as** low **as** I can go."
　　「(値段を) まけてくれませんか」「すいません。これで精一杯です」

(b) Political corruption has gone **as** far **as** it can go.
　　「政治の腐敗は行くところまで行った」

(c) That's **as** much **as** I can say.
　　「私がお話しできるのはそれくらいまでです」

　これらの as 〜 as ...は単に「...と同じくらい〜」と訳すだけでは意味不明である。これらに共通して言えるのは"**許容範囲が決まっている**"ということだ。as 〜 as ...は比較対象が同程度であることを表すわけだが、〈比較三原則〉第三条「**as 以下次第では、as 〜 as ...は意訳しなければならない**」により、...の内容で〜の程度や量が決まってくるわけである。言わば〜の程度に限界があるわけである。実は次にあげる熟語も同じ理屈から来ている。

(d) You can stay here **as long as** you are quiet.
　　「おとなしくしている限り、ここにいてもよい」☞ 態度の許容範囲

156

▶ §67 as ～ as ...は許容範囲を表す

(e) **As far as** I know, Scott is not stupid.
「私が知っている限りスコットは愚かではない」☞ 知識の許用範囲
(f) **So much for** today.（授業などの終わりに用いる）
「今日のところはこれまで」☞ 内容 or 時間の許容範囲
(g) **So much for** his friendship.
「あいつの友情なんてそんな程度のものさ」☞ 友情の許容範囲
(h) **So far**, so good.「今のところ順調です」☞ 時間の許容範囲
(i) "I had another quarrel with my mom yesterday."
"I thought **as much**."
「昨日ママとまた喧嘩しちゃった」「そんなことだと思ったよ」
☞ 予想の許容範囲

英文解説

　第2文および下線部の the system は第1文の the human skeleton「人間の骨格」を指している。第2文の is poorly designed は「下手に設計されている」という直訳から「設計が悪い・まずい」と意訳するとわかりやすい。下線部のthe system works well enough for ～ は「人間の骨格は～には十分機能している→～のためなら人間の骨格で十分だ」ということ。reproductive success は「生殖がうまく行われること」という意味。it は the human skeleton を指し、under the conditions of ～ は「～の諸条件のもとでは」という意味。最終文の**that's as far as ～ reaches** が「それが～が手の届く程度だ」ということから「～ではそこまでしか及ばない」という許容範囲を表している。

【訳例】
　よく知られている例は人間の骨格である。腰痛を訴えない人はほとんどいない。人間の骨格は工学的見地から言えば設計が悪いからである。そのことは大型脊椎動物全般に当てはまるかもしれない（もっとも、牛は腰痛を訴える術を知らないが）。人間の骨格は生殖がうまく行われるようにするために十分機能するし、ひょっとしたら脊椎動物の進化の諸条件のもとでは「最善の解決策」なのかもしれない。だが、進化論で説明できるのはそこまでだ。

● 教 訓 ●

● **that's as far as ～ reach**　「～ではそこまでしか及ばない」
● **that's as __ as ～ can do ...**「～が...できるのはせいぜいそこまでだ」

▶第7章 比較：比較三原則の確認

§68　so much は「多い」とは限らない

課題文

　Unlike simple recording equipment, human perception is brilliantly selective: you can ignore almost anything you want to, but the sound of someone speaking your name will cut through a forest of other sounds. <u>This selection is vital for human development if only because we have to respond to a continuous flood of messages, and one brain can handle only so much information.</u>

〔1990 年前期・下線部〕

【語 註】
perception 知覚　brilliantly 見事に　selective 選択能力がある　cut through 〜 〜を通り抜ける　a forest of 〜 一連の〜（比喩表現）　selection 取捨選択　vital 極めて重要な　if only because 〜 〜という理由だけでも（⇒ §111）　a flood of 〜 夥しい(おびただ)ほどの〜

構文研究

(a) An ambulance can **only** go **so fast**.
　　「救急車の速さにも限度がある」
(b) There are **only so many** hours in a day.
　　「一日にはそれだけの時間しかないんだから（そんなにできないよ）」
(c) There is **only so much** you can do by yourself.
　　「一人でできることには限界がある」

　(a) の so fast は「そんなに速く」ではなく、(b) の so many や (c) の so much も「とても多くの」ではない。これも前項の延長線上の話で、それぞれ次のように省略を補うことができる。

(a) An ambulance can **only** go **so fast** (**as** it can go).
(b) There are **only so many** hours in a day (**as** there are).
(c) There is **only so much** you can do by yourself (**as** there is).

　全て許容範囲を述べている。よって、「速い」や「多い」ではなく、むしろ逆で「遅い」「少ない」ことを暗示しているのだ。ここでも〈比較三原則〉第三条の「**as** 以下次第では、**as** 〜 **as** …の〜は逆に訳さなければならない」が確認で

▶ §68　so much は「多い」とは限らない

きる。この場合は往々にして、**only as 〜**の形になることが多い。only も少ないことを強調する副詞であるから、全体でやはり「少ない」ことに言及することになる。

英文解説

　the sound of someone speaking your name の speaking は現在分詞ではなく動名詞で someone がその意味上の主語である。意味の重点は「誰かの音」ではなく「自分の名前を呼ぶ音」だからである（⇒ §92）。want to の次に ignore の省略（⇒ §72）。

　下線部の selection は「取捨選択」という意味で、下線部の前も「人間は耳に入ってくる音を選り分けている」という具体例であるから、人間の情報処理能力には限界があり、取捨選択をしないと機能しないということがわかる。よって最後の and 以下の文の **so much** は **only** と共に使われていることからも、「とても多くの」ではなく、「1つの脳が扱える情報には限りがある」ということで、さらに言うなら「1つの脳では少数の情報しか処理できない」ということである。ここも省略部分を補ってみると次の通りである。

one brain can handle **only so much** information（**as** it can handle）

「1つの脳が処理できる」**許容範囲**を示している。

【訳例】

　単純な録音装置とは違って、人間の知覚は素晴らしい選択能力がある。つまり、無視したいことはほとんど何でも無視できるが、自分の名前を誰かが口にしているときは、その音は一連の他の音を越えて届くのである。我々は絶えず押し寄せる夥しいほどの伝達内容に対応しなければならず、1つの脳だけではごく少数の情報しか扱えないという理由だけでも、こうした選択能力は人間の発達にとって極めて重要である。

● 教　訓 ●

- **only so 〜**：限度・限界を述べている
- **only so much / only so many**「ほんの少ししか〜ない」

▶第7章 比較:比較三原則の確認

§69　the 比較級〜 and the 比較級... , the 比較級 ＿

課題文

　There are historians and others who would like to make a neat division between "historical facts" and "values." The trouble is that values even enter into deciding what count as facts—there is a big leap involved in moving from "raw data" to a judgement of fact. More important, one finds that the more complex and multi-levelled the history is, and the more important the issues it raises for today, the less it is possible to sustain a fact-value division.　〔2000年前期〕

【語註】
〜 and others 〜など　make a neat division きっちり区別する　enter into 〜 〜の要因となる　leap 飛躍　multi-levelled 多面的な　raise 〜 〜を提起する

構文研究

(a) **The harder** you work and **the more** you earn, **the more tax** you have to pay.
「一所懸命に働けば働くほど、そしてお金を稼げば稼ぐほど、それだけ多くの税金を払わなければならなくなる」

(b) **The harder** you work, **the more money** you have to buy books, but **the less time** you have to read them.
「一所懸命に働けば働くほど、それだけ本を買うお金はたまるが、読書する時間はそれだけ少なくなる」

　the 比較級〜, the 比較級... 「〜すればするほどそれだけ...」は有名だが、この構文は the 比較級が三連続することがあり、その場合は前半と後半の境目を見定める必要がある。本来はカンマの位置が分かれ目となるところだがカンマは筆癖で入れない人もいる。そこで、and か but の位置を確認する。〈**and** や **but** の前後がワンセット〉になる。すなわち、(a) は and が1つ目と2つ目の間にあるから、この2つが前半で残り1つが後半。(b) は2つ目と3つ目の間に but があるので、1つ目だけが前半、後ろの2つが後半となる。なお、(a) の have to は「仕方なく〜しなければならない」だが、(b) はもともと have money to buy books/have time to read them という語順だったので〈見せかけの **have to**〉(⇒§95)。このように、この構文は語順転倒が起き得ることにも注意。

▶ §69　the 比較級〜 and the 比較級..., the 比較級 __

英文解説

　第 2 文の the trouble is that 〜は「困ったことは〜だ」という決まり文句。values は複数形のときは「価値」ではなく「価値観」（⇒ §39、43）。enter into 〜は「（抽象的な事柄）に入る→〜の要因となる」、count as 〜は「〜と見なされる」という熟語。―（ダッシュ）は「つまり」の意味。there is a big leap involved in 〜は **there is ＋ N ＋ p.p.** の構文で「N が〜される」と訳すのが基本（⇒ §26）なので、「〜には大きな飛躍が伴う」となる。A is involved in B は「A には B が伴う」の意味。次は move from A to B と読み「A から B へ移行する」となるが、A に相当する "raw material" に引用符（" "）が付いているのは、raw material はふつう「原材料」という意味で使われるが、ここは歴史の話なので material は「史料」で、raw material とは「価値観や偏見がまだ入り込んでいないありのままの史料」という意味であることを読者に喚起したいため。

　第 3 文の More important, 〜は What is more important, 〜の What is の省略で「さらに重要なことに〜」の意味。finds that 節内に 3 つ the 比較級が並んでいるが、and が 1 つ目と 2 つ目の間にあるので、この 2 つが前半で、3 つ目だけが後半となる。これを示すためには 3 つ目の訳語の前に「**それだけ**」や「**その分だけ**」を入れるとよい。なお、a fact-value division は「事実と価値観の区別」と訳すべきだが、value に -s が付いていないのは、ハイフンが付く語は原則として限定用法の形容詞で、形容詞には -s が付かないからである。

【訳例】

　歴史家などには「歴史的事実」と「価値観」をきっちり区別したがる者がいる。問題は、何が事実とみなされるかを判断するにも価値観が入り込むことである。「生の史料」から事実の判断に移行するのには大きな飛躍が伴うのだ。さらに重要なことに、歴史が複雑で多面的であればあるほど、そして、歴史が提起する諸問題が今日にとって重要であればあるほど、その分だけ事実と価値観を区別し続けるのがより困難であることがわかる。

● 教　訓 ●

- **the 比較級〜 and the 比較級..., the 比較級 __**
  「〜すればするほど、そして...すればするほど、それだけ__だ」
- **the 比較級〜, the 比較級... and the 比較級 __**
  「〜すればするほど、それだけ...だし、それだけ__だ」

▶第7章　比較：比較三原則の確認

§70　比較級の強調語

> **課題文**
>
> (**1**) Writers who generate verbal fog seldom hesitate to suggest to confused readers that the problem is theirs. I think this is the real reason—far more than ignorance of technique—that we see so much more bad than good writing. 〔2000年後期・下線部〕
>
> (**2**) Good philosophy expands your imagination. Some philosophy is close to us, whoever we are. Then of course some is further away, and some is further still, and some is very alien indeed.
>
> 〔2003年前期・本文中〕

【語註】

(1) generate verbal fog 霧のように曖昧な言葉を並び立てる　hesitate to *do* ～　～するのをためらう　suggest that ～　～を示唆する (that 節内が原形動詞か should ＋原形動詞ではないから「提案する」は不可)　theirs は readers' problems を指す　(2) some ～ and some … , and some __　～もあれば…もあれば__もある　alien 無縁な

構文研究

(a) Bill is **much** *taller* than Simon.
(b) Bill is **even** *taller* than Simon.
(c) Bill makes **much** *more mistakes* than I do. (×)
(d) Bill makes **many** *more mistakes* than I do. (○)
(e) Bill has **much** *more money* than I do.

　(a) は「ビルはサイモンよりずっと背が高い」という意味だが、**much/far/a lot/a great deal** を使った場合は、両者の間に**大差**がひらくことを意味する。例えばビルの身長が 180cm とすれば、サイモンは 150cm くらいかもしれない。一方、(b) の **even** や **still** を用いた場合は、than 以下のものもかなりの程度であることを示す。サイモンも世間的な評価からすればかなり背が高い (例えば 180cm) が、ビルに至っては、さらにひと回り背が高いという意味である (例えば 190cm)。(c) がダメな理由は、more の次の名詞 mistakes が可算名詞だからで**可算名詞の場合の強調語は many** でなければならない。(e) のように more の次が**不可算名詞の場合の強調語は much** である。

▶ §70　比較級の強調語

英文解説

（1）第2文の this は前文の内容を指し、「読者に問題の責任をなすりつける作家の態度」の意味で、**far more** の far が more という比較級の強調語。「作家が文章技巧を知らない」(ignorance of technique)だけでも十分に「世の中に悪文が多い」真の理由と言えるが、「読者に問題の責任をなすりつける作家の態度」の方がはるかに悪文を世に生み出す要因だということ。so much more bad than good writing の writing に bad と good が共に修飾する共通関係だが、bad の次に writing が省略されていると説明してもよい。すると so much more bad writing ということになり、much は more の強調語だが、writing は**不可算名詞**なので many ではなく **much** となっている。なお、so はさらに much を強調している。

（2）第3文の **further still** の still も比較級の強調語（further は far の比較級）だが、**still だけは後ろから修飾する**ことがある。なお、第3文の部分は第2文の is close to us と対比しているから、それぞれに us の省略がある。

　some is further away (from us), and some is still further (away from us), and some is very alien (to us) indeed

【訳例】
(1) 言葉の煙幕を張る作家は、混乱している読者に対して、臆することなく問題は読者の方にあるのだと示唆することが多い。こうした作家の態度こそが、文章技巧を知らないということよりもはるかに、私たちが良い著作よりも悪い著作の方をずっと多く目にする真の理由であると私は思う。
(2) すぐれた哲学は想像力の幅を広げてくれる。私たちが何者であろうとも、哲学の中には私たちに身近なものがある。また、当然のことながら、私たちからかけ離れた哲学もあるし、さらにずっと疎遠にあるものもあり、中には実際全く私たちに無縁なものもある。

● 教　訓 ●

- 比較級の強調語
  ① 〜 much/far/a lot/a great deal＋比較級＋than... : 〜と...は大差
  ② 〜 still/even＋比較級＋than... : ...もかなりのものだが〜はもっと凄い
  ③ 〜 many more＋可算名詞＋than...
  　〜 much more＋不可算名詞＋than...

163

▶第7章　比較：比較三原則の確認

練習問題

(1) Taking turns in a game is like pouring water back and forth between glasses. No matter how often you do it with three-year-olds, they are just not ready to digest the concept of fairness, any more than they can understand the idea of volume conservation.

〔2013 年・下線部〕

(2) An even less aesthetically pleasing solution might be to wrap the doorknob with some tape. But such solutions cry out for more elegant and architecturally integral means of increasing the frictional force between the knob and the hand.

〔2013 年・下線部〕

【語 註】
(1) take turns in ~ 交代で~をする　pour ~ ~を注ぐ　back and forth between ~ ~の間を行ったり来たり　be ready to *do* ~ ~する準備が整っている　digest ~~を理解する（≒ understand)　fairness 公正さ　volume 体積　conservation 不変、保存
(2) aesthetically 美的に　pleasing 満足感を与える　wrap A with B BでAを包む　cry out for ~ ~を求める　elegant 優美な、美しい　architecturally 建築学的に、工学的に　integral 完全な　means 手段　frictional force 摩擦力

第8章　省略：あぶり出し術

　英文が難解に感じるときの要因の一つに、英文の中に省略されている部分があるために文構造がつかめないということがある。ところが、省略ということすら気がつかずに適当に意訳して間違うことがある。書かれていないのだから気がつかないのも無理はないが、英文の構造をしっかりととらえ、文法的になっていないと感じたら、まずは省略を疑うべきでる。

　では、その省略されているものを復元するするコツ、いわば〈あぶり出し術〉は意外と簡単で、すぐ前の文構造を確かめればよい。「**省略はすぐ前を見よ**」がこの章の合言葉である。なぜならば、英語は同じことを繰り返し述べることを避ける言語なので、同じことを二度述べるくらいなら、表現方法を変えるかカットしてしまうからだ。特に、**and** や **but** の後ろで省略が起こりやすい。その際に、第1章で学んだ、「**and/but/or の前後は原則として文法的に同じ形になる**」という原則が大いに力を発揮する。

　次は東大の問題であるが、意味がわかるだろうか。

　This sort of art, we learn in childhood, is meant to excite laughter, that to provoke our tears.

　we learn in childhood は前後にカンマがあるので挿入ととらえ、全体の文構造からは外す。最後の that to provoke が文法的に変に思うのだが、文頭の this と that が対で使われることと、to provoke が to 不定詞であることに目をつけ、前文の to 不定詞の部分を探り、その手前の動詞を補えば、あぶり出し完成である。次の図を見れば、上下の線対称が明らかであろう。

　　　This sort of art 〈, we learn in childhood,〉 is meant **to** excite laughter,
(and) **that** (sort of art)　　　　　　　　　　(is meant) **to** provoke our tears.
　「この種の芸術は笑いを誘うためのものであり、あの種の芸術は我々の涙を誘うためのものであることを、我々は子供の頃に身につける」

▶第8章　省略：あぶり出し術

§71　重複回避省略

> **課題文**
>
> (**1**) Cities are seen as dens of iniquity and the countryside as the seat of virtue. 〔1975 年・下線部〕
>
> (**2**) The mechanics of the seemingly simple task of turning a doorknob involve a variety of forces that the hand exerts on the knob and through it to the door. 〔2013 年・下線部〕

【語註】
(1) den（野獣の）巣　iniquity 不公正　seat（田舎の）屋敷　(2) seemingly 〜〜のように思われる　a variety of 〜 さまざまな　exert 〜（力）を行使する

構文研究

　一般に英語は同じ表現や語を複数回使うことをよしとしない言語である。同じことを言うような場合は、表現方法を変えるか、重複する部分はカットしてしまうのが上策とされる。英文の一部が省略されるのは、「省略しても読者（もちろん英語を母国語とする人）にはわかるかはずだ」と判断したからである。「読者にもわかる」と判断した最大の理由は、「前文と同じ文構造だから」という場合が圧倒的に多い。そこで、省略を見つけ出す最大のコツは「**省略はすぐ前（の文構造）を見ろ**」ということになる。それを見つける際に〈**and の前後は同じ文構造**〉という知識が活きてくる（⇒§第 1 章）。

(a) Some people like coffee, and others tea.
　　「コーヒーが好きな人もいれば紅茶が好きな人もいる」
(b) What is important is how you read, not how many books.
　　「大切なのは何冊読むかではなくどう読むかである」

(a)(b) ともに前と同じ文構造だから省略されている。逆に省略を補う（あぶり出しをする）際には、前の文構造を真似しながら補う。

(a)′ Some people like coffee, and others (like) tea.
(b)′ What is important is how you read, not how many books (you read).

英文解説

（1）**and の前後は同じ文構造になる**ことから、the countryside の as が前半の are seen as の as と判定し、間に is seen の省略。なお、iniquity という単語を知っている人は少ないだろうから、cities と the countryside の対比から、virtue の反対と推測して「悪徳」という訳語が導き出せたら十分。

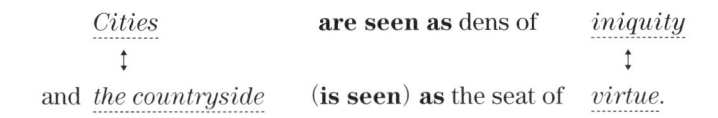

   Cities   **are seen as** dens of *iniquity*
    ↕   ↕
and *the countryside* (**is seen**) **as** the seat of *virtue.*

（2）forces を先行詞に that 以下が全て関係代名詞節で、exert の後ろが見かけ上不完全になっている。本来は exert forces on ～「～に力を行使する」の意味であった。次に through it は〈前置詞＋名詞〉なのでカッコで括ると to the door が文中で浮いているように見えるのだが、knob と door の対比関係と **and の前後は同じ文構造になる**ことから、knob を含む部分と同じ文構造ではないかと推測して省略を補ってみる。

a variety of forces [that   the hand **exerts** φ **on** the knob
       and 〈through it〉(the hand exerts) φ **to** the door]
        (it = the knob)

【訳例】
(1) 都会は悪の巣窟であり、田舎は美徳のあるところとみなされている。
(2) ドアノブを回すという一見簡単そうな操作の仕組みには、手がノブに及ぼし、ノブを通してドアに及ぼすさまざまな力が伴う。

● 教 訓 ●

- 省略の基本は同じ表現の重複を避けるためである。
- 省略を補う際には「すぐ前（の文構造）文を見ろ！」
- その際、**and/but/or** の前後は同じ文構造という知識を利用する。

▶第8章　省略：あぶり出し術

§72　be 動詞・助動詞・to 不定詞の後の省略

課題文

(1) On the one hand, you won't solve a difficult problem unless you make yourself familiar with the area to which it seems to belong—along with many other areas which may or may not be related, just in case they are. 〔2014年・下線部〕

(2) These random encounters often reveal an almost joyful contempt, reserved specifically for the fields of physical science and mathematics. "Oh, I'm terrible at algebra!" for example, is said in an almost boastful tone, in a way that "I barely even know how to read!" never would. 〔2011年・下線部〕

【語註】

(1) familiar with ～ ～に精通した　area 分野　along with ～ ～と共に　just in case ～ ～した場合に備えて　(2) random 偶然の　contempt 軽蔑　reserved for ～ ～のために取っておかれた　algebra 代数　boastful 自慢げな　in a way that ～ ～するやり方で（☞【英文解説】参照、【訳例】では意訳して訳し下ろした）　barely かろうじて

構文研究

同じことを繰り返し言うのを回避するのが省略の基本であるから、be 動詞・助動詞・to 不定詞の次に前文と同じ内容について言及するときは、まるごと省略される。逆に言えば、**文が be 動詞・助動詞・to 不定詞で途切れているときは、必ず省略がある**。そして、省略部分は「すぐ前を見よ」である。

(a) Walt is not as kind as he used to **be**.　☞ be の次に kind の省略
　　「ウォルトは昔ほど優しくない」

(b) I'll go there if I really **must**.　☞ must の次に go there の省略
　　「どうしても行かなければならないというなら行こう」

(c) Walt doesn't play golf as often as he used **to**.
　　☞ to の次に play golf の省略
　　「ウォルトは昔ほど頻繁にゴルフをしない」

▶ §72　be 動詞・助動詞・to 不定詞の後の省略

英文解説

(1) make yourself familiar with 〜は try to be familiar with 〜の意味。to which の to は belong to 〜「〜に所属している」の to (⇒ §45)。文末の they are の they は many other areas を指し、are の次に related の省略。手前の may or may not be related に be という be 動詞が存在するから。

〜 which may or may not be *related*, just in case they are (*related*).

(2) 第 1 文の reserved の前に which is の省略で、contempt を修飾する。第 2 文の that から would までは way を先行詞とする関係副詞節 (in a way that 〜で覚えておけばよい)。文末の would の次に be said の省略。主節の主語と that 節内の主語が共に直接話法のセリフになっているという線対称意識から逆算できる。would は仮定法過去で、主語の直接話法の部分が条件 (「〜」というセリフを言うならば)。

"Oh, I'm terrible at algebra!" ⟨for example,⟩ *is said* in an almost boastful tone,
in a way [that "I barely even know how to read!" never would (*be said*)].

【訳例】
(1) 他方で、その難問が属していると思われる分野に精通していない限り、難問が解けない。同時に、それと関係があるかもしれないし、ないかもしれない他の多くの分野にも、関係があった場合に備えて知識がなければならない。

(2) このようなふとした出会いから往々にして露わになるのは、蔑みながらもほとんど嬉しそうな気持ちで、これは特に物理学や数学の分野に対して向けられるものだ。例えば、「私は代数がからっきし駄目でして」という言葉は、自慢していると言ってもよい口調で語られるが、「私は字を読むことすらままならないんです」という言葉だとそういう口調にはならないだろう。

● 教 訓 ●

- be 動詞で文が途切れていたら、前文の be 動詞以下の部分の省略
- 助動詞や to 不定詞で文が途切れていたら、前文の動詞以下の部分の省略

▶第8章　省略：あぶり出し術

§73　〈who / which + be 動詞〉の省略

課題文

　Take, for example, a principle used by central governments in places such as desert regions where individuals are not allowed to keep for themselves a natural spring even if they own the very land on which it exists. One-hundred per cent cooperation in this sense prevents fights certain to develop over the scarce water resources.

〔2007 年前期・下線部〕

【語 註】
keep 〜 for *oneself* 〜を独占する　natural spring 天然の水源　own〜 〜を所有する　the very 〜 まさにその〜　over〜 〜をめぐって　scarce 乏しい

構文研究

(a) They were watching me as they would watch a magician **about to** perform a trick.　　　〔George Orwell: *Shooting an Elephant*〕
「彼らはまるで今まさに手品をやって見せようとしている奇術師でも見るかのように私をじっと見つめていた」

(b) I don't like the type of person **used to** speak**ing** in public.
「私は人前で話すことに慣れている人種は嫌いだ」

　(a) の about も (b) の used も後置修飾と言ってしまえばそれまでだが、共に〈**who + be 動詞**〉**の省略**ということである。共に省略されている be 動詞まで意識しないと、そもそも **be about to *do*** 〜「まさに〜しようとする」や **be used to *do*ing** 〜「〜することに慣れている」という語法や訳に気づかないのではないだろうか。特に過去形と過去分詞が同形の語は要注意である。

英文解説

　第 1 文の used は後ろから principle を修飾。第 2 文の certain も後ろから fights を修飾。共に、手前に which is および which are の省略。特に後者は **be certain to *do*** 〜「きっと〜するはずだ」という表現であることに気つかず、単独の certain のように「ある種の」や「確かな」と訳したら誤訳。keep 〜 for themselves の目的語は spring だが、新情報なので後ろに回った (⇒ §31)。
　where individuals 以下は関係副詞節で先行詞は desert regions。限定用

▶ §73 〈who/which ＋ be 動詞〉の省略

法であるが、このように関係詞節が非常に長い場合は訳し下ろしてもよい。

Take 〈, for example,〉 <u>a principle</u> [(which is) used by central governments in places such as <u>desert regions</u> {where individuals are not allowed to keep 〈for themselves〉 a natural spring even if they own <u>the very land</u> {on which it exists}}].

One-hundred per cent cooperation in this sense prevents <u>fights</u> [(which **are**) **certain to** develop over the scarce water resources].

【訳例】
　例えば、砂漠地帯のような場所で中央政府が用いる原則を考えてみればよい。そこでは個人が天然の水源を独占することは、まさにその水源が存在する土地が自分の所有物であったとしても許されない。この意味では、100％協力すれば、乏しい水資源をめぐって必ずや展開されるいさかいを防ぐことになる。

類題

This fundamental change is proving to be quite a challenge to many doctors and professional institutions still used to thinking and acting along traditional doctor-centered lines. 〔奈良県立医大・2014 年〕

「この根本的な変化は、伝統的な、医師を中心とした方針に沿って考え行動することに慣れっこになっている多くの医師や医療機関にとって、かなりの困難であることがわかってきている」

この used は **be used to *do*ing** 〜「〜することに慣れている」で、「使った」や「昔〜した」は誤訳。institutions と still used の間に that are の省略。先行詞は doctors と professional institutions の２つ。

many ⎡ doctors　　　　　　　　　　 ⎤ (that **are**) still **used to** ⎡ think**ing** ⎤
and ⎣ professional institutions ⎦　　　　　　　　　　　　 and ⎣ act**ing** ⎦
　　　　　　　　　　　　　　　　　　　　 along traditional doctor-centered lines

● 教 訓 ●

● N ＋ **certain to do** 〜「必ず〜する N」
● N ＋ **used to doing**　「〜に慣れている N」

▶第8章　省略：あぶり出し術

§74　SV〜〈完全文〉, 名詞＋関係詞節: which is の省略

課題文

(1) Our brains have a natural capacity for dealing with the hierarchical structure of music, a talent that may unlock a greater creative potential for understanding and designing artificial materials.　〔2015年・本文中〕

(2) For example, in a diary we need not trouble about appearing self-obsessed, never a way we would like our friends to describe us. We are self-obsessed, in the very act of writing the diary.

〔1989年後期・下線部〕

【語註】
(1) hierarchical 階層的な　unlock〜（潜在能力）を引き出す　materials 素材　(2) trouble about〜 〜に悩む　appear〜 〜に見える　self-obsessed 自意識過剰の　in the act of〜 〜している最中に

構文研究

(a) It took about 20 years to build this canal, **a period** in which a child grows up and gets out into the real world after he or she is born.
「この運河の建設にはおよそ20年を要したが、それは一人の子供が生まれてから大人になり社会に出るほどの期間だ」

(a)の文を分析すると It が仮主語で to build this canal が真主語、took が動詞、about 20 years が目的語なので文が完結している。in which から最後までは a period を先行詞とする関係代名詞節なので、a period は文全体にとって、何の要素（主語・目的語・補語）にもなっていない。これは手前の about 20 year と同格と説明してもよいが、換言すれば a period の前に which is の省略とも言える（**先行詞は前文全体**）。基本的には**完全文の次に〈名詞＋関係詞節〉があるときは、名詞の前に which is の省略**と考えるとよい。〈名詞＋関係詞節〉の箇所は前文に対する追加・補足説明になっている。

(a) <u>It took about 20 years to build this canal,</u> (which is) <u>a period</u> [in which 〜].
　　　　　　　　　完全文　　　　　　　　　　　　　名詞　　関係詞節

▶ §74　SV〜〈完全文〉, 名詞＋関係詞節：which is の省略

英文解説

(**1**) Our brains から music までで文が完結しており、次に a talent という名詞が浮いて存在している。次の that から materials までは talent を先行詞とする関係代名詞節である。よって、a talent の前に which is を補い、which の先行詞は手前の「我々の脳には音楽の階層的な構造を処理する先天的能力が備わっている」という内容を指す。

<u>Our brains have a natural capacity for dealing with 〜 structure of music</u>,
　　　　　　　　　　　　完全文

　　(which is) <u>a talent</u> [that may unlock a greater creative potential 〜]
　　　　　　　　名詞　　　　　　　関係代名詞節

(**2**) For example から self-obsessed までが完全文で、a way という名詞だけが文の要素として余っている。we would から us までは way を先行詞とする関係詞節 (in which が省略されている)。describe us の次にも as self-obsessed の省略で、直訳は「それ (which = appearing self-obsessed「自意識過剰に見えること」) は、我々が友人に我々のことを自意識過剰だと言ってほしいあり方では決してない」

<u>we need not trouble about appearing self-obsessed</u>, (which is) never <u>a way</u>
　　　　　　　　　完全文　　　　　　　　　　　　　　　　　　　　　　　　　　名詞
[(in which) we would like our friends to describe us (as self-obsessed)].
　　　　　　　　　　　　関係代名詞節

【訳例】
(1) 我々の脳には音楽の階層的な構造を処理する先天的能力が備わっているが、これは人工素材を理解し設計するという、より大きな創造的潜在能力を引き出すかもしれない才能である。
(2) たとえば、友達には絶対にそんなふうに言ってもらいたくないことだが、私たちは日記では自分のことばかり考えているように見えることに気を使う必要はない。私たちは、日記を書くというまさにその行為の中で、実際に字分のことだけを考えているのである。

● 教　訓 ●

● 完全文, 名詞＋関係詞節 ☞ 完全文, (**which is**) ＋ 名詞＋関係詞節

▶第8章　省略：あぶり出し術

§75 〈主語＋動詞〉の省略

課題文

(1) Buses, in particular, appealed to us. They were for the carless, whom we had voluntarily joined. Except in big cities, car owners have no time for them. Why stand at bus stops and put up with wandering routes through scattered villages and frequent stops to admit passengers?　〔2001年後期・下線部〕

(2) In what other domain could nonexperts—or scientists, for that matter—forecast, months in advance, the course of two objects thousands of miles apart to an accuracy of inches and minutes? And do it from information that can be conveyed in a few seconds of conversation?　〔1999年後期・下線部〕

【語註】
(1) appeal to ～ ～の心に訴える　wandering うねる　scatter 点在する　admit ～ ～を受け入れる　(2) domain 領域　nonexperts 門外漢　for that matter そのことなら、さらに　forecast ～ ～を予測する　in advance 前もって　～ apart ～離れて　to an accuracy of ～ ～の精度で

構文研究

(a) **Why** bother trying? You know you can't.
「なんでわざわざ手を出すの。できないってわかってるでしょ」

英文には〈主語＋動詞〉（疑問文なら〈助動詞＋主語〉）が慣用的に省略される場合があるが、(a) は Why の次に should you の省略で、**Why＋原形動詞～?** は**修辞疑問文（反語）**になり、しばしば**話者の非難・いら立ち**を表す。

(a)' **Why** (should you) bother trying? You know you can't.

英文解説

(1) 第2文の the carless は「車を持たない人々」（≒ carless people）の意味。一般に〈the ＋形容詞〉で複数名詞を表す（ex. the rich ≒ rich people）（⇒ p.23）第3文の them は buses を指す。第4文の Why と stand の間に should you の省略。

▶ §75 〈主語＋動詞〉の省略

この場合の主語は手前の car owners と考えて should they の省略ともできるが、英語では一般論には you を用いるので should you の省略とみなしてもよい。stand と put up with 〜が and を挟んで並列。put up with の目的語は and を挟んで wandering routes through scattered villages と frequent stops の 2 つ で、to admit passengers は frequent stops を修飾する形容詞用法の to 不定詞。

Why (should you) ⎡ stand at bus stops
　　　　and　⎣ put up with ⎡ wandering routes through scattered villages
　　　　　　　　　　　　and ⎣ frequent stops [to admit passengers] ?

(2) 第 1 文は In what other domain を 1 つの疑問詞と考えて、次の could nonexperts forecast が疑問文の語順になる。—（ダッシュ）に挟まれた部分は挿入で、for that matter は「それを言うなら」という、事の序に言及したいことがあるときの決まり文句。forecast の目的語はカンマで挟まれた months in advance の挿入を飛び越えて the course である。thousands of miles apart (thousands of miles は副詞的目的格⇒§15) の前に which are の省略で、two objects を後ろから修飾している (⇒§73)。to an accuracy of inches and minutes は全体で「寸分違わず」という訳でもよい。第 2 文の And と do の間に In what other domain could they (= nonexperts) の省略。こちらは And の前後が同じ文構造という原則に則った重複回避とも取れる。do it は第 1 文の forecast 以下を指す。

【訳例】
(1) 特にバスは私たちには魅力的だった。バスは車を持っていない人たちのためのもので、私たちも自発的にその仲間入りをした。大都市を除いて、自家用車を持っている人たちはバスに乗る時間がない。なぜ、バス停に立って、点在する村々をうねりながら進む路線と、乗客を乗せるために頻繁に停車することに耐えなければならないのだろうか。
(2) 他のどの分野で、門外漢が、いや、なんなら科学者でもよいが、何ヶ月も前に、何千マイルも離れた 2 つの物体の進路を、インチ単位、分単位の正確さで予測することができるだろうか。しかも、たった数秒の会話で伝えられる情報から予測できるだろうか。

● 教 訓 ●

● Why ＋ (should you) ＋動詞の原形〜？「なぜ〜するのか」

▶第8章　省略：あぶり出し術

§76　慣用的な省略

課題文

(1) Now, I have no quarrel with specialization. I respect the truly expert in any field, from carpentry to computers. But I know doctors—very competent ones—who couldn't be called educated by anyone's definition; so too with lawyers or engineers—not to mention journalists.　〔1986年前期・下線部〕

(2) In order to understand the way in which a science works, and the way in which it provides explanations of the facts which it investigates, it is necessary to understand the nature of scientific laws, and what it is to establish them.　〔1988年A日程・下線部〕

【語註】
(1) have no quarrel with ～ ～に異議を唱えるわけではない　competent 有能な　not to mention ～ ～は言うまでもなく　(2) provide explanations of ～ ～を説明する　nature 本質　laws 法則

構文研究

(a) Discretion is important in every circumstance; **so with** examinations.
「慎重さはどんな状況でも大切なことだが、試験の場合もそうだ」

(b) Sheila knows **what it is to** be poor.
「シーラは貧乏の味を知っている」

英文には慣用的に省かれるものがいくつかある。(a) は so with ～の前に it is の省略で、it は前文の内容を指す。これは **not so with ～**「～については当てはまらない」という否定の形で使うことも多い。(b) は it is と to の間に like の省略で **what it is like to do** ～で「～することはどういうことなのか」(it は仮主語で to do 以下を指す) という決まり文句 (⇒ §89) だが、間接疑問文で用いるとしばしば like が省略される。

(a)′ Discretion is important in every circumstance; (it is) **so with** examinations.
(b)′ Sheila knows **what it is** (**like**) **to** be poor.

▶ §76 慣用的な省略

英文解説

(**1**) 第2文の expert は truly によって修飾されているから形容詞であるが、the expert (≒ expert people) で名詞の働きをしている (⇒ p.23)。第3文の ―(ダッシュ)内は挿入で、ones は doctors を指す。couldn't は仮定法過去で、条件は by anyone's definition「誰が定義したとしても」にある。**so too with** の前に it is の省略。

(**2**) 文頭は and を挟んで2つの the way が共に understand の目的語で、共に in which 以下の関係代名詞節の先行詞になっている。the way in which SV 〜は「どのように〜するか」(≒ how SV 〜) と意訳してもよい。which it investigates は facts が先行詞。it is necessary to understand の目的語は nature と what 節で、**what it is** の次に like の省略。them は scientific laws を指す。

In order to understand ⌈ the way [in which a science works],
　　　　　　　　　　　and ⌊ the way [in which it provides explanations of the facts
　　　　　　　　　　　　　　　　　　　　　　　　　　　　　{which it investigates φ}],
it is necessary to understand ⌈ the nature of scientific laws,
　　　　　　　　　　　　　　and ⌊ **what it is (like) to** establish them.

【訳例】

(1) さて、私は専門化に対して反対しているわけはない。私は、大工仕事からコンピューターに至るまで、どんな分野であれ、真の達人を尊敬している。だが、とても有能ではあるが、誰が定義しても教養があるとは言えないような医者を私は知っている。それは、ジャーナリストは言うまでもなく、弁護士や技師にも言える。

(2) 科学がどう機能し、また科学が研究対象とする事実を科学がどう説明するかを理解するためには、科学の法則の本質を理解し、法則を確立するとはどういうことなのかを把握しておく必要がある。

● 教 訓 ●

- SV〜; (it is) so with ...　　「〜だ。それは...にも当てはまる」
- SV + what it is (like) to do ...　「...はどういうことなのかを〜」

▶第8章　省略：あぶり出し術

§77　that の省略

課題文

　For example, in an early study we showed our volunteers pairs of pictures of faces and asked them to choose the most attractive from each pair. In some trials, immediately after they made their choice, we asked people to explain the reasons behind their choices. Unknown to them, we sometimes used a card trick to exchange one face for the other so they ended up with the one they did not choose. Common sense tells us that all of us would notice such a big change in the outcome of a choice. But the result showed that in 75% of the trials our participants were blind to the mismatch, even offering 'reasons' for their 'choice'.　　　　　〔2010 年〕

【語 註】

trials 試行　immediately after 〜 〜した直後に　make *one's* choice 選択する　card トランプ　common sense 良識、常識　outcome 結果　participants 参加者　be blind to 〜 〜に気づかない　mismatch 不一致　offer 〜 〜を提示する

構文研究

(a) It was so hot last night I couldn't sleep.
(b) I left home early so I could catch the bus.
(c) It was because he was ill we decided to return.

おなじみの (a)〈so 〜 that...〉、(b)〈so that 〜 can...〉、(c)〈It is 〜 that … の対比構文〉だが、これらの that は省略されることがあり、これがないだけで構文を間違えてしまう ((b) の so を「だから」と訳す) ことがあるので要注意だ。

(a) It was **so** hot last night (**that**) I couldn't sleep well.
　「昨夜はとても暑かったのでよく眠れなかった」
(b) I left home early **so** (**that**) I **could** catch the bus.
　「バスに間に合うように早めに家を出た」
(c) **It was** because Frank was ill (**that**) we decided to return.
　「我々が戻ると決めたのはフランクが病気だったからだ」

▶ §77 that の省略

英文解説

　第1文の pairs of pictures だが、a pair of pictures で「2枚1組の写真」であるから pairs（複数）でそれが「何組か」となる。第3文（下線部）の Unknown to them（＝ our volunteers）は前に being の省略された分詞構文で、直訳は「彼らに知られずにトランプのトリックを使った」となる。exchange A for B「AをBと交換する」のAとBは同一範疇の語が来るので、Aが one face（ここでは「顔の画像」の意味）ならBも「顔の画像」となるはず。よって the other の後ろに face の省略。そして、so と they の間に that の省略で、全体は **so that ～**「～するように」という〈目的〉を表す構文である。ちなみに、この構文を〈結果〉の意味で使うのは古いので英作文での使用は避けたい。ended up with the one の one は face を指し、one と they の間に関係代名詞 that の省略。end up with ～は「～で終わる」だが、ここでは「～が被験者の手元に残る」という意味。第4文は common sense という無生物主語なので意訳する（⇒ p.147）。第5文の offering は分詞構文で、and they even offered と書き換えられる。

　we sometimes used a card trick to exchange one face for the other (face) **so** (**that**) they ended up with <u>the one</u> (＝ face) [(that) they did not choose φ].

【訳例】

　例えば、初期の研究では、有志の人たちに2枚1組の顔の画像を数組見せ、各組から最も魅力的な顔を選んでもらった。何度か試した中で、参加者が選択を行った直後に、なぜそれを選んだのか説明してもらった。<u>彼らには内緒で、我々はトランプのトリックを用いて一方の顔をもう一方の別の顔とすり替え、最終的に彼らが選択しなかった方の顔が残るようにした。常識では、選択の結果にそのような大きな変化があれば、誰もが気づくだろうと思われる</u>。だが、結果は、実験の75％において、参加者たちは画像が違うことに気づかず、それどころか、自ら選んだものとして、それを選んだ理由を説明さえしたのである。

● 教　訓 ●

● **～ so (that) S do/will/can/ ...**「...する［できる］ように～」
　☞ that の省略

§78　as/than 以下の省略（1）：文脈編

> **課題文**
>
> When the taxi stopped outside her building she climbed out gracelessly, her bag dangling open. She dropped her keys, bent to pick them up, intent only on reaching her pills. As she straightened, with some difficulty, she became aware of a young man coming forward to help her. 'Hi,' he said, as she turned her desperate eyes up to his face. 'I'm Steve.' <u>No doctor, no attendant, no guardian angel could have been more welcome. Indeed he was rather better than any of these, being utterly unimpressed by her plight, or perhaps simply not aware of it.</u>
> 〔1999 年後期〕

【語 註】

gracelessly ぶざまに　climb out 這い出る　dangle ぶら下がる　bent ＜ bend 身をかがめる　pick /～/ up ～を拾い上げる　be intent on doing ～懸命に～しようとしている　straighten 背を伸ばす　turn one's eyes up to ～見上げて～に視線を向ける　desperate 必死の　attendants 付添人　guardian angels 守護天使　be unimpressed by ～ ～に心を動かされない　simply not ～ 全く～ない　plight 苦境

構文研究

原級の as ～ as ... の後半の as 以下や比較級 ～ than ... の than 以下が省略されることがある。これは、比較の構文では「**比較対象は明白なことでなければならない**」という原則（比較三原則・第三条）があり、時には明白すぎて書かれないのである。これには4つほどのパターンがあるが、まず1つ目は**前文と同じ語句だから二回目は省略する**という、省略の大原則のパターンである。

(a) Nothing is more precious than time, but **nothing** is **more** irritating.
　　「時間ほど貴重なものもないが、**時間ほどいらつくものもない**」

　(a) は前半で than time と述べているので、後半は重複を回避したのだ。more irritating の次に than time の省略だが、日本語では比較対象に言及する（訳出する）必要がある。

英文解説

　第1文の her bag dangling open は主語付きの分詞構文で、open は her bag の準補語（⇒ §14）。直訳は「鞄が開いた状態でぶら下がりながら」となる。第2文の intent 以下は前に being の省略された分詞構文で、これも「～しながら」の意味。第3文の As は「～した時」の意味で、with some difficulty は「ある程度苦労しながら」から「どうにか」という意訳になる。a young man coming は「青年」自体よりも「助けにやって来る」ことに意味の重点が置かれるから coming は動名詞（⇒ §92）で a young man が意味上の主語。「青年がやって来ること」が直訳。第6文の more welcome を受ける than 以下が書かれていないが、ここは明らかに前文で登場した「青年」の省略である。なお、**no ～ could have been ＋比較級…は最上級**と同じ意味。第7文の Indeed は In fact と同じで、前文より後文の方が程度が上がる場合に用いるので、「それどころか」と訳すと適切（⇒ §32）。any of these の these は第6文の doctor, attendant, guardian angel を指す。being は分詞構文で、because he was utterly unimpressed by ～と書き換えられる。simply not は not at all の意味。(not simply なら not only の意味 ⇒ §101)

> No doctor, no attendant, no guardian angel could have been **more** welcome (**than** he (= the young man) *was* ~~welcome~~).

【訳例】

　タクシーが彼女の建物の脇に止まったとき、彼女は鞄の口を開けたまま、だらしない格好で車から這い出てきた。彼女は鍵を落としてしまい、身を屈めてそれを拾い上げたが、その間も薬を手にすることばかり考えていた。どうにか起き上がったとき、一人の青年が助けに来るのに気がついた。彼女が必死の目を向けて青年の顔を見上げると、「やあ、スティーヴです」と青年は言った。どんな医者も、どんな付添人も、どんな守護天使も、この青年ほど彼女に喜んでもらえるものはなかっただろう。それどころか、この青年はこれらの誰よりも有難かったのである。というのは、彼は彼女の苦境にまったく無頓着だったというか、おそらく全く気づいていなかったからだ。

●教　訓●

- **as/than 以下が書かれていないときは、比較対象は前文にある可能性がある**

▶第8章 省略：あぶり出し術

§79 as/than 以下の省略 (2)：「これほど」編

課題文

(1) Lots of young Japanese think that by going on a jaunt like that they instantly become "international". Nothing could be further from the truth. 〔釧路公立大・1997年・下線部〕

(2) Isaac possessed a wonderful faculty of acquiring knowledge by the simplest means. For instance, what method do you suppose he took to find out the strength of the wind? You will never guess how the boy could compel that unseen, inconstant, and ungovernable wonder, the wind, to tell him the measure of its strength. <u>Yet nothing can be more simple.</u> 〔奈良教育大・1997年〕

【語註】
(1) jaunt 小旅行　(2) possess〜 〜を持っている　faculty 才能　find /〜/ out 〜を知る
inconstant 不定の　ungovernable 手に負えない　measure 基準、目安

構文研究

　as/than 以下省略の2つ目のパターンは1つ目のパターンの延長線上だが、as/than 以下が**前文の内容**、または**目の前で述べられている対象**を指す（**as this/than this**）ときは省略されるというものである。このときは **Nothing can/could be as .../than ...** というパターンになる。この could は現実に反することを表す仮定法だ。

(a)　Nothing could be as absurd.
≒　Nothing could be more absurd.

(a) を訳す際に、as this/than this の省略を念頭に置いて「これほど」を補って訳さなければならない。

(a)'　**Nothing** *could* be **as** absurd (**as** *this* (is) ~~absurd~~).
≒　**Nothing** *could* be **more** absurd (**than** *this* (is) ~~absurd~~).
　「これほど馬鹿げたことはなかろう」

▶ §79 as/than 以下の省略 (2)：「これほど」編

英文解説

京大の過去問にはこの型がなかったので、他大学の問題から引用した。

(1) 第1文の like that は「そのような」という意味で、that は前文を指す（ここではカットした）。become international で「国際人になる」とでも言いたいのだろうが、英作文なら「国際人」は internationally-minded「国際感覚のある」を用いて訳すのが適切。第2文の最後に than this の省略で、this は前文の内容。もっとも、**Nothing could be further from the truth.**「（それは）全くの見当違い［誤解、嘘］である」はよく用いる決まり文句である。

Nothing *could* be **further** from the truth (**than** *this* (is) ~~far from it~~).

(2) 第2文の what method do you suppose he took ～? だが、疑問詞が do you suppose ［think/believe］ よりも前に移動するという語順に注意。疑問詞がなければ took ～ method「方法を取った」の語順だった。第3文は compel + O + to do ～「Oに～することを強いる」の語法だが、Oの部分の that unseen, inconstant, and ungovernable wonder (3つの形容詞が wonder を修飾) と the wind が同格。直訳は「少年は～すなわち風に、どうやってその強さの基準を自分に告げさせたかのか」。第4文の末尾に than this (method/means) の省略。

Yet **nothing** *can* be **more** simple (**than** *this* (method/means) (is) ~~simple~~).

【訳例】

(1) 多くの日本の若者は、そのように小旅行に出かけることですぐにも「国際人」になると思っている。これほど真実からかけ離れたことはなかろう。

(2) アイザックにはもっとも簡単な方法で知識を身につける才能があった。例えば、風の強さを知るのに彼がどんな方法を取ったとお思いだろうか。あの目に見えず、変わりやすく、手に負えない驚異である風を、どういう強硬手段を使って測定できたか、諸君には想像もつかないだろう。<u>しかし、これほど簡単な方法はあり得ないのだ。</u>

● 教 訓 ●

- Nothing { can / could } be { as... / 比較級 } ☞ as this の省略 / ☞ than this の省略 } 「これほど」を補って訳す

▶第8章　省略：あぶり出し術

§80　as/than 以下の省略（3）：「今ほど」編

> **課題文**
>
> Hence the immensely increased importance of drama in the life and culture of our time: never before has drama been so pervasive in the lives of the large masses of people.　〔1992年前期・本文〕

【語註】

hence それ故に　immensely 計り知れないほど　drama 演劇　pervasive 浸透した　large masses of ～ 大勢の～

構文研究

(a) I have never been as happy. / Never have I been as happy.
(b) I have never been happier. / Never have I been happier.

　上記の例文の never だけに目が行って、「私は幸せだったことは一度もない」と訳したら完全に誤訳である。それどころか、これは「幸せだ」という意味である。なぜなら、文末に (a) なら as I am now、(b) なら than I am now が省略されており、「今ほど幸せだったことはかつて一度もなかった」→「今最高に幸せだ」となるからだ。

　このように、〈今の状態〉と比べるときは、as/than 以下を省略できるのが英語の暗黙の了解である。だが、これを和訳する際には「**今ほど**」か「**これほど**」を添えなければならない。このパターンになるのは、**never** と**現在完了形**（**have + p.p.**）を伴うときである。なお、never を文頭に出すと疑問文と同じ語順で倒置が行われる（⇒ §28）。

(a)′ **Never** *have* I *been* **as** happy (**as** I am ~~happy~~ *now*).
(b)′ **Never** *have* I *been* **happier** (**than** I am ~~happy~~ *now*).

　この現在完了形の代わりに過去完了形（had + p.p.）が用いられると「あの時ほど」（than at that time）の省略となる。

(c) **Never** *had* I *been* as happy (**as** I was ~~happy~~ *at that time*).
(d) **Never** *had* I *been* happier (**than** I was ~~happy~~ *at that time*).
　「あの時ほど幸せを感じたことはそれまでになかった」

▶ §80　**as/than 以下の省略 (3)：「今ほど」編**

英文解説

　第1文の主語の hence の次に comes の省略。hence の次に名詞しかないときは from here come 〜「ここから〜が生じた」の意味になる。

ex. The island was discovered by Tasman; **hence** the name Tasmania.
　　「その島はタスマンが発見した。故にタスマニアという名前になった」

：(コロン) の次の文は never before という否定語が文頭に来たために疑問文と同じ語順で倒置し、文末に as it is now の省略。

never before *has* drama *been* **so** pervasive in the lives of the large masses of people (**as** it is *now* ~~pervasive~~).

【訳例】

　故に、現代の生活と文化において演劇はその重要度を大いに増してきたのだ。演劇が大勢の人々の生活にこれほど浸透したことはこれまで一度もなかった。

類題

　Working hours are shorter and holidays longer, and never have so many people had so much time with which to have a good time.

　「労働時間は短くなり、休暇は長くなっており、これほど多くの人々が楽しく過ごす時間をこれほど持てたことはかつてなかった」

never *have* **so** many people *had* so much time [with which to have a good time (**as** they do (have) ~~much time~~ *now*)].

　文末に as they do (have) now の省略。so many と so much の so がこれに呼応している。with which to have a good time は to have a good time with と同じで time を修飾する形容詞用法の to 不定詞 (⇒ §89)。

● 教　訓 ●

● S＋have＋never＋p.p.	as 〜	☞ as now	「今ほど/これほど」
● Never have＋S＋p.p.	比較級〜	☞ than now	を補って訳す

185

§81 as/than 以下の省略 (4):「仮想 vs 現実」編

> **課題文**
>
> The new school, Aarau, gave Einstein an academic experience unlike anything he had yet encountered. (途中略) The school itself was similarly progressive, with a new laboratory facility that could have been built as his playground. Even his musical talent drew praise. The contrast with the former school could not have been more striking.
>
> 〔2004 年後期〕

【語 註】

academic 学問の progressive 進歩的な laboratory facility 実験施設 playground 遊び場 encounter~ ~に遭遇する draw praise 称賛を浴びる contrast with ~ ~との対比 former 以前の striking 顕著な

構文研究

(a) "How was your vacation?" "It couldn't have been better."
「休日はどうだった」「最高だったよ」

(a) の第 2 文はよく用いられる口語表現であるが、見かけは couldn't と否定文なのに、どうして「最高だった」という肯定の意味になるのだろう。それは better があり、この後ろが than it (really) was の省略だからである。it は my vacation を指す。このように、英語では**仮想と現実を対比**することで、**現実の出来事をより強調する**表現の仕方がある。結局は「あの休日ほどよかった休日は仮想の世界でもあり得なかっただろう」という直訳から、「あの時の夏休みは一番よかった」という意味になる。

このパターンの場合は、couldn't have + p.p.〈仮定法過去完了〉と使うのが特徴なので、**S + couldn't have + p.p. + 比較級~**で「**S があれほど~なことはなかっただろう / S は最高に~だった**」と暗記しておくのがよい。

(a)' It *couldn't have been* **better** (**than** *it was (really) was* ~~good~~).
(= My vacation) (= my vacation)

▶ §81　as/than 以下の省略 (4):「仮想 vs 現実」編

英文解説

　第 1 文の yet は本来、否定文で使って「まだ〜ない」の意味になるが、本文は unlike 〜「〜とは違った」が否定語の代わりになっている。

　第 2 文の with は「〜に付随して」の意味だが、with の基本的意味は "having" なので (⇒ p.191)、分詞構文と考えれば、having a new laboratory facility 〜 → and had a new laboratory facility 〜 と書き換えられる。that から playground は facility を先行詞とする関係代名詞節。could はここでは might とほぼ同じで「〜と言ってよいくらい」という意味。

　ex. Lisa is married to a man who **might** be her father.
　　「リサは彼女の父親と言ってよいくらいの人と結婚している」

本文は could have been 〜なので「〜だったと言ってよいくらいの」という過去推量になる。

　第 4 文が S + couldn't have + p.p. +比較級〜のパターンで、文末に **than it (really) was** の省略。**仮想と現実の対比**。「前の学校との対照が、実際の対照ほど顕著なものは仮想の世界でもあり得なかっただろう」が直訳。

The contrast with the former school *could* **not** *have been* **more** striking (**than** it (= the contrast) (*really*) was ~~striking~~).

【訳例】

　アーラウの新しい学校は、アインシュタインに、それまで味わったことのない学問体験を与えた。(途中略)<u>学校そのものも同様に進歩的な場であり、アインシュタインの遊び場として建てられたと言ってもいいくらいの新しい実験設備を備えていた。</u>彼の音楽の才能でさえも称賛を浴びた。<u>以前通っていた学校との比較がこれほど顕著なものはなかっただろう。</u>

● 教　訓 ●

- **S + couldn't have + p.p. +比較級〜**
  - ☞ **than it (really) is**〈Sが単数の場合〉の省略
  - ☞ **than they (really) are**〈Sが複数の場合〉の省略

▶第 8 章　省略：あぶり出し術

● ● ● ● 練習問題 ● ● ● ●

(**1**) All my life I'd been deciding that specific things had no intrinsic value—that things like money, honesty, strength, love, information, wisdom, even life, are not valuable in themselves, but only with reference to certain ends—and yet I'd never considered generalizing from those specific instances. But one instance was added to another, and another to that, and suddenly the total realization was effected.

〔1979 年・本文中〕

(**2**) Left to our own devices, there seemed only one thing to do. We may not have been on a bus for years, but it seemed twice as long since we had raised our thumbs to hitch a lift.　　〔2001 年後期・下線部〕

【語 註】
(1) intrinsic それに固有の、内在的な　in themselves それ自体には　with reference to 〜 〜に関連して　ends 目的　and yet それでいて　generalize 概括する　realization 認識　effect〜 〜を達成する
(2) leave 〜 to *one's* own device 〜を自分の思い通りにさせる　hitch a lift 便乗する

第9章　同形表現：区別の判別式

　この章では、英文解釈では避けられない多義語である **as** の用法の確認と識別法を確認し、その後、to 不定詞の**形容詞用法**と**副詞用法**の区別、**be to 不定詞**の意味の判別、〈前置詞＋名詞＋ *doing*〉の *doing* が現在分詞なのか動名詞なのかの判別などを探っていく。

　まず、**as** は品詞だけで3つあり、細かく分けると以下のようになる。

（1）前置詞：**as** ＋名詞
　①「〜として」特に〈動詞＋ A ＋ as ＋ B〉の形で
　②「〜の頃」　**as a child** など
（2）接続詞：**as** ＋完全文
　① 同時「〜すると同時に、〜しながら」
　② 比例「〜するにつれて」
　③ 様態「〜するように」
　④ 対比「〜とは違って」
　⑤ 理由「〜なので」《英》
　⑥ 原級「〜と同じくらい」☞〈as 〜 as ...〉の形で
　⑦ 名詞限定「（訳さない）」☞〈as we know it〉などの形で
　⑧ 譲歩「〜なのだけれど」☞〈C ＋ as ＋ SV〉の形で
（3）関係代名詞：**as** ＋不完全文
　① **As is usual** など「いつものことだが」
　② **the same 〜 as ...**「...と同じ〜」

〈名詞＋ *doing*〉の主なパターンは次の通り。

---

① 動詞＋名詞＋ *doing*　「（名詞）が〜しているのを...する」〈第5文型〉
② with ＋名詞＋ *doing*　「（名詞）が〜している状態で」〈付帯状況〉
③ 前置詞＋名詞＋ *doing*　「〜している（名詞）」
　〈*doing* は現在分詞 ☞ 後置修飾〉
④ 前置詞＋名詞＋ *doing*　「（名詞）が〜すること」
　〈*doing* は動名詞 ☞ 名詞は動名詞の意味上の主語〉

▶第 9 章　同形表現：区別の判別式

§82　前置詞の as

課題文

(1) The stereotype of a fully rational and objective "scientific method," with individual scientists as logical (and interchangeable) robots, is a self-serving myth. 〔1998 年後期・下線部〕

(2) It (= rationalism) assumes that morality varies around the world and across the centuries, and thus cannot be inborn. It also doubts the idea that whatever morals we have as grown-ups must have been learned during our childhood experience of adults telling us what is right and wrong. 〔2013 年・下線部〕

【語 註】

(1) stereotype 固定観念　objective 客観的な　interchangeable 交換可能な　self-serving 自己の利益を図るような　myth 社会通念　(2) rationalism 合理主義　assume that 〜 〜を想定する　morality 道徳性　inborn 先天的な

構文研究

　英文解釈でもっとも厄介な単語の 1 つが as である。品詞だけでも前置詞、接続詞、関係代名詞の 3 つがあり、それぞれにまた幾多の意味があるからだ。前置詞の場合は、as の次が名詞止めになるのですぐ見分けはつく。**前置詞の as** は「〜として」という意味になるのが原則だが、**as a child/a boy/a girl//an adult/a grown-up** のときだけは「子供の頃/少年時代/少女時代//大人になってから」の意味になる。

(a) I **think of** dictionaries **as** reading material.
　　「私は辞書は読み物だと思っている」
(b) I was a bad loser **as a child**.
　　「子供の頃、私は負けるとよく悪びれた」

　(a) は「〜として」、(b) は「〜の頃」となる。「〜として」の場合、(a) のように **regard/see/view/think of/look on** などと使う場合が多い。as と also の語源は共に all so で、**as の基本的意味は " 同じ "** である。regard A as B とはすなわち「A は B と同じとみなす、A ＝ B とみなす」ということである。

▶ §82　前置詞の as

英文解説

（1）with は基本的には "having" の意味であり、本文は **have A as B**「**A を B としてとらえる**」（≒ regard A as B）の後置修飾であり、さらに stereotype にかかる遠方修飾である。

　　The stereotype of 〜, **with** individual scientists **as** logical robots
≒ The stereotype of 〜, **having** individual scientists **as** logical robots
≒ The stereotype of 〜, **which has** individual scientists **as** logical robots
　　「個々の科学者を論理的なロボットととらえる固定観念」

なお、"scientific method" に " "（引用符）が付いているのは、筆者は「こんなものは科学的方法とは言えない」と考えている証である。それは myth「社会通念」（= a widely held but false belief or idea）という単語からもわかる。

（2）第 1 文は morality を共通の主語に、2 つ目の and を介して varies と cannot be が並列（and 手前の , で最初の and が結ぶもの（around the world と across the centuries）と区別される）。the idea that の that は同格節を導く。whatever morals we have は any morals that we have の意味（⇒ §50）で、whatever 節が must have been の主語。**as grown-ups** の as は前置詞で「**大人になってから**」の意味。our childhood experience of adults telling 〜 の telling は動名詞で adults が意味上の主語（⇒ §91）。直訳は「大人が〜を教える幼年期の体験」となるが、「大人に〜を教わった」の方が日本語として自然だろう。

【訳例】
(1) 完全に合理的で客観的な「科学的方法」という、個々の科学者を論理的な（交換可能な）ロボットであるととらえる観念は、科学者たちに好都合な通念なのである。
(2) 道徳観は世界各地で、また時代によっても異なるものであり、故に生まれつき備わっているはずはないと合理主義は想定する。合理主義はまた、我々が大人になったときに備わっている道徳は、それがどのようなものであろうと、大人に事の善悪を教わった幼い頃の経験の中で身につけたものであるに違いないという考えにも異を唱えている。

● 教　訓 ●

- **as ＋名詞** ☞ as は前置詞で「〜として」
  as a child / a boy / a girl / an adult なら「〜の頃」

▶第9章　同形表現：区別の判別式

§83　同時・比例の as

課題文

(1) By incorporating the lost book into 'my' book I found a way to restore it to some kind of existence outside, and yet within, 'me'. Now as I write about it again the blanket story gains significance and structure, becomes a private myth in my scripted childhood, overwhelming everything else, much as the hole consumed the blanket.　〔1996 前期・下線部〕

(2) A recently published book by an eminent sociologist describes a number of studies which have indeed shown that once a person's income is above the poverty level, an increasingly larger one contributes next to nothing to happiness. Quite the reverse happens: as wealth accumulates, family solidarity and community bonding disintegrate.　〔2001 年前期・下線部〕

【語 註】
(1) incorporate A into B　A を B に組み込む　restore A to B　A を B に復元する　and yet　なおかつ、それでも　private　密かな　myth　神話　scripted　脚本化された　consume ～　～を食べ尽くす　(2) eminent　著名な　a number of ～　数々の～　contribute A to B　A を B に与える（課題文中で A は next to nothing）　next to nothing　ほとんど何もないもの　accumulate　蓄積する　solidarity　連帯、結束　bonding　絆　disintegrate　崩壊する

構文研究

　接続詞の as は as の次に SV 構造があり、**as 節の中は原則として完全文**になる（主語・目的語の欠落はない）。as の基本的意味は "同じ" であるから（⇒ §82）、接続詞の場合の as の第一義は「～すると同時に、～しながら、～する時」となる。「～する時」といっても when と比べると即時的な意味合いを持ち、そこから「～するにつれて」の意味に発展していくのだが、この意味のときはふつう、as 節と主節の両方、あるいはどちらかに、**変化を表す動詞**か**比較級**が置かれる。次の (a) では age が変化を表す動詞で、more serious が比較級である。

(a) **As** society *ages*, the problem of pension becomes *more serious*.
　　「社会が高齢化するにつれて、年金問題はより深刻になる」

192

▶ §83　同時・比例の as

英文解説

（1）第1文の outside と within の目的語は 'me' で、2つの句が共に後ろから existence を修飾する。第2文の as I write about it again の as が〈同時〉を表し、again までが as 節。次の主節内に gains や becomes という**変化を表す動詞**があることからそれがわかる。その主節は the blanket story を主語に gains と becomes が並列の動詞。overwhelming 以下は分詞構文で and it overwhelms 〜の意味。much as の much は同一や類似の意味を持つ表現と共に用いられて「ほとんど」、as は「〜するように」の意味（⇒ §84）。

Now 〈**as** I write about it again (,)〉
　　the blanket story ⎡gains significance and structure,
　　　　　　　　　　 ⎣becomes a private myth in my scripted childhood,
overwhelming everything else, 〈much as the hole consumed the blanket〉.

（2）第1文の A ... book by 〜は「〜が書いた本」の意味。show that 節内の once は接続詞で「いったん〜すると…」。第2文の as は、accumulates と disintegrate が**変化を表す動詞**なので〈同時〉の「〜するにつれて」が適訳。

【訳例】

(1) その題名を思い出せない本を「私が書いた」本の中に組み込むことによって、「私」の外にあり、しかも中にある、ある種の存在を取り戻す術を見つけた。今私が再びあの本のことについて書いていると、この毛布の話は意味と形を持ち、脚本化された私の幼年時代における私だけの神話となって、穴が毛布を食べ尽くしたのとほぼ同じように他の全てのものを圧倒してしまう。(註：この課題文の前の文脈に「筆者が幼い頃、題名も著者名も忘れてしまった不思議な物語を読んだ」とあるので the lost book は「題名を思い出せない本」のこと)

(2) ある著名な社会学者が最近出した書物には、収入が貧困と言える域をいったん脱すると、その後どれだけ収入が増えても幸福感が高まることはほとんどないことを実際に示す研究が数多く掲載されている。むしろ、全く逆のことが起きる。つまり、富が蓄積されるにつれて、家族の連帯や共同体の絆は弱まっていくのである。

● 教　訓 ●

- 接続詞 as の第一義は「〜すると同時に、〜しながら、〜する時」
- As ＋ S ＋ ⎡変化を表す動詞⎤ 〜, S ＋ ⎡変化を表す動詞⎤ … 「〜につれて」
　　　　　　 ⎣V＋比較級　　　⎦　　　 ⎣V＋比較級　　　⎦

193

▶第9章 同形表現：区別の判別式

§84 様態と対比の as

課題文

(**1**) If the person has a distinctive regional accent, then their regional origins will be evident even from a short utterance. And it may also be possible to make a reasonable guess about the person's socio-economic or educational background, as Pat did.

〔1994 年前期・下線部〕

(**2**) They (= The English) are not as musical as the Germans or Italians, painting and sculpture have never flourished in England as they have in France. 〔G. Orwell: *England Your England*〕

【語註】

(1) distinctive 特色のある　accent 訛り　origins 出自　utterance 発話　reasonable 妥当な　socio-economic 社会経済学的な　(2) sculpture 彫刻　flourish 栄える

構文研究

(a) When in Rome do **as** the Romans do.《諺》
「ローマではローマ人がやるようにやれ ☞ 郷に入っては郷に従え」
(b) I don't like soccer **as** my brother does.
「私は兄[弟]とは違ってサッカーが好きではない」

(a) の as は〈様態〉と呼ばれる用法で「～するように」と訳す。これも as の基本的意味である"**同じ**"という意味が込められている。「ローマにいる時はローマ人がやるのと**同じように**やれ」ということである。(b) の as も〈様態〉なのだが、こちらを「～ように」と訳すと、日本語の上で問題が生じる。(b) を「私は兄のようにサッカーが好きではない」と訳すと「兄が好きではないのと同様に私もサッカーを好きではない」すなわち「兄もサッカーが好きではない」と解釈できることになるが、これは誤訳となる。英語では does の部分が肯定文なので、「兄はサッカーを好き」なのである。「私は好きではない」が「兄は好きだ」という〈対比〉を表している。このような as の用法を〈様態〉と区別して〈対比〉の as と呼ぶことにする。〈対比〉の as はふつう、〈S_1 ＋否定文 ～ **as** ＋ S_2 ＋ **do** [**does/did/have/has/can/will**]〉という形になり、「S_2 とは違って」と訳すと簡潔になる。

▶ §84 様態と対比の as

英文解説

(**1**) 第1文の if ～, then ...の then は係り結びなので訳さなくてもよい。訳すのであれば、「その場合には」となる (⇒ p.109)。be evident even from a short utterance の直訳は「短い発話からでさえも明らかだ」。第2文の as Pat did の as は、主節が肯定文なので、「～したように」という訳のままでよい。なお、この did は正確には助動詞で、後ろに主節の動詞である make a reasonable guess about it (= the person's socio-economic or educational background) の省略である (⇒ §30)。

～ make a reasonable guess about the person's socio-economic or educational background, **as** Pat did (make a reasonable guess about it).

(**2**) 二つの文で構成されているので、本来なら Italians, と painting の間に接続詞 and を付けるべきである。not as musical as ～は同等比較の構文で、「～ほど音楽的でない」が直訳。as they have in France が肯定文であるのに対して、主節の have never flourished が否定文であることと、in England と in France を対で使っていることから、as は〈対比〉とわかるので、「～ように」ではなく、「～と違って」と訳さなければならない。

　　　painting and sculpture *have never flourished* **in England**　〈否定文〉
　　　as they　　　　　　 *have (flourished)*　　　　**in France**　〈肯定文〉

【訳例】
(1) その人にある地方特有の訛りがあれば、少し話しただけでその人の出身地はわかるものだ。それに、パットがしたように、その人の社会経済的、あるいは教育的な背景についてかなり当てることができるかもしれない。
(2) イギリス人はドイツ人やイタリア人ほど音楽的才能に恵まれていないし、フランスと違って絵画や彫刻がイギリスで栄えたことは一度もない。

●　教　訓　●

- S₁ +肯定文～ as + S₂ + do [does/did/have/has/can/will]
  「S₂ がするように、S₁ は～する」
- S₁ +否定文～ as + S₂ + do [does/did/have/has/can/will]
  「S₂ とは違って、S₁ は～しない」

▶第9章　同形表現：区別の判別式

§85　as 〜, so ...

課題文

(1) And as each of our predecessors has followed their own particular narrative, so the accumulation of events has in turn acted as an ongoing frame of reference for evaluating whatever comes along next.　〔2009年・下線部〕

(2) Some features of speech, however, are shared by groups, and become important because they differentiate one group from another. Just as different languages often serve a unifying and separating function for their speakers, so do speech characteristics within languages.　〔1994年前期・下線部〕

【語 註】

(1) predecessors 祖先、前任者　narrative 物語　accumulation 蓄積　in turn（立場変わって）今度は　act as 〜 〜の役目を果たす　ongoing 継続する　frame of reference（判断のための）基準体系　come along やって来る、起きる　(2) differentiate A from B AをBと区別する　serve 〜（機能）を果たす

構文研究

接続詞の as はさまざまな意味があるので、基本的には文脈で判断しなければならない場合が多いのだが、(**just**) **as** 〜**, so** ... という形をしていれば、as は〈様態〉の意味になるのがふつうである。この構文における so は、日本語の古文の係り結びのようなもので、so 自体には意味はなく、訳も付けない。現代英語ではこの so は書かないことが多く、as だけで「〜するように」を意味するようになった。また、so の次が疑問文と同じ語順で**倒置**することもある。これは主節の主語を新情報として際立たせたいからであろう（⇒ p.51）。

(a) **As** I would not be a slave, **so** I would not be a master.
　「私は奴隷にもなりたくないように、主人にもなりたくない」
　(Abraham Lincoln)

(b) **As** you sow, **so** *shall you reap.*《諺》
　「蒔くように刈り取らなければならない→自分で蒔いた種は自分で刈り取らなければならない ☞ 自業自得、因果応報」

▶ §85　as ～, so ...

(a) の would は〈願望〉を表す。(b) は so の次が倒置している。

英文解説

(1) **as** each of our predecessors has followed ～, **so** the accumulation of events has in turn acted ...の部分が、**as ～, so ...**の構文なので、so は訳さない。**in turn** は「(立場変わって)今度は」という意味で、"それまで**客体**だったものが**主体**に、または**主体**だったものが**客体**に変わる"ことを意味する。

(c)　If you hate others, you will be hated **in turn**.
　　「人を憎むと今度は自分が憎まれる」

(c) の文では、if 節中では「憎む側」(主体) だった人が、主節では「憎まれる側」(客体) に変わっている。本文では、narrative と events がほぼ同意語で使われており、as 節では客体であったものが、主節では主体としての役割を演じている。whatever comes along next の whatever は関係代名詞 (⇒ §50) で、anything that comes along next と同じ。

(2) 第 1 文は are shared と become が and を挟んで並列。第 2 文が **just as ～, so ...** の構文で、so の次が**倒置**されている。

　　Just as ～, so do speech characteristics within languages
≒ **Just as ～, so speech characteristics do (serve the function) within languages**

【訳例】
(1) さらに、我々の祖先の一人一人が、(人生という) 独自の物語を歩んできたように、今度はさまざまな出来事の積み重ねが、次に起こるどんな物事をも評価するための、継続的な判断基準となってきたのである。
(2) しかし、話し言葉の特徴の中には集団によって共有されているものがあり、それによって集団の区別がなされるので重要となる。ちょうど異なる言語がその言語を話す人々を結び付けたり引き離したりする機能を果たすことが多いように、同一言語内での話し方の特徴も同様な働きをするのだ。

●教　訓●

- (**just**) **as** ～, (**so**) ...
- (**just**) **as** ～, **so** + v + S

「(ちょうど) ～するように...する」

▶第9章　同形表現：区別の判別式

§86　名詞限定の as

課題文

(1) I thought, too, of the image of the mule as it appears throughout a well-known American novelist's work, how he associates the beast always with the poor and makes of it a symbol of patient intelligence and stubbornness in the face of suffering.

〔1991年前期・下線部〕

(2) The concept of truth as used in everyday speech refers not only to accuracy, but also to such abstractions as loyalty and sincerity, and is intimately connected with the quality of human relationships.

〔1995年前期・本文中〕

【語 註】

(1) think of ～ ～を思い出す　mule ラバ　throughout ～ ～の至る所に　associate A with B AをBと結びつける　the poor 貧乏人 (≒ poor people)　patient 辛抱強い　stubbornness 不屈　in the face of ～ ～に直面しながらも　suffering 苦しみ　(2) refer to ～ ～を示す　abstractions 抽象概念　be intimately connected with ～ ～と密接に結びついている

構文研究

(a) Mt.Fuji **as** you see *it* from Shizuoka is too beautiful for words.
(b) Mt.Fuji **as** (it is) *seen* from Shizuoka is too beautiful for words.
「静岡から見た富士山は言葉では言い表せないほど美しい」

　(a)も(b)も as は後ろから手前の Mt. Fuji という名詞を限定する用法である。「富士山」は1つしかないわけだが、「富岳三十六景」（葛飾北斎）で代表されるように、どこから見るかによっていくつかの富士山があるわけで、例文は「静岡から見た富士山」に限定している。この as は節内が**完全文**であることから**接続詞**に分類され、特徴は節内に限定する語を代名詞で表した it か them が表記されることである。ただし、(b)のように、**as 節内が受動態だと、it is や they are の部分は省略されることもある**。it is や they are が省略されると、as の直後に過去分詞が続くことになり、〈**as + p.p.**〉となったら〈名詞限定〉の as である可能性が高くなり、却って判別しやすい。そして、この〈名詞限定〉の **as** と **it** や **them** 自体は日本語には訳さないのが原則である。

198

▶ §86　名詞限定の as

英文解説

(**1**) the mule **as** it (＝ the mule) appears の as が**名詞を限定**する用法（節内はappearsは「登場する」の意味の自動詞で完全文）。日本語ではasとitは訳さず「登場するラバ」となる。how以下はthe imageと同格の並列でthink ofの目的語になっている。how＋SVで「〜する様、〜する姿」と訳すと自然な日本語になる。the beastとはこの場合はthe mule「ラバ」のこと。make of it a symbol はmake A of B「BからAをつくる」のAが後ろに回り make of B＋Aと語順転倒している。itがthe mule「ラバ」を指す代名詞で旧情報であるためにこれを文末にすることを避けたのだろう（⇒§31）。

how he ⎡ associates the beast always with the poor
　　 and ⎣ makes ⟨of it⟩ a symbol of ⎡patient intelligence⎤
　　　　　　　　　　　　　　 and ⎣stubbornness　　　　⎦ in the face of 〜

(**2**) The concept of truth as used の as と used の間に it is の省略（it＝the concept）で、as が concept という**名詞を限定**する用法。refer to 〜「を示す、表す」の to が not only 〜 but also ... を挟んで2つあり、refers と is が and を挟んで並列。such 〜 as ...は「...するような〜」という相関語句。

The concept of truth ⟨**as** (it is) *used* in everyday speech⟩
　　 ⎡ refers not only ⎡ to accuracy,
　　 ⎢ 　　 but also 　⎣ to *such* abstractions ⟨*as* loyalty and sincerity⟩,
and ⎣ is intimately connected with the quality of human relationships

【訳例】
(1) 私はまた、ある有名なアメリカの小説家の作品の随所に登場するラバのイメージを思い浮かべた。つまり、その作家が常にラバを貧乏人と結びつける様子とか、ラバを苦悩に直面する辛抱強い知恵と不屈さの象徴とする様子を思い出した。

(2) 日常用語で用いられる真理の概念は、正確さを指すだけでなく、忠誠や誠実といった抽象概念をも指すものであり、人間関係の深さと密接に結びついている。

●教　訓●

● 名詞＋as＋SV＋it [them] / 名詞＋(it is)＋p.p. ＝ 名詞限定の as：訳さない

§87　譲歩の as: C + as + SV

> **課題文**
>
> (**1**) But it just gave us time to head down to the left, away from the cliff, and towards the safety of the valley and the road which would lead us home. Tired as we were, we strode off down the track as fast as we could.　〔1997 年前期・下線部〕
>
> (**2**) Animal lovers though we are, we may feel a pang of pride, when we see our cat proudly bringing home a large mouse or even, maybe a rabbit. Perhaps the cat's hunter heart speaks to the savage instinct that is still alive in women and men despite thousands of years of suppression.　〔1996 年前期・下線部〕

【語註】

(1) head down 下る　cliff 崖　safety 安全な場所　stride (> strode) off 大股で歩き去る
(2) as ～ as *sb* can できるだけ～　a pang of pride 胸のうずくような誇り　hunter heart 狩猟魂　savage 獰猛な　instinct 本能　suppression 抑制

構文研究

(a) *Young* **as** he is, Michael is equal to the task.
(b) **As** young as he is, Michael is equal to the task.《米》
(c) *Young* **though** he is, Michael is equal to the task.
(d) **Although** he is young, Michael is equal to the task.
　「若いけど、マイケルはその仕事をやってのける力量がある」
(e) *Child* **as** he is, Michael is equal to the task.
(f) **Although** he is *a child*, Michael is equal to the task.
　「子供ではあるが、マイケルはその仕事をやってのける力量がある」

as は (a) のように、〈形容詞＋ **as** ＋ SV〉で〈譲歩〉を表す。(b) のように手前にもう1つ as が入って〈**as** ＋形容詞＋ **as** ＋ SV〉になったり、(c) のように as の代わりに though になったりすることもある。また、(e) のように〈名詞＋ **as** ＋ SV〉という形もあるが、この場合の名詞は**無冠詞**になる。(a)(c)(e) の語順転倒は、もともとこの構文は Being が省略された分詞構文だということに由来する。なお、この構文はまれに〈理由〉を表すこともある。

▶ §87 譲歩の as : C + as + SV

(g) Tired **as** he was, Michael went to bed earlier than usual.
「疲れていたため、マイケルは普段より早く床に就いた」

英文解説

(**1**) 第1文の it は前文の内容（ここでは省略）を指す。to the left と towards 以下は and を介して並列。the safety と the road が and を介して並列。which から home までは road を先行詞とする関係代名詞節。

～ gave us time to head down ⎡ to the left, away from the cliff,
　　　　　　　　　　　　and ⎣ towards ⎡ the safety of the valley
　　　　　　　　　　　　　　　　　and ⎣ the road [which would lead us home]

第2文の Tired **as** we were は **Although** we were tired の意味。

(**2**) 第1文が譲歩の though を用いた語順転倒。

Animal lovers **though** we are, ～ ≒ **Although** we are animal lovers, ～

第2文の that 以降は instinct を先行詞とする関係代名詞節。

Perhaps the cat's hunter heart speaks to the savage instinct
　　　　[that is still alive in women and men
　　　　　〈despite thousands of years of suppression〉].

【訳例】

(1) しかし、このおかげで僕らは断崖から離れて、安全な谷間へ、さらに自宅に通じる道に向かって丘を左へ下る時間ができた。疲れてはいたが、僕らはできるだけ足早に大股でその道を下っていった。

(2) 我々は動物を愛しはするが、飼い猫が大きなハツカネズミや、ひょっとしたらウサギをも誇らしげに家に持ち帰って来るのを見て、胸のうずくような誇りを感じるだろう。おそらく猫の狩猟本能が、数千年間抑えていたにもかかわらず男女を問わず人間の中に今なお生きている野性本能に訴えかけるのだろう。

●教訓●

- C + **as** + SV / C + **though** + SV ≒ **Although** + SV

§88　関係代名詞の as

> **課題文**
>
> (1) Informationally, our biosphere is also open for exchange of communications with the rest of the cosmos—as was dramatized when we received radio signals from the Voyager space probes and were able to transmit them over distances of millions of miles.
>
> 〔1993年後期・下線部〕
>
> (2) On the whole, one can say that primary sources are not created to satisfy the curiosity of future historians. Secondary sources, of course, are the very accounts produced by these future historians, using such primary sources as have survived.　〔1995年後期・本文中〕

【語註】

(1) informationally 情報の点で　biosphere 生物圏　be open for ～ ～に対して開放的である　exchange of communications 交信　the cosmos 宇宙　dramatize～ ～を劇的に示す　radio signals 電波信号　space probes 宇宙探査機　transmit～ ～を伝える　(2) on the whole 概して　the very ＋名詞 まさにその（名詞）　accounts 説明　survive 残存する

構文研究

as は関係代名詞の用法もあるが、接続詞との違いは、節内が**不完全文**（主語・目的語・補語のどれかが欠ける）なら**関係代名詞**で、**完全文**なら**接続詞**と呼ばれるだけで、as の基本的意味である"**同じ**"（⇒ §82）ということは変わらない。

(a) They got divorced, **as** might have been expected.
　「案の定［予想通り］、二人は離婚した」
(b) **As** is often the case with him, Mickey was late this morning.
　「ミッキーにはよくあることだが、今朝も遅刻した」
(c) This **is the same** watch **as** I lost the other day.　☞ as は関係代名詞
(d) This **is the same** watch **that** I lost the other day.　☞ that は関係代名詞
　「これはこの間私が失くしたのと同じ時計だ」
(e) Ben is **such** an honest boy **as** everybody respected.　☞ as は関係代名詞
　「ベンはみんなが尊敬するような正直な少年だ」
(f) Ben is **such** an honest boy **that** everybody respected him.　☞ that は接続詞
　「ベンはとても正直な少年なのでみんなから尊敬されている」

▶ §88　関係代名詞の as

　関係代名詞の as は型が決まっていて、一つは (a) や (b) で示したような、〈**As + be 動詞〜**〉の型である。as 節が文末なら先行詞は前文、as 節が文頭なら先行詞（名辞矛盾ではあるが）は後文となる。(c) **the same 〜 as ...**「...するのと同じ〜」の **as** も関係代名詞。(c) と (d) の違いは (c) が「私が失くしたのと同種類の時計」で (d) が「私が失くしたまさにその時計」と説明されるが、同じように使われている場合もある。一方、(d) **such 〜 as ...**「...するような〜」《堅い表現》と (e) **such 〜 that ...**「あまりに〜なので...」は異なり、**as** は節内が不完全文で**関係代名詞**だが **that** は節内が完全文で**接続詞**となる。

英文解説

（1）informationally は文修飾副詞で「情報の観点から見ると（≒ in terms of information）」の意味。**as** was dramatized の was の主語が欠落しているから **as** は**関係代名詞**で、先行詞は前文。as 節は文末まで。received と were able to transmit が and を介して並列。

Informationally, 〜cosmos―［**as** φ was dramatized
　　　　　　　　先行詞　　　　　関係代名詞
when we ┌ received radio signals from the Voyager space probes
　　and └ were able to transmit them over distances of millions of miles］

（2）using は分詞構文。**such** primary sources **as** have survived で such 〜 as ...が使われており、survived の主語が欠落しているので **as** は関係代名詞。

【訳例】
(1) 情報の面から見ても我が生物圏は宇宙の地球以外の地域との交信に対して開放的である。このことは宇宙探査機ボイジャー号から電波信号を受信し、それを何百万マイル離れた所に送信することができた時に劇的に示された。
(2) 概して、第一次史料は後世の歴史家の好奇心を満足させるために作られたのではないと言える。もちろん、第二次史料は残存する第一次史料を使って、まさに後世の歴史家によって作り出された説明である。

● 教　訓 ●

- 関係代名詞の as　☞ as 節内が不完全
- SV〜, as is ... / As is ..., SV〜「...ではあるが、〜」
- the same 〜 as ...「...するのと同じ〜」/ such 〜 as ...は「...するような〜」

§89 to 不定詞の形容詞用法と副詞用法

> **課題文**
>
> (1) What is it like to see a colour that humans cannot see? We cannot even imagine this because we have to use our visual brain to imagine with and it lacks any representation of ultraviolet colours.
> 〔2006 年後期・下線部〕
>
> (2) With a small range, the chances are that a child will like everything, or dislike everything. If children are to learn to discriminate in their reading, as in everything else, then they must have around them as great a variety of books as possible from which to choose.
> 〔1977 年下線部〕

【語 註】

(1) visual brain 視覚脳　representation 表現、描写　ultraviolet 紫外線の　(2) the chances are that ～ おそらく～だろう　discriminate 識別力をもつ　as ～ as possible できるだけ～　a variety of ～ 様々な～

構文研究

(a) The poor children have no place **to play in**.
(b) The poor children have no place **in which to play**.
　「可哀想にこの子供たちには遊び場がない」
(c) This river is dangerous **to swim in**.「この川は泳ぐのには危険だ」

　後ろから名詞を修飾する to 不定詞を形容詞用法と呼ぶが、形容詞用法の場合は (a) のように to 不定詞内が不完全文になることが多い (in の目的語が欠落している)。そして、その不完全な箇所に、被修飾語 (修飾される語) が戻る形になる (play in a place)。ただし、全ての形容詞用法の to 不定詞内が不完全文になるわけではない。また、形容詞用法の to 不定詞が前置詞で終わるときは、前置詞が to 不定詞句の先頭に来て関係代名詞の which か whom を従え、(b) のように〈名詞＋前置詞＋ which［whom］to *do* ～〉の形になることもある。to 不定詞内が不完全になるのはこれ以外に、(c) のように〈タフ構文〉と呼ばれるものもある。**to 不定詞が副詞的に直前の形容詞を修飾し（副詞用法）**、文全体の主語が **to** 不定詞内の目的語の役割も果たしている形になる。

▶ §89 to 不定詞の形容詞用法と副詞用法

英文解説

（1）第 1 文の **what is it like to do** 〜? は「〜はどのようなものか」という決まり文句（⇒ §76）。that から see までは colour を先行詞とする関係代名詞節。第 2 文の **to imagine with** は with の目的語が欠落しているので brain を修飾する**形容詞用法**となる。もとの文は imagine with our visual brain で「我々の視覚脳を使って想像する」の意味。and は we have to use と it lacks 〜という文と文が並列。ultraviolet colours について、人間の目に見える可視光線より波長が短いものを紫外線と呼び、波長が長いものを赤外線と呼ぶ。

（2）第 1 文の With a small range は文脈上「読書の範囲が狭いと」の意味。第 2 文の **If children are to learn** の **be to 不定詞**は if 節中で**世の中の親全体の願望**の意味（⇒ §90）。then は If 節に呼応した係り結び（⇒ §45）。have around them の have の目的語は books だが、them が旧情報なので前に移動した（⇒ §31）。さらに、もともとの a great variety of books「多種多様な本」という語順が as によって語順転倒を起こした。as/so/too/how が関わると、このように〈**as/so/too/how** + 形容詞 + **a(n)** + 名詞〉という語順になる。**from which to choose** は to choose from と同じで、books を修飾する**形容詞用法**。

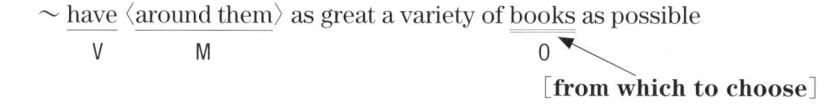

~ have 〈around them〉 as great a variety of books as possible
　V　　　　M　　　　　　　　　　　　　　O
　　　　　　　　　　　　　　　　　　　[**from which to choose**]

【訳例】

(1) 人間には見えない色が見えるということはどういうことだろうか。我々はこれを想像することすらできない。というのも、色を想像するには自分たちの視覚脳を使わなければならないが、視覚脳には紫より波長の短い色を表す力が欠如しているからだ。

(2) 読書の範囲が狭いと、おそらく子供は全てを好きになるか、全てを嫌いになることだろう。他の一切のことと同じく、読書においても子供に識別力を身につけさせたいのであれば、できるだけ多種多様な本を子供の周りに用意し、その中から選べるようにさせなければならない。

● 教　訓 ●

- 名詞 + **to** *do* ☞ to 不定詞内が不完全文なら形容詞用法 or タフ構文
- 名詞 + 前置詞 + which [whom] **to** *do* 〜 ☞ to 不定詞は形容詞用法

▶第9章　同形表現：区別の判別式

§90　be to 不定詞の識別

課題文

(1) Not to provide such firm but clear guidance would be to abandon one's parental and social responsibilities.　〔2007年前期・本文中〕

(2) But it can certainly be said that a great deal of philosophy has been intended as a means to salvation, though what we are to understand by salvation, and salvation from what, has varied as widely as the philosophies themselves.　〔2003年前期・下線部〕

(3) So, though there is inevitably selection in the writing of even the most private of diaries, the selection is of a different kind from that employed when the diary is to be published, or when it is thought of as designed perhaps for one other, an extended conversation or letter.　〔1989年後期・下線部〕

(4) If we are to divide up the spectrum into the colours we perceive, although strictly the colours do merge to form an infinite sequence, then today we prefer to omit indigo from Newton's categorization.

〔2006年前期・下線部〕

【語註】
(1) firm 確固たる　(2) salvation（魂の）救済　(3) inevitably 必然的に　of 〜 kind 〜の種類の　employ 〜 〜を用いる（≒ use）　be thought of as 〜 〜とみなされる　be designed for 〜 〜を意図する　divide/〜/up into ... 〜を...に分割する　perceive 〜 〜を知覚する　merge 溶け込む　(4) sequence 連続体　indigo 藍色　categorization 分類(法)

構文研究

　be to 不定詞の意味は〈第三者の意志〉（名詞用法を除く。詳細は『例解和文英訳教本 文法矯正編』p.147）だが、本書では訳出に当たっての判別法だけを記す。
　① 名詞用法「〜すること」☞〈主語＝ to do 〜〉の関係になる
　② 義務「〜するべきだ」（≒ should）☞ 文脈で判断
　③ 予定「〜することになっている」☞ 時を表す副詞（句・節）を伴う
　④ 運命「〜することとなる」☞ be 動詞は過去形になることが多い
　⑤ 可能「〜することができる」☞ 否定文で be to be ＋ p.p. になる
　⑥（人類全体（みんな）の）意図・願望「〜するつもりだ、〜したい」☞ if 節中

英文解説

（1）Not to provide 〜「〜を与えないこと」= to abandon 〜「〜を放棄すること」という関係になるから to 不定詞は**名詞用法**。would は仮定法で条件は主語に潜伏している（⇒ §97）。but が firm と clear を並列に guidance を修飾。

（2）what we are to understand は、文脈から判断して what we should understand〈義務〉の意味。この部分と salvation from what が and を介して並列で has varied の主語になっている。

（3）that employed の that は the selection を指す代名詞（⇒ p.143）で、employed が後ろから that を修飾している（⇒ §73）。when the diary is to be published の is to は when が〈時を表す副詞〉なので〈**予定**〉を表す。この場合は be supposed to do 〜「〜することになっている」とほぼ同じ。one other は another person の意味。an extended conversation or letter は designed perhaps for one other と同格（言い換え）の関係。

（4）are to は **if 節中**なので、〈**みんなの願望**〉を表す。do merge to form の do は強調の助動詞で、to form は結果を表す to 不定詞の副詞用法。

【訳例】
(1) そうした確固としていながらも明確な指針を与えないと、親としての社会的責任を放棄することになるだろう。
(2) しかしながら、多くの哲学が救済手段となるように意図されてきたとは間違いなく言える。とはいえ、救済ということをどう理解すればよいのか、そしてそれが何からの救済であるのかという問いに対する答えは、哲学そのものと同じほどに実に多岐に渡っているのだが。
(3) だから、最も個人的な日記を書く際でも必然的に選択が行われるが、その選択は日記が公表されることになっていたり、他の誰かに見せる目的で、つまり、会話や手紙の延長として書かれたりするときに採られる選択とは異なる種類のものである。
(4) 厳密に言えば、色は混ざり合って無限の連続をなすのだが、もし光のスペクトルを人間の知覚する色に分類したいのであれば、今ではニュートンの分類から藍色を削除したい。

● 教 訓 ●

- **be to 不定詞の判別法**
  ①名詞用法（**S = to *do***）　②予定（時を表す副詞）　③人類の願望（**if 節中**）

§91　名詞 + *doing*: 分詞 or 動名詞 (**1**)

課題文

(**1**) Having watched Socrates being insulted in the market place, a passer-by asked him, "Don't you worry about being called names?" "Why? Do you think I should resent it if a stupid horse kicked me?" replied Socrates. 〔2006 年前期・下線部〕

(**2**) The understanding depends upon its founding values, with the early experiences of infancy being the most critical for the formation of a social sense in a child. 〔2007 前期・下線部〕

【語註】
(1) passer-by 通行人　call *sb* names (人) に悪態をつく　(2) depends upon ～ ～次第である　founding 基盤となる　formation 形成　infancy 幼年期　social sense 仲間意識

構文研究

〈名詞 (N) + *doing*〉の主なパターンは次の 4 つである。

① 動詞 + 目的語 + *doing*　☞ 第 5 文型の補語：〈現在分詞〉
② with + 目的語 + *doing*　☞ 付帯状況の with の目的語：〈現在分詞〉
③ 名詞 + *doing*　☞ 後置修飾：〈現在分詞〉
④ 名詞 + *doing*　☞ 名詞が〈動名詞〉の意味上の主語

このうち、①と②は次のように形ですぐに識別できるものと思うが、③と④については注意が必要である。(③と④については次項で扱う)

(a) I **saw** Jerry **being** caught red-handed.
　「ジェリーが現行犯逮捕されているところを見てしまった」
(b) Emily was walking around **with** her dog **following** her.
　「エミリーが犬を後ろに従えて散歩していた」

(a) は saw という動詞があるので、**see + N + *doing*** ～「N が～しているのが目に映る」の *doing* ～〈現在分詞〉で、(b) は with の存在から **with + N + *doing*** ～「N が～している状態で」となる。

▶ §91　名詞＋*doing*：分詞 or 動名詞（1）

英文解説

（1）第1文の being は **watch ＋ N ＋ *doing*** 〜という第5文型の語法における**現在分詞**。be insulted「侮辱される」が進行形になって being insulted となる。watch には **watch ＋ N ＋ p.p.** で「N が〜されるのを見た」という形もあるが、watched Socrates insulted より watched Socrates being insulted の方が、being が入った分だけ目の前で進行しているようなリアル感が出る。Having watched 〜は分詞構文で When he watched 〜の意味。

第2文の "Why?" は "Why should I worry?" の意味。この should は感情を表し、疑問詞と使われると反語になる場合が多い。**resent it if** 〜の it は漠然と if 以下の状況を指す。この語法の it は下の (c) (d) のように感情を表す動詞 (like / love / dislike / hate / appreciate / can't stand など) と使う場合が多い。

(c) I **hate it when** it rains.
　「雨が嫌いだ」
(d) I'd **appreciate it if** you could give me a hand.
　「手を貸してくだされば有難いのですが」

なお、I should resent it の should は if 節の中の動詞が kicked であることから仮定法過去とわかり、would と同じ。

（2）being は付帯状況の **with ＋ N ＋ *doing*** 〜「N が〜している状態で」における**現在分詞**。ここは with 以下を後回しにして訳し下ろす方が自然。critical はこの場合は「批判的」ではなく「重大な」の意味。

【訳例】
(1) ソクラテスが市場で侮辱されている姿を見て、通りがかりの人が「罵られても気にならないのですか」と聞いた。すると、ソクラテスは「なぜかね。馬鹿な馬が私を蹴ったからといって憤慨すると思うかね」と答えた。
(2) こうした理解は、その根本をなす価値観によるものであり、幼年期の早い時期に経験したことは、子供の仲間意識の形成にとってもっとも重要なこととなる。

● 教　訓 ●

- 動詞（主に知覚動詞）＋ N ＋ *doing* 〜　「N が〜しているのを…する」
- with ＋ N ＋ *doing* 〜　　　　　　　　「N が〜している状態で」

▶第9章　同形表現：区別の判別式

§92　名詞 + *doing*: 分詞 or 動名詞 (**2**)

> **課題文**
>
> (**1**) The target may be followed to wherever it goes via a radio collar that is fitted to the animal being investigated, which transmits a signal that researchers on foot or in a plane can detect with precision. 〔2012年・下線部〕
>
> (**2**) They describe the apparent landing of a spacecraft, which came down 'spinning and whirling' with a noise like that of stones being struck in a cave. 〔1994年後期・本文中〕

【語 註】
(1) via～ ～を通して　radio 無線　collar 首輪　be fitted to～ ～に取り付けられる　transmit～ ～を送る　detect～ ～を検知する　with precision 正確に　(2) apparent ～に見える　landing 着陸　spin 自転する　whirl 旋回する　struck (< strike ～を打つ)

構文研究

(a) I can't show you the room **being** redecorated.
　「改装中の部屋は見せられない」☞「部屋」に重点：後置修飾
(b) I complained about the room **being** too hot.
　「部屋が暑すぎると文句を言った」☞「暑すぎること」に重点：動名詞

　形だけ見ると、両者ともに the room being という〈名詞 + *doing*〉となっているが、(a) は現在分詞で being redecorated が後ろから the room を修飾〈**後置修飾**〉しているので「改装中の部屋」と訳すのに対して、(b) の the room は being という**動名詞の意味上の主語**なので、「部屋が暑すぎること」と訳す。
　(a) は show が第4文型動詞で you と the room が目的語となるので being が動名詞になる余地はない。(b) は being を**後置修飾**と解釈して「暑すぎる部屋」と訳してはいけないのか。判別法として、後置修飾の場合には *doing* より**名詞に重点**が置かれ、動名詞の場合は名詞より *doing* に意味の重点が置かれる。仮にどちらか一方を省略すると考えて省略できない方が意味の重点となる。(b) では、「部屋について文句を言った」のか「暑すぎることについて文句を言った」のかであるが、常識的には後者であろう。この場合「暑すぎる」ことに意味の重点が置かれるので、the room はむしろ脇役となる。

▶ §92　名詞＋*doing*：分詞 or 動名詞（2）

英文解説

（1）**wherever** は no matter where 〜の意味で、wherever の手前の to は wherever 節中の go と絡んで go to 〜となる。関係副詞や疑問詞の where は to や from を伴う時もある（*ex*. Where are you from?「ご出身はどちら？」）。本書では文脈を抜いてしまったが、ここは「どうやって野生のホッキョクギツネの動きを察知するか」という話なので、may は「〜できる」（≒ can）の意味。the animal being investigated の部分は、「調査されること」よりも「動物」に意味の重点が置かれるので **being** は現在分詞で後置修飾している。that is fitted 〜と which transmits 〜の先行詞は共に collar。次の that も関係代名詞（目的格）で先行詞は signal である。

　The target may be followed to wherever it goes via a radio collar
　　　　　　　　　　　　（＝ in any place［where it goes to］via a radio collar）
　　　　　　　　　　　［that is fitted to *the animal* ｛**being** investigated｝］,
　　　　　　　　　　　［which transmits a signal
　｛that researchers on foot or in a plane can detect φ with precision｝］.

（2）that of stones being struck の that は a noise を指し、「石」よりも「ぶつかること」の方に意味の重点が置かれる（「石の音」ではなく「ぶつかる音」と言いたい）ので **being** は動名詞で、stones はその意味上の主語となる。よって、「石がぶつかり合う音」と「が」を入れて訳すことを忘れないように。which came down 〜の先行詞は spacecraft である。

【訳例】
（1）調査中の動物に取り付けられた無線機付きの首輪を介して、標的はどこへ行っても追跡されることが可能だろう。その首輪は信号を発信し、研究者は徒歩であろうが飛行機に乗っていようが正確にその信号を探知できる。
（2）彼らは宇宙船が着陸したと思われるような様子を語り、洞窟の中で石が砕けるような音を立てながら、その船は「自転と旋回」をしながらやって来たと説明した。

● 教　訓 ●

- 〜 of N *doing* …　☞ *doing* …に意味の重点　⇨ 動名詞：「N が…する〜」
- 〜 of N *doing* …　☞ N に意味の重点　⇨ 現在分詞：「…している N の〜」

§93　given の識別

> **課題文**
>
> Seneca can be referred to for advice on coping with hardships, and actually he has much to say of relevance to such contemporary stupidities as violence observed in some soccer fans. He sees anger as a kind of madness, given that what makes us angry tends to be the frustration of dangerously optimistic ideas about the world and other people.　　〔2001 年前期・下線部〕

【語註】
refer to ～　～に問い合わせる　　cope with ～　～を乗り切る　　of relevance to ～　～に関連がある（≒ relevant to ～）　　stupidity　愚行　　observe ～　～を見る　　frustration　挫折

構文研究

(a) **Given** half a chance, I'd go and work in the U.K.
「少しでも機会があれば、イギリスに行って働くでしょう」
(b) **Given** her inexperience, Daisy was able to do a good job.
(c) **Given that** she was inexperienced, Daisy was able to do a good job.
「未経験であることを考慮すれば、デイジーはよくできた」

given には前置詞用法で「**～があれば**」と「**～を考慮すれば**」という意味があり、もともとは Being が省略された分詞構文から派生したものである。(a) は「～があれば」、(b) は「～を考慮すれば」の例だが、これらは文脈で適切な訳を判断することになる。また、(c) のように、**given that ～**という接続詞用法もあるが、こちらは常に「**～することを考慮すれば**」という意味になる。

英文解説

第1文の advice on ～の on は「～に関する」の意味。has much to say of relevance to such contemporary stupidities の to say は後ろから much を修飾する形容詞用法（⇒ §89）で、of relevance 以下も much を修飾する（遠方修飾 ⇒§36）。observed 以下は後ろから violence を修飾。

～ has much [to say] [of relevance to such contemporary stupidities as violence {(which is) observed in some soccer fans}]

▶ §93 given の識別

　第2文の **given that** 〜は接続詞（that 以下が SV）なのですぐに「〜であることを考慮すれば」の意味であると判断できる。the frustration of dangerously optimistic ideas は「危険なほど楽天的な考え方が挫折すること」が直訳。

【訳例】
　苦悩を乗り切る対処法に関しては、セネカに助言を求めることができる。事実、一部のサッカーファンに見られる暴力沙汰のような現代の愚行に関連した意見をセネカは多く持っている。我々が怒りを覚えるのは世間や他人に対して危険なまでに楽観的な考え方が通用しない場合が多いためだと考え、セネカは怒りを一種の狂気とみなしている。

類　題

(1) Given a large enough room, Americans will distribute themselves around the walls, leaving the center open for group activities such as conferences. 〔一橋大・1995年前期〕

(2) Given the demands of a globalized, Internet-speed economy, container ships might soon be whizzing like speedboats. 〔早大・商・2002年〕

(1)「アメリカ人は十分に広い部屋をもらうと、壁の周りに陣取って、会議のような集団活動のために中央を空けておくはずだ」
(2)「グローバル化された、インターネットにより高速化した経済の受容を考えると、コンテナ船はじきに高速モーターボートのようにうなりを上げて疾走しているかもしれない」

　(1) **Given** は文脈上「〜があれば」が適切である。distribute themselves around the walls の「壁の周りに自らを配置する」とは「自分が壁の周りを陣取る」ということ。leaving 以下は分詞構文で and they will leave 〜の意味。
　(2) **Given** は文脈から「〜を考慮すれば」が適訳。globalized と Internet-speed は共に economy を修飾。

●教　訓●
● **given** ＋名詞　　①「〜があれば」　②「〜を考慮すれば」
● **given that** ＋ SV　「〜することを考慮すれば」

▶第9章　同形表現：区別の判別式

§94　文頭の for の識別

課題文

(1) That is not the end of their astronomical knowledge, for without telescopes they are also aware that Saturn has rings, Jupiter four principal moons, and that the earth spins on its own axis.
〔1994 後期・下線部〕

(2) For most people without adequate, sanitary water, their problems largely stem from poverty.　〔2002 年後期・本文中〕

(3) For all their differences in development, both my daughter and Muni are members of the same zoological group.　〔2005 年後期・本文中〕

(4) For all sorts of reasons, minority populations, non-European cultures, and tropical forests enjoy a lot of sympathy these days.
〔1993 年後期・本文中〕

(5) For the man as he was we substitute, sometimes while he is still alive, a legend.　〔東大・1982 年・下線部〕

(6) For every hour she spends studying, she gives up an hour that she should have spent working at her part-time job for some extra spending money.　〔新潟大・2001 年前期・下線部〕

【語 註】

(1) telescopes 望遠鏡　spin 回転する　axis 地軸　(2) sanitary 衛生的な　stem from ～ ～から生じる　(3) zoological 動物学的な　(4) enjoy ～ ～を享受する (≒ have)　sympathy 共感、同情　(5) a legend 伝説的人物　(6) spending money 小遣い

英 文 解 説

(1) **for** は直後の without telescopes（前置詞＋名詞）を飛び越えて考えると they are という SV 構造が見られるので、**接続詞**と判定でき「**なぜならば～だから、というのも～だから**」と訳す。

(2) **For** は直後に most people という名詞があり、without adequate, sanitary water が後置修飾する。一般に〈**for**＋人間〉は「（人）にとって」の意。

```
(1)  for ⟨without telescopes⟩ they are  also aware that ～
    （接続詞）         M          S   V
```

214

(2) **For** most people [without ～ water], their problems largely stem ～
　　（前置詞＋名詞）　　　　　　　　　　　　　S　　　　　　V

(3) **For all ～** は「あれだけの～の割には」（この for は本来「～の割には」の意味。ex. Kate looks young for her age.「ケートは年の割には若く見える」）から「～にもかかわらず」（≒ in spite of ～/despite ～）と意訳する熟語。

(4) も一見 For all ～ に見えるが、後ろに reasons があるので、これは単に **for ～ reasons** で「～な理由で」という意味。all sorts of ～ は「さまざまな～」。

(5) **substitute A for B**「B を A で代用する」の for B の部分が文頭に移動した形。この場合、B は旧情報（⇒§19）。the man as he was は §18 を参照。

(6) は〈割合の **for**〉で、for の次に **every ＋数字（x）＋名詞＋関係代名詞**節が続き、主節に数字（y）か数字を表す語がある。「～する x につき、y を…」と訳す。x がない場合は「1」を表し、「1 つ～するにたびに、y を…」と訳す。

【訳例】
(1) 彼らの天文に関する知識はそれにとどまらない。なぜなら、望遠鏡もないのに、彼らは土星には輪があり、木星には大きな衛星が 4 つあること、地球が地軸を中心に回転していることも知っているからである。
(2) 衛生的な水が十分に手に入らない大部分の人々にとって、彼らの抱えている問題は主として貧困から生じている。
(3) このようなさまざまな成長の違いにもかかわらず、私の娘もムニ（註：筆者が動物園で世話している雌ゴリラの名前）も動物学上は同じ仲間に属する。
(4) さまざまな理由で、少数民族や非ヨーロッパ文化や熱帯林に、今日多くの同情が集まっている。
(5) その人の当時のありのままの姿を、時にはまだその人が存命中に、伝説的人物に取り替えてしまうのである。
(6) 彼女が 1 時間勉強に費やすたびに、小遣い稼ぎのためにアルバイトに費やすべきだった 1 時間を放棄することになる。

● 教 訓 ●

(1) For ＋ N ＋ V ～	「というのも N が～だからだ」
(2) For ＋ N_1 ＋ N_2 ＋ V ～	「N_1 にとって、N_2 は～」
(3) For … reason, SV ～	「…な理由で、～」
(4) For all ＋ N、SV ～	「N にもかかわらず～」
(5) For ＋ B ＋ S ＋ substitute ＋ A	「B を A で代用する」
(6) For every (x) SV ～, SV ＋ y …	「～する 1 つ（x）につき、y を…」

§95　見せかけの have to

> **課題文**
>
> (1) "Come in, come in," he said, and immediately, with that strange power some people have to put you at ease, he made me feel at home. 〔東大 2005 年前期・下線部〕
>
> (2) Someone or something has killed their desire to play with their minds and induced them to reject some of the deepest pleasures life has to offer. 〔東京外国語大 1995 年・下線部〕

【語 註】
(1) put *sb* at ease（人）をくつろがせる　feel at home くつろぐ　(2) play with ～ ～をもてあそぶ　induce *sb* to *do* ～（人）を～する気にさせる

構文研究

筆者が知る限り京大ではまだ出題されていないのだが、英語学習者がよく誤訳する項目に、個人的に〈見せかけの **have to**〉と呼んでいるものがある。

(a) I have always wondered at the passion many people have to meet the celebrated.

(a) は参考書で頻繁に引用されている Somerset Maugham の文だが、have to の部分を「～ねばならない」と読んではいけない。passion と many people の間に関係代名詞 that か which の省略だが、文法上、関係代名詞節内は不完全文になっていなければならない。have to を「～ねばならない」と読んでしまうと many people が主語、have to meet が動詞、the celebrated が目的語で完全文になってしまう。そこで、have と to の間を切って読んで、have の次が不完全 (have の目的語が見かけ上いない) と解釈するのが正しい。関係代名詞節内を先行詞を元に戻して本来の文に直すと Many people have the passion to meet the celebrated.「多くの人は有名人に会いたいという情熱を抱いている」となり、to meet は passion を修飾する形容詞用法 (⇒ §89) で、have は「～を持っている、抱いている」の意味であるから、(a) は「多くの人が抱く、有名人に会いたいという情熱を私はかねがね不思議だと思っている」となる。

▶ §95　見せかけの have to

英文解説

（1） that strange power some people have to put you at ease の power と some people の間に関係代名詞 that か which の省略で、have to を「〜ねばならない」と読んでしまうと、some people が主語、have to put が動詞、you が目的語ということになり、完全文になってしまうからおかしい。そこで、have と to の間を切って読む。つまり、もともとは some people have strange power to put you at ease という文だったのが、strange power が先行詞で前に行った形だ。that は関係代名詞節の先行詞が strange power であることを明示する合図なので訳さない（⇒ §34）。

（2） the deepest pleasures life has to offer の pleasures と life の間に関係代名詞 that か which の省略。関係代名詞節内の offer の後ろが不完全（offer は他動詞）なので、ここは have to を「〜ねばならない」と解釈してもよいと思うかもしれないが、この場合も〈見せかけの have to〉である。つまり、もとの文は life has the deepest pleasures to offer で to offer は pleasures を修飾する形容詞用法だ（⇒ §89）。このように、形からわかりにくい場合は意味で考える。いわゆる **have to** が「〜ねばならない」の意味になるのは「**仕方なく〜しなければならない**」というときである。「仕方がない」という日本語を入れて不自然なら〈見せかけの **have to**〉である。あるいは、〈見せかけの **have to**〉の次の動詞はだいたい決まっていて、**say/offer/teach** が圧倒的に多い。

【訳例】
(1)「さあ、お入りなさい」と彼は言い、一部の人々が持ち合わせている、人をくつろがせる不思議な力をもって、たちまち私を気楽にさせてくれた。
(2) 誰か、あるいは何かのせいで、自分の精神と戯れたいという彼らの欲望が消えてしまい、人生が提供する最も奥深い喜びの一部を彼らは拒絶したい気にさせられてしまったのである。

● 教　訓 ●

- 〈見せかけの **have to**〉の見破り方
  ① 関係代名詞節（特に **what** 節）に have to がある
  ②「仕方なく〜しなければならない」と訳すと不自然
  ③ **have to** の次が **say/offer/teach**

▶第9章　同形表現：区別の判別式

練習問題

(**1**) Striking as they are, these figures tell only part of the story. One way of thinking about unequal opportunity is to consider the chance that a child born in one country will achieve a given level of education relative to a child born somewhere else. 〔2010年・下線部〕

(**2**) Because she has existed as a celebrity in this culture, we are aware of the story of her life as it has entered our cultural awareness, becoming a mythic narrative of the unhappiness of the successful.

〔1991年後期・下線部〕

【語 註】
(1) striking 際立った　figures 数値　given 一定の　relative to 〜 〜と比較して
(2) celebrity 有名人　mythic 神秘的な　narrative 物語　the successful 成功者

第10章　遠い形：wouldとcouldの処理

　wouldとcouldという助動詞を、中学校3年までの教育のように、それぞれwillとcanの**過去形**と言われただけでは事は収まらない場合がある。ひと言で言えば、両者は**仮定法として使われることもある**ということだが、仮定法の説明は困難をきわめる。なぜなら、「**仮定法過去**は、形は過去形だが、意味は現在の逆の仮定で、一方、**仮定法過去完了**は、形は過去完了だが意味は過去の逆の仮定」という入り組んだ説明になるからだ。実は、英米人でも時々この話が混乱するらしく、過去の推量で could have + p.p. を使わなければいけないのに、couldだけにしてみたり、過去の事実の逆でもないのに would have + p.p. を使ってしまったり (⇒§101)、というようなことが起きる。

　筆者は個人的に、直説法だろうが仮定法だろうが、動詞の二番目の活用をすべて"**遠い形**"と名付けている。基本的に**時制とは時間ではなく、近いか遠いかという気分（mood）**だということである（詳しくは『和文英訳教本 文法矯正編』(p.XX) を参照していただきたい）。文法用語では仮定法は the subjunctive mood であり、moodは「法」と訳されるが、「気分」のままでよいのではないかと思う。遠い気分なら"**遠い形**"を使うのである。そして、"**遠い**"の意味は3つあって、①**時間的に遠い（直説法過去形）**②**現実から遠い（仮定法）**③**人間関係が遠い（丁寧・婉曲表現）**である。

　とは言え、正確な英文解釈をするためには、wouldやcouldがどの用法で使われているのかを詳[つまび]らかにせねばならないので、この判別の仕方をこの章で検証することにするが、次のようなことが大雑把に言える。すなわち、①なら〈時を表す副詞（句・節）〉が添えられているとか〈前後の文も遠い形〉である、②なら〈現実にはあり得ない話〉で〈前後の文は遠い形以外〉である、③なら主に Would you ～? や Could you ～? や would like to の形で使われる。

① 時間的に遠い（直説法過去形）　☞　〈時を表す副詞（句・節）〉と使う
　　　　　　　　　　　　　　　　　　前後の文も〈遠い形〉
② 現実から遠い（仮定法）　　　　☞　現実にはあり得ない話
　　　　　　　　　　　　　　　　　　前後の文は〈遠い形〉以外
③ 人間関係が遠い（丁寧・婉曲表現）☞　**Would you ～?/Could you ～?/
　　　　　　　　　　　　　　　　　　would like to** など

219

▶第 10 章　遠い形：would と could の処理

§96　仮定法の倒置

課題文

(**1**) Ah, the blessings of ignorance. Had I known what the proper care of a cat involved, I would certainly have walked away. But I didn't know and so now began the practical task of starting out. Relationships are always practical at heart and have little to do with romantic beginnings.　〔2004 年後期〕

(**2**) It does not do them any good to have pumps when they have no money to buy replacement pumps should the original set break.

〔2002 年後期・本文中〕

【語　註】

(1) involve〜　〜を伴う　walk away 歩き去る、関わりを避ける　at heart 実際は　have little to do with 〜　〜とほとんど関係がない　(2) do *sb* good（人）に益を与える　replacement 取り替え（用の）　the original set 元々もらったポンプ一式（☞ of pumps の省略）

構文研究

仮定法の if 節が省略されると疑問文と同じ語順で省略されることは、この本の読者なら御存知の知識だろうが、if 節は常に文頭とは限らない。後ろに回ってさらに〈if 省略倒置〉という形の際に気がつくかが勝負である。

(a) I could fly to him **were** *I* a bird.
　　(＝ I could fly to him **if** I **were** a bird.)
　　「鳥なら彼のものとへと飛んで行けるのに」

(b) I would have visited him **had** *I* **known** his address.
　　(＝ I would have visited him if I **had known** his address.)
　　「彼の住所を知っていたら彼のところに行ったのに」

(c) Please send it to us **should** *anything* **go** wrong with this radio.
　　(＝ Please send it to us **if** anything **should** go wrong with this radio.)
　　「万一このラジオが故障した場合は当方までお送りください」

(d) I'd like to be a comedian **were** *I* **to** *have* my life to live over again.
　　(＝ I'd like to be a comedian if I **were to** have my life to live over again.)
　　「万一生まれ変わるようなことがあればお笑い芸人になりたい」

▶ §96 仮定法の倒置

英文解説

(**1**) 第 1 文の the blessings of ignorance「知らないことが幸せなこと」は Ignorance is bliss.《諺》「知らぬが仏」の名詞構文。第 2 文の Had I known 〜 が仮定法過去完了の条件節に相当し，If I had known 〜 と同じ。

(**2**) should the original set break は if the original set should break と同じ。

Had *I* known what 〜, I *would* certainly *have walked* away.
= **If** I **had known** what 〜, I *would* certainly *have walked* away.
   they ... pumps **should** *the original set* **break**
= they ... pumps **if** the original set **should** break

(1) の第 3 文の and so は and と同じ (⇒ §5)。know の次に what the proper care of a cat involved の，starting out の次に taking care of the cat の省略。

But I ⎡ didn't know (what the proper care of a cat involved)
and so ⎣ began the practical task of starting out (taking care of the cat).

【訳 例】

(1) ああ、知らぬが仏である。もし猫の適切な世話には何が必要なのかを知っていたら、私は確実に猫との関わりを避けただろう。だが、私はそれを知らなかったため、面倒を見るという現実的な作業に取り掛かってしまった。他者との関係というのは実際には常に現実的なものであって、ロマンチックな始まりとはほとんど無縁である。

(2) 最初に配給されたポンプが万一壊れてしまった場合、新しいポンプを買うお金がなければ、ポンプをもらっても何の益にもならない。(註：この文は §94 の課題文 (2) の続き → 貧困層にポンプを配っても対症療法でしかなく、根底の貧困を解決しなければ意味がないということ)

● 教 訓 ●

- S + would do ... were + S 〜 = S + would do ... if + S + were 〜
- S + would have + p.p ... had + S + p.p. 〜
  = S + would have + p.p ... if + S + had + p.p. 〜
- S + would do ... should + S + do 〜
  = S + would *do* ... if + S + should *do* 〜
- S + would do ... were + S + to do 〜
  = S + would *do* ... if + S + were to *do* 〜

221

§97　条件の潜伏: 主語 / to 不定詞 / 副詞句

課題文

(1) This was simply because the Greeks considered this most philosophically preferable. Circular motion could continue infinitely, and it had a simplicity and elegance which appealed to them. A well-ordered cosmos, such as the one that the Greeks believed themselves to live in, would see the heavens moving in regular circles.　〔2003年後期・下線部〕

(2) A simple calculation reveals that, for man truly to live for extended periods and eventually to expand off the planet, renewal of life-support would be indispensable.　〔1993年後期・下線部〕

(3) Yet he seemed unoffended, took off his jacket and hung it in the wardrobe, as if by right. In his position she would have offered thanks and a mild compliment on the aspect of the room, with its view of the silent sunny street, but he continued to say nothing.　〔1999年後期・下線部〕

【語註】
(1) circular motion 円運動　well-ordered 秩序だった　the heavens 天体　regular 一定の　(2) renewal 再生　life-support 生命維持の（次に文脈上 system の省略→本書では文脈は省いた）　(3) unoffended 気分を害していない　by right 当然の権利として　a mild compliment on 〜 〜に関する軽いお世辞　with its view of 〜 〜の眺めをもった

構文研究

仮定法の if 節がないとき、主語/to 不定詞/副詞句が条件節の代わりをする。その場合はその条件節の代わりをする部分を条件節的に訳す。

(a) **An honest person like Ted** *would* tell the truth.
　「テッドのような正直な人なら真実を話すだろう」☞ 主語
(b) **To hear him speak English**, you *would* take him for an American.
　「彼が英語を話すのを聞けば彼をアメリカ人だと思うだろう」☞ to 不定詞
(c) I *wouldn't* say a thing like that **in his place [shoes]**.
　「彼の立場ならそんな発言はしないだろう」☞ 副詞句

▶ §97　条件の潜伏：主語 / to 不定詞 / 副詞句

英文解説

(**1**) 第 1 文の considered は this を目的語、preferable を補語とする第 5 文型。most philosophically は preferable を修飾する。第 2 文は文頭に They (= The Greeks) thought の省略で、could は〈可能性〉を表す can の時制の一致 (⇒ §102)。第 3 文の one は a cosmos を指し、that the Greeks believed themselves to live in は one を先行詞とする関係代名詞節。see the heavens moving は〈知覚動詞＋目的語＋ *do*ing〉の構文で、無生物主語なので意訳が必要 (⇒ p.147)。in regular circles の in は〈形状〉を表し「〜を成して」の意味 (*ex.* travel in groups「団体旅行をする」)。**would** が仮定法で条件は主語の A well-ordered cosmos にある。

(**2**) A simple calculation reveals that 〜の直訳は「簡単な計算が〜を明らかにする」となるが、無生物主語なので意訳したい。カンマで挟まれた部分は挿入で、for man は to live と to expand の意味上の主語。**would** が仮定法で、条件は挿入の **to 不定詞**の部分にある。reveals が現在形である以上、would は時制の一致とは解釈できないので仮定法と判別する (⇒ §98)。

(**3**) 第 2 文の **would have offered** が仮定法過去完了で、条件は **In his position** にある。if 節で書けば If she had been in his position となる。

【訳例】

(1) これは単に古代ギリシア人たちが、こう考えるのが哲学的に最も好ましいと考えたからだ。円運動は果てしなく続き得るし、古代ギリシア人にとって魅力的に思える単純さと優美さを持ち合わせていた。ギリシア人が自らそこで暮らしていると信じていたような秩序立った宇宙なら、天体が規則正しい円運動をしているように見えるだろう。

(2) 簡単な計算からも明らかなことだが、人間が本当に長期間にわたる生活をし、ついには地球から離れた所にまでその生息範囲を広げていくためには、生命維持のしくみの再生が不可欠となろう。

(3) それでも彼は気を悪くしている様子もなく、上着を脱いで、まるで当たり前のようにそれを洋服ダンスに掛けた。もし彼の立場だったら、お礼の言葉を述べ、静かで日当たりのよい通りに面している部屋について、それとなくお世辞のひとつも言ったであろうが、彼は相変わらず無言だった。

● 教 訓 ●

● 仮定法の if 節がない時、主語 / to 不定詞 / 副詞句が条件節の代わりをする

▶第 10 章　遠い形：would と could の処理

§98　would の区別

課題文

(1) And in any case, philosophers thought that any optical instrument would by its nature distort reality.　〔1997 前期・本文中〕

(2) And before that, during her first months of life, she (= my daughter) just lay, watching and listening, at the mercy of the adults around her. Once she learned to sit and her balance failed sometimes, she would cry in distress and wave her arms and there we came, dutifully, to take her in our arms and comfort her.

〔2005 後期・下線部〕

(3) This simple object is the toothpick. This humble tool, so familiar as to be generally unremarkable, can be made by an idle boy with a stick and a knife. Each example would bear the individuality of its maker and the uniqueness of its circumstances.　〔2009 年前期・本文中〕

【語註】
(1) optical instrument 光学器具　by its nature その性質上　(2) at the mercy of ～ ～のなすがままに　in distress 困って　dutifully 本分を守って　take sb in one's arms (人)をだっこする　comfort～ ～をあやす　(3) humble 単純だが実用的な　unremarkable 人の注意をひかない　bear～ (性質)を帯びる　individuality 個性　uniqueness 独自性

構文研究

① will の時制の一致　　「～だろう or (訳さない)」
② 過去の習慣　　　　　「～したものだった」
③ 仮定法　　　　　　　「(…なら) ～だろう」
④ 描出話法 (心中を表す)「～だろう」☞ S + thought などの省略

　頻繁に使う would の意味・用法は上記の 4 つであり、これを区別したい。判別方法は、①は **S + thought that** ～などの that 節の中に現れる。②③④はいずれも主節に現れるが、一般に〈**時を表す副詞 (句・節)**〉が添えられているか、**前後の文の時制が (直説法の) 過去形**であれば②である。③の仮定法の場合、if 節が伴っていれば明瞭だが、if 節がない場合、意味を考えて〈**非現実的な話**〉なら③と判定する。③の場合は、**前後の文の時制は (直説法の) 過去**

形以外（主に現在形）であることが多い。それ以外なら④の可能性が高いが、これについては次項で扱う（⇒ §99）。

英文解説

(1) philosophers thought that 〜の **that** 節中に **would** があるので **will** の時制の一致。この will は（あまり根拠はないが自信満々な）**推量**である。

(2) 第2文の **would** は、前文に before that, during her first months of life という〈**時を表す副詞**〉があることと、**前後の文の動詞が** lay、learned、came という**過去形**であることから**過去の習慣**を表すと判定できる。

(3) 第2文の so familiar の前に which is の省略で、because it is so familiar 〜の意味。so ... as to do で「...なので〜／〜するほど...」のパターン。第3文の **would** は前文の時制が is, can のように**現在形**なので、第3文だけ過去の話になるとは考えにくく、**仮定法**と判定する。条件は主語の Each example にあり、「一つ一つの製作例を見るならば〜だろう」の意味。

【訳例】
(1) さらに、いずれにせよ、哲学者たちは、どのような光学器具も、その性質上、現実を歪めてしまうと考えていた。
(2) さらにそれ以前の生後数ヶ月間は、娘は目と耳を働かせながらただ横たわるだけで、周りの大人たちのなすがままであった。ひとたび座ることを覚え、時々バランスを崩したりすると、娘は困って泣き声を上げ、腕をバタバタさせたものだった。すると我々が大人としての役目を果たすべく駆けつけて、彼女を抱き上げ、あやした。
(3) この簡単な物とは爪楊枝のことである。この素朴な道具は、あまりにもなじみ深いため一般には目立たないが、枝木とナイフを使って怠惰な少年でも作れる。しかし、作られた一本一本には作った人の個性や状況の特異性が現れるだろう。

● 教 訓 ●

- **would の判別**
  ① **will の時制の一致** ☞ **S＋thought that＋S would 〜**などの **that** 節中
  ② **過去の習慣** ☞ 時を表す副詞（句・節）を伴う or 前後の文の時制が過去形
  ③ **仮定法** ☞ **If＋S＋were [*did*] 〜, S＋would...**
  　　　　　　非現実的な話 or 前後の文の時制は過去形以外（主に現在形）

▶第10章　遠い形：would と could の処理

§99　描出話法の would

> **課題文**
>
> 　Susan's eyes automatically brim with tears, as they do every time she thinks of the mother she lost to cancer just months after Nicki was born. So beautiful. So patient. So instinctively correct in everything she said and did. <u>What would she think of the mother her daughter had become? What advice would she give her? How would she have handled the increasingly challenging young woman her infant grandchild had grown into?</u>　〔1999 年前期〕

【語註】
automatically いつの間にか　brim with tears 涙であふれる　lose *sb* to ～ ～で (人) を亡くす　instinctively 直感的に　challenging 扱いが困難な　grow into ～ 成長して～になる

構文研究

(a) I thought to myself, "It is time to bed. **Will** I be able to sleep well?"
(b) I thought that it was time to bed and wondered if I **would** be able to sleep well.
(c) I thought that it was time to bed. **Would** I be able to sleep well?
　「寝る時間だ。よく眠れるだろうか、と私は心密かに思った」
(d) Ken thought to myself, "Emi is too honest. I **wouldn't** say such a thing."
(e) Ken thought that Emi was too honest. He **wouldn't** say such a thing.
　「エミは正直すぎる。自分ならそんなことは口にしないないだろう、とケンは思った」

　I thought や He said などを書かずに、その that 節内だけを独立して地の文に書く形式を**描出話法**と呼び、これは主に筆者や登場人物の**心中**などを表す。描出話法は**時制と人称は間接話法**のままで、**語順が直接話法**と同じになることが多い。上記では (a) が直接話法、(b) が間接話法、(c) が描出話法である。(c) の第 2 文も第 1 文で示された I thought の内容だが、第 2 文の方にはそれは書かれていない。そこを補うなら (b) の後半のようになるが、(b) における would は will の**時制の一致**で推量を表す。(e) の第 2 文も Ken thought の省略なの

226

▶ §99 描出話法の would

で描出話法だが、こちらの would は主語に条件が隠れた**仮定法過去**である。

英文解説

　第 1 文の as は「〜ように」の意味 (⇒ §84)。訳例では自然な日本語にするために訳し下ろした。do の次に brim with tears の省略 (⇒ §30)。every time 〜は「〜するたびごとに」という接続詞。mother と she lost の間に関係代名詞 that の省略。… just months after 〜で「〜したほんの数ヵ月後に…」。

　　as they do (brim with tears) every time she thinks of <u>the mother</u> [(that) she lost φ to cancer just months after Nicki was born].

　第 2 文以降の So beautiful. So patient. So instinctively correct 〜の前に全て She was の省略。everything と she の間に関係代名詞 that の省略。

　下線部第 1 文の the mother her daughter had become は mother と her の間に関係代名詞 that の省略で、「彼女の娘がなってしまった母親」が直訳。最終文の the increasingly challenging young woman her infant grandchild had grown into も woman と her の間に関係代名詞 that の省略で、「彼女の幼い孫が成長してなったますます手のかかる若い女性」が直訳。下線部の she は全て Susan's mother を指し、もう母親は死んでいるから **would** は全て仮定法と判定でき、「母親が生きていたなら」(if she were alive) と条件節の代わりをはっきり補って訳したい。なお、下線部は全て **I thought** が意味的に省略された**描出話法**だが、それでも内容は全て「仮に母が生きていたら」というあり得ない話なので would は単なる時制の一致ではなく**仮定法**と判定できる。

【訳 例】

　知らぬ間にスーザンの目に涙がこみ上げてきた。ニッキーが生まれてわずか数ヵ月後に癌で亡くなった母のことを思うと、いつも涙がこみ上げてくるのだ。母はすごく美人で、かなり辛抱強く、言うことなすこと全て直感的に正しかった。<u>母が生きていたら、娘の私のこの母親振りをどう思うだろう。母ならどんな助言をくれるだろう。</u>彼女の幼い孫が成長してからますます手のかかるようになった若い娘に対して、<u>母ならどう対処しただろう。</u>

● 教 訓 ●

● **直接話法なのに人称・時制がおかしい** ☞ **描出話法（で、さらに仮定法）かも？**

▶第10章　遠い形：would と could の処理

§100　運命の would

課題文

(1) The musical genius (= Mozart) was initially cool towards the profession that would later bring him great fame, leading a happy and not too burdened childhood, learning his lessons, whatever they were, easily and quickly. 〔2002年前期・本文中〕

(2) Weems became a keen judge of the new nation's tastes, and during his ventures began composing a book, which would make his name, on the first president of the United States that was published one year after Washington's death. 〔2002年後期・本文中〕

【語註】
(1) initially　当初は　burdened　負担のある　(2) Weems　メイソン＝ロック＝ウィームズ (Mason Locke Weems)：アメリカ初代大統領ワシントンの桜の木の逸話を創作した牧師　became a keen judge of ～　～を鋭く判断できるようになった　ventures　放浪の旅　compose ～　（文）を作る　make *one's* name　（人）を有名にする

構文研究

辞書や文法書にはほとんど記載されていないのだが、**would** を「～する運命にあった」（≒ was［were］destined to *do* ～）と、ある過去の時点より結構あとになってから起こることになった事柄を表す意味で使っている用例を見かける。『ロングマン英和辞典』にだけ、次の用例が載っている (a)。

(a) I **would** later realize that this was a mistake.〔ロングマン英和辞典〕
　「これが間違いだとあとで気づくことになった」

(b) He (= Einstein) said so here, aged seventeen. He **would** say the same until his death. 〔2004年後期・本文中〕
　「17歳の時、アインシュタインはこの作文でそう述べていた。彼は死ぬまで同じことを言い続けることになるのだ」

(b) は京大の2004年の後期試験の本文からの引用である。もっとも、こちらの第2文の would は He said が省略された描出話法とも解釈できるが、この年に提示された問題文全体の文脈からは判断できない。

▶ §100　運命の would

英文解説

（1）profession that would later bring him great fame の that 節は関係代名詞節で、**would** が運命を表す。leading と learning は分詞構文で and 〜 の意味。whatever は no matter what の意味で譲歩を表す。

The musical genius was initially cool towards the profession
　　　　　　　　　　　　　　　　　　　[that **would** later bring him great fame]
⎡ leading a ⎡ happy　　　　　　　⎤ childhood,
⎢　　 and　 ⎣ not too burdened ⎦
⎣ learning his lessons, 〈whatever they were,〉 easily and quickly.

（2）which would make his name の **would** が運命を表し、この which 節（関係代名詞節）と on the first president of 〜 と that was published 〜（関係代名詞節）は全て a book を修飾する。one year after Washington's death は「ワシントンの死後 1 年後」という副詞句。

Weems ⎡ became a keen judge of the new nation's tastes,
　and ⎣ 〈during his ventures〉 began composing a book,
　　　　　⎡ [which **would** make his name,]
　　　　　⎢ [on the first president of the United States]
　　　　　⎣ [that was published one year after Washington's death].

【訳例】
(1) この音楽の天才は、後に彼に多大な名声をもたらすことになる音楽家という仕事には最初は冷ややかで、幸福であまり負担のない幼年時代を過ごしながら、どんなことでも習い事は気軽で適当に片付けた。
(2) ウィームズはこの新しい国民の嗜好を鋭く判断できるようになり、各地を歩きながら、合衆国初代大統領に関するある本を書き始めた。この本はワシントンの死から 1 年後に出版され、後に彼を有名にすることになる。

● 教　訓 ●

● **would** には「〜する運命にあった」という意味がある

▶第10章　遠い形：would と could の処理

§101　would have p.p. の区別

課題文

(1) There is a familiar fairy tale sometimes called "Darwinism" that probably would have shocked Darwin.　〔1998年前期・本文中〕

(2) Medicine can treat forms of illness and injury that would have brought certain death for earlier generations.　〔2003年後期・下線部〕

(3) There was no mist down here, but they (= various members of the family) told us that the early promise of a glorious day had changed down in the valley as well—and they had thought that we would have given up the walk and come back much earlier.　〔1997年前期〕

(4) If the patina of the entire piece (of furniture) is a uniform color, be wary! The finish should be uneven, worn wherever it would have been rubbed by hands, backs of knees, shoulders and dust rags as a part of normal use and care.　〔1998年前期・下線部〕

【語註】
(1) fairy tale 作り話　(3) early promise 朝の見込み　glorious 天気の素晴らしい　(4) patina 古つや　uniform 均一の　wary 用心した　finish 仕上がり　uneven 一様でない　worn すり減った　rub～ ～をこする　dust rags 雑巾　as a part of～ ～の一環として

構文研究

　would ＋ have ＋ p.p というパターンは圧倒的に**仮定法過去完了**である場合が多い。if ＋ S ＋ had ＋ p.p. の条件節があれば確実だが、if 節がなくても、「～だったなら」という意味を補うことができ、**過去に起きたことの逆を仮定しているなら仮定法過去完了である。**

　一方、現実にあり得ることで、従属節中にあり、主節の時制が（直説法の）過去形か had ＋ p.p の場合は **will ＋ have ＋ p.p.**〈未来完了形〉の時制の一致で、〈経験〉〈継続〉〈結果〉〈完了〉のいずれかの意味を表す。また、**前後の文の時制が（直説法の）過去形以外**なら、まれに〈過去の推量〉ということも考えられる。これは本来なら **must ＋ have ＋ p.p.** と記述するべきものだが、**may ＋ have ＋ p.p** と **might ＋ have ＋ p.p** がほぼ同じ意味で使われることなどからの混同から生じたものと考えられる。

▶ §101　would have p.p. の区別

英文解説

(1) that 以下は Darwinism を先行詞とする関係代名詞節で、**would have shocked** は「ダーウィンが知っていたならば」という**あり得ない話**なので**仮定法過去完了**である。

(2) that 以下は forms (≒ kinds) を先行詞とする関係代名詞節 (⇒ §34) で、**would have brought** は「薬がなかったならば」という仮定を補うことができ、**現実とは逆**のことを述べているので**仮定法過去完了**と判定できる。

(3) **would have given up** は had thought that 節中なので、will have given up「断念してしまっているはず」という結果を表す未来完了形の**時制の一致**。and は given up と come を並列に結び、後者は would have come ということ。

(4) **would have been** は前文の is や主節の should が現在時制で、現実の逆を言及しているわけでもないので〈**過去の推量**〉ととらえる。worn の前には being の省略された分詞構文で、because it is worn の意味。

【訳例】

(1) ダーウィンが知ったらびっくりしたと考えられるような、時に「ダーウィニズム」と呼ばれているおなじみのおとぎ話がある。

(2) 医学のおかげで、以前の世代の人たちには確実に死をもたらしたと考えられる類の病気や怪我が治る。

(3) 麓のここには霧は全然なかったが、家族の者は、早朝には素晴らしい天気になると思われたのに、谷間でも天気が変わってしまったと言った。さらに彼らは、僕らが山歩きを断念して、もっと早くに帰宅するだろうと思っていた。

(4) 家具全体の古色が同じ色であったら用心しなさい！　家具がふつうに使われたり手入れをされたりする際に、手、膝の裏側、肩、布巾などで擦られたと思われる所はどこもすり減っているので仕上がりむらがあるはずである。

● 教　訓 ●

- **would have p.p.** の区別
  ① 仮定法過去完了　☞ 過去の事実と逆
  ② 時制の一致　　　☞ 従属節中にある場合
  ③ 過去の推量　　　☞ 前後の文の時制は (直説法の) 過去形以外

§102　couldの区別

課題文

(1) He (= FitzRoy) wished to succeed: to demonstrate that he could produce the best surveys, keep the best ship, complete the exercise as required.　〔1994 後期・本文中〕

(2) Unlike the Chinese, who could look to ancient philosophers, or the Greeks, who could recount the mythic exploits of warriors, Americans had no distant past, at least one they could recall with pride and identification, to unite them, and had no golden age to look back to.　〔2002 年後期・下線部〕

(3) Even if someone were to write a sentence or two of his diary immediately after he had finished whatever he was doing, still his diary would not be like those television cameras that follow shoppers around in book shops. It could not *simply* record.

〔1989 年後期・下線部〕

【語註】

(1) demonstrate～ ～を実証する　exercise 行使　(2) look to ～ ～に頼る　recount～ ～を列挙する　mythic 神話的な　exploits 偉業　warriors 戦士　identification 一体感　look back to ～ ～を振り返る　(3) a ～ or two いくつかの～　not simply 単に～ない

構文研究

① can の時制の一致　　　「～できる」
② 過去の能力　　　　　　「～できた」
③ 仮定法　　　　　　　　「(...なら) できるだろう」
④ 可能性・推量　　　　　「～もあり得るだろう、～かもしれない」
⑤ 描出話法 (心中を表す)「～できる (だろう)」☞ S＋thought などの省略

　couldの区別はwouldとほとんど同じで、①は **S＋thought that ～**などのthat節の中に現れる。②③④⑤はいずれも主節に現れるが、一般に〈**時を表す副詞 (句・節)**〉が添えられているか、前後の文の時制が (直説法の) 過去形であれば②である。③仮定法と④可能性・推量の場合、if節が伴っていれば明瞭だがif節がない場合は後述する (⇒ §104)。それ以外なら⑤の可能性が高い (⇒ §105)。

▶ §102 could の区別

英文解説

(1) **could** は demonstrate that ～の that 節中だから時制の一致。produce, keep, complete は並列。**exercise** とはこの場合「船の行使」すなわち「船を動かすこと」。as required は「要求通り」という決まり文句。

(2) 2つの **could** は共に、主節の動詞 had が過去形であることから「～できた」(過去の能力)と解釈できる。2つの関係代名詞 who の前にそれぞれカンマがあるが、これは先行詞の the Chinese/the Greeks が固有名詞だから。

(3) 第1文の still は even if 節を受けた係り結び。those は that 節以下の関係代名詞節の先行詞を示す働き (⇒ §34)。第2文の **could** は、第1文に **even if ＿ were to do** ～「仮に～すれば」という仮定法の条件節があることから、この条件節の省略と考え、could も**仮定法**と判定できる。It は his diary を指す。

(**Even if** someone **were to** write ～), it (= his diary) **could** not *simply* record.

【訳例】
(1) 彼は目標が成就することを願った。すなわち、最良の測量をし、船を最高の状態に保ち、船を要求通り完璧に動かすことができることを実証することだった。
(2) 古代の思想家に頼ることができた中国人や、戦士たちの神話的偉業を数え上げることができたギリシア人とは違い、アメリカ人には自分たちを結びつける遠い過去、少なくとも自尊心と一体感を持って思い起こすことができる過去がなかったし、振り返るべき黄金時代もなかったのだ。
(3) 仮に誰かが、何であれ自分がしていたことを終えた直後に、日記を一文か二文したためたとしても、その人の日記は書店で買物客を追いかけるテレビカメラとは似て非なるものであろう。日記は単にすべてをそのまま記録することはできないだろう。

● 教 訓 ●

● **could** の区別
① can の時制の一致 ☞ S＋thought that＋S＋could ～などのthat節中
② 過去の能力 ☞ 時を表す副詞 (句・節) を伴う or 前後の文の時制が過去形
③ 仮定法 ☞ If＋S＋were [did] ～, S＋could ...
　　　　　非現実的な話 or 前後の文の時制は過去形以外 (主に現在形)

▶第10章 遠い形：would と could の処理

§103 「その気になれば〜できるだろう」の could

課題文

(1) I was so happy that I had the feeling—almost the desire—that I could, that I should, die at that very moment, and that any other moment would have been untimely. 〔1996年後期・本文中〕

(2) It is better to lose some years trying something new and fundamental than to carry out routine experiments that everyone else is doing and that others could do as well as you.

〔2008年前期・本文中〕

【語註】
(1) untimely 時宜を得ない　(2) carry /〜/ out 〜を実行する　routine お決まりの

構文研究

次はいわゆる文法問題だが、空所を埋める適切な選択肢はどれだろうか。

(a) I'm so hungry that I (　　　) a horse.
　① can eat　② ate　③ could eat　④ could have eaten

〔関西外大・1992年〕

　文全体の時制は I'm により現在形とわかるので、②の ate「(もう)食べた」は不適切である。④は仮定法過去完了(過去に起きたこととは逆のこと)になってしまうから、これも正解ではない。①だと「とてもお腹がすいているので馬も食べられる」でよさそうな気がするが、現実に horse「生身の馬」を食べることはあり得ないのでやはりおかしい。ちなみに horse ではなく、horsemeat「馬肉」なら考えられるが。③の could は〈過去の能力〉「〜できた」(時間的な遠さを表す"遠い形")と解釈することは、前半が現在形であることからできない。だとすると、仮定法(現実からの遠さを表す"遠い形")ということになるが、条件はどこに潜伏しているのだろう。**could** には「**その気になれば〜できるだろう**」という使い方があり、この場合、**条件は言外に隠れている**。答えは③で、「私はとてもお腹がすいているので、その気になれば馬だって食べられるだろう」という意味である。もちろん、「実際に食べることはない」ことを暗示しているので誇張表現となる。

▶ §103 「その気になれば〜できるだろう」の could

英文解説

(1) so happy that 〜は〈so 〜 that ...〉構文。the feeling—almost the desire—that 〜以下の3つの that 節は the feeling との同格を表す (—は「すなわち〜」の意味)。最初の that 節内の **could** die は時制の一致 (本来なら I can die.) と説明できなくもないが、「死ぬことができる」といっても本当にその場で自殺することは**現実にはない**だろうから**仮定法**と見るのが妥当。仮定法の条件は言外にあり、「そ・の・気・に・な・れ・ば・死・ね・る・だろう」ということ。would have been は仮定法過去完了で、条件は主語の any other moment にあり (⇒ §97)、「他のどの瞬間だったとしても〜だっただろう」が直訳。

I was so happy that I had the feeling ⎤ ⎡that I **could**,
　　　　　　　—almost the desire— ⎦ ｜that I should, die at that very moment,
　　　　　　　　　　　　　　　and ⎣that any other moment would have been 〜

(2) lose some years trying の lose は spend の反対語として、〈**spend + 時間表現 + doing**〉と同じ語法を使っているのだろう (⇒ p.267)。better 〜 than ... は to 不定詞と to 不定詞の比較 (⇒ §62)。experiments を先行詞に that の関係代名詞節が2つ存在する。2つ目の that 節内の **could** は**文全体の主語が現在形である**ことから**仮定法**と判定でき、条件は「その気になれば」という言外にある。as well as 〜は熟語ではなく文字通り「〜と同じくらい上手に」。

carry out routine experiments ⎡that everyone else is doing
　　　　　　　　　　　　and ⎣that others **could** do as well as you.

【訳例】
(1) 私はとても嬉しかったので、まさにその瞬間に死んでもいい、死ぬべきだ、他の瞬間では折がよくなかっただろうという気持ち (ほとんどそうした欲望) を抱いたのである。
(2) 他の誰もが行っていて、他の人間もその気になれば自分と同じくらい上手くできるような決まりきった実験を行うよりも、何か新しい根本的なことを試みて何年かを失う方がましである。

● 教 訓 ●

● 仮定法の could の条件が明示されず「その気になれば」という場合がある

§104　可能性の could

課題文

(1) If this hypothesis is correct, then childhood experiences must have left deep imprints in the brain that are somehow activated in adult life during periods of high anxiety. Some sociobiologists have further speculated that the fear of falling ultimately derives from an inherited instinct or reflex handed down by our prehistoric ancestors, who could fall out of trees during their sleep.

〔2001年前期・下線部〕

(2) How could they possibly know all this? They claim to have learnt it from the 'Nommos', whom they call the guardians of the universe.

〔1994年後期・本文中〕

【語註】
(1) hypothesis 仮説　imprints 痕跡　somehow 何らかのきっかけで　be activated 活性化される　sociobiologists 社会生物学者　speculate that ～ ～と推測する　derive from ～ ～に由来する　inherited 遺伝的に受け継がれた　instinct 本能　reflex 反射作用　be handed down (後世に)伝えられる　prehistoric 先史時代の　(2) possibly 一体 (could と呼応した強調語)　claim to do ～ ～すると主張する　guardians 守護者

構文研究

(a) You should not eat it. It **could** be poisonous.
「それは食べない方がいい。毒があるかもしれない」

(b) That's what Cecil says. **Could** it be true?
「セシルはそう言っている。はたして本当だろうか」

(c) I know you're busy. How **could** I ask you a favor?
「君が忙しいのは知っている。どうして君にお願いできようか」

(a)(b) のように**前文が過去形以外の時制**で、could の**主語が無生物**である場合は〈可能性〉を表すことが多い。(b) のように疑問文の場合は「**はたして、一体**」と訳す。(c) のように、**how** と使って**反語や非難**を表す場合もある。なお、これらの could は can にしてもあまり意味は変わらないが、〈遠い形〉にした分だけ、could の方がいくぶん、**控え目な感じが出る**。

236

▶ §104　可能性の could

英文解説

（**1**）第1文の then は if 節を受ける係り結び（⇒ §45）。訳さなくてもよいが、あえて訳を付けるなら「その場合には」となる。must have left は「〜を残したに違いない」という〈過去の推量〉を表す。imprints を先行詞に in the brain を飛び越えて that 以下が関係代名詞節。カンマがない限定用法だが、訳例では自然な日本語を考慮して訳し下ろした。第2文の inherited と handed down はそれぞれ前後から instinct と reflex を修飾する。関係代名詞 who の先行詞は ancestors でカンマが付いているが訳例では訳し上げた。fall out of trees「木から落ちる」のに能力は関係ないので **could** は〈可能性〉と判定できる。ancestors「祖先」という**過去の話の推量**なので、正しくは could have fallen とするべきところであるが、英米人も could を〈時間的に遠い〉ことと〈現実から遠い〉ことを勘違いするせいか、このような書き方が時々見られる。

〜 deep imprints〈in the brain〉[that are somehow activated 〜 anxiety].
〜 from an inherited [instinct / or reflex] handed down by our prehistoric ancestors

（**2**）第1文の could は第2文が現在形であることから過去の意味ではない。そして、how と使っていることから**反語**と判定できる。

【訳例】

（1）この仮説が正しいとすれば、幼年期の体験が脳に深い痕跡を残したに違いなく、それが大人になってから、かなり不安を覚えたとき何らかの理由で活性化されることになる。一部の社会生物学者はさらに踏み込んで、転落の恐怖は、突き詰めれば、寝ている間に木から落ちる可能性のあった我々の先史時代の祖先から継承された、遺伝的な本能ないしは反射作用に由来しているのではないか、と推測している。

（2）どうやって彼らはこういったこと全てを知り得たのか。彼らはノンモ人からそれを教わったと言っている。ノンモ人とは彼らが宇宙の守護者と呼んでいる人々のことである。

● 教　訓 ●

- **could** の前後が過去形以外で無生物主語 ☞ 可能性
- **How could 〜** ☞ 反語かも？

▶第10章 遠い形：would と could の処理

§105 描出話法の could

課題文

　A couple of weeks ago, I arrived at London (Heathrow) airport with a good 50 minutes to spare before my scheduled flight to Berlin was due to leave. I was flying there with United Airlines, and going on with British Airways to Moscow to attend a conference on behalf of *the Times*. A security man wearing a UA badge asked to see my passport.（途中略）He seemed convinced that I was up to no good, though my crime was not explained.（途中略）When he finally let me go, after 25 minutes of tough questioning, the flight had closed. The airline offered to find me another to Berlin, but said getting me to Moscow was not its responsibility. There was no other Berlin flight that would make my British Airways connection. The official shrugged his shoulders. If I wasn't prepared to take up his offer, I was on my own. But I could try my luck with a direct Aeroflot flight to Moscow.

〔1992年後期〕

【語 註】

a couple of ～ 2つの～　a good ～ たっぷり～　～ to spare 余分な～　be due to *do* ～する予定だ　go on to ～ さらに～まで進む　on behalf of ～ ～を代表して　be up to ～ ～を企んでいる　make ～ connection ～に接続する　shrug *one's* shoulders 肩をすくめる　be prepared to *do* ～する気がある　take up *sb's* offer（人）の申し出を受け入れる　try *one's* luck 運を試す

構文研究

(a) I thought to myself, "It is time for bed. **Can** I sleep well?"
(b) I thought that it was time for bed and wondered if I **could** sleep well.
(c) I thought that it was time for bed. **Could** I sleep well?
　「寝る時間だ。よく眠れるだろうか、と私は心密かに思った」

　could も would と同様に**描出話法**で用いられることがある。上記では (a) が直接話法、(b) が間接話法、(c) が描出話法となる。描出話法は形からは判断しにくいので、内容をよく吟味する必要がある。**ナレーターや筆者のセリフととらえるとおかしいと思った場合は描出話法の可能性が高い。**

▶ §105 描出話法の could

英文解説

　第 2 文の (was) going は予定を表す進行形。going on〈with British Airways〉to Moscow to attend ～は「～に出席するためにモスクワまでブリティッシュエアウェイで進む」が直訳。「～社の便で」には with を用いる (*ex.* fly with ANA「ANA で行く」)。第 3 文の wearing a UA badge は後ろから A security man を修飾し、asked の次に me の省略。第 6 文の another の次に flight の省略。its responsibility の its は the airline を指す。下線部の I was on my own「私は一人だ」とは「助けてもらえない」の意味。下線部の第 2・3 文は The official「係員」のセリフが主節に書かれた描出話法。これを筆者のセリフととるのはおかしいと気づくだろう。直接話法に戻すと次の通り。

He said, "If *you* aren't prepared to take up *my* offer, *you* are on *your* own. But *you* can try *your* luck with a direct Aeroflot flight to Moscow."

You can ～は「～してみたら」という**勧誘**を表す用法。

【訳例】

　二週間前のことだが、ベルリン行きの航空機が飛び立つ予定時刻よりも前にたっぷり 50 分もの時間の余裕を持ってロンドンのヒースロー空港に到着した。そこまではユナイテッド航空を使ったが、その先は引き続きブリティッシュ航空でモスクワまで行って、タイムズ紙を代表して会議に出席する予定だった。ユナイテッド航空のバッジを付けた保安員が私にパスポートの提示を求めてきた。(途中略) 彼は私がよからぬことを企んでいると確信していたようだ。もっとも、どんな罪かは説明してくれなかったが。(途中略) 25 分にわたる厳しい取り調べから解放されたときには、搭乗が終わっていた。航空会社は私にベルリン行きの他の便を探してくれると申し出てはくれたが、モスクワまで運ぶのは会社の責任ではないと言う。予定のブリティッシュ航空の便に連絡したベルリン行きなど他にはなかった。係の人は肩をすくめるだけで、「私の申し出を受ける気がなければお力添えはできません。けれども、一か八かモスクワ直行のアエロフロートにでも乗ってみてはいかがでしょうか」と言った。

● 教 訓 ●

● could が描出話法で使われ、You can ～で勧告を表すことがある。

▶第10章 遠い形：would と could の処理

練習問題

(1) A thousand years ago, the position of Latin would have seemed unassailable. Who knows what the position of any language will be in a thousand years' time? Language status is intimately bound up with political, military, economic and cultural power, and as these variables alter, so languages rise and fall. 〔2006年後期・下線部〕

(2) 'Come back soon,' she (= my grandmother) called out as eventually I boarded the train. 'We'll miss you.'

'I won't be long,' I said. It was as if I were leaving for a morning or for an hour; but in truth the interval would be much greater than that.

I believe my grandfather suspected as much, because he came up to me as l leaned out of the window and put his hand against my cheek. 〔1993年前期・本文中〕

【語 註】
(1) unassailable 難攻不落の　be (intimately) bound up with ～ ～と密接に結びついている　variables 変数
(2) call out 叫ぶ　board ～ (列車)に乗り込む　miss *sb* (人)を恋しいと思う　I won't be long (帰りは)遅くならない、すぐに帰って来る　it was as if ～ まるで～のようだった (it は非人称)　in truth 実際は　interval (時間の)間隔　as much そのようだと (⇒ §67)　come up to ～ ～に近寄る　lean out of ～ ～から身を乗り出す　put A against B AをBに当てる

第 11 章　意訳構文: 訳出の手引き

　この章では、和訳の際に意訳した方が日本語として自然になる構文を、京大の出題の中から集めてみた。とは言え、**it is not until 〜 that ...**「〜して初めて...」や **never 〜 without doing ...**「〜すれば必ず...」といったような、通常の参考書には必ず掲載されているものは省き、**あまり巷の英語攻略本では強調されていないものが中心になっている**。次も通常の参考書に載っていることが多いと判断し、本編からは削除したものであるが、うまく訳せるだろうか。

> (1) It will not take her long to leave these particular expressions of her helplessness behind. She will soon crawl or find an alternative way of moving until she is ready to discover walking.
>
> 〔2005 年後期・下線部〕
>
> (2) The first time I saw this video, which was not so very long ago, I found myself experiencing an extraordinarily bewildering minute, moved more deeply than I could readily account for.
>
> 〔1991 年後期・下線部〕

　(1) **It will not take her long to do 〜** は「〜するのにさほど時間がかからないだろう」という直訳でも構わないが、前から「**程なくして〜するだろう**」と訳せば左から右に読める。**〜 until ...** も「...するまで〜する」よりも、「〜して、ついには...」という意訳のパターンを知っておけばこれも訳し下ろせる。
　(2) **more ... than ＿ can 〜** は than 以下を否定で訳して「**〜できないほど...**」と訳すと自然な日本語に近づく。moved は experiencing と同格。

【訳例】
(1) 程なくして、彼女は自らの無力さをこのように示すことから卒業するだろう。やがてハイハイをするか、それに変わる移動の方法を見つけ出し、ついには歩ける態勢が整うだろう。
(2) さほど昔の話ではないが、初めてこのビデオを見たとき、気がつくと私は自分でもどうしようもない戸惑いを経験していて、容易には説明がつかないほど深い感動を覚えた。

241

§106　have to 〜 before S can...

> #### 課題文
> 　Any fool can be fussy and rid himself of energy all over the place, but a man has to have something in him before he can settle down to do nothing. He must have reserves to draw upon, must be able to plunge into strange slow rivers of dream and reverie, must be at heart a poet.
> 〔1978 年・下線部〕

【語註】
fussy 騒ぎ立てる　rid *oneself* of 〜 〜をなくす　man（ここでは）「一人前の大人」の意味　settle down to *do* 〜 身を入れて〜する　do nothing 無為に過ごす　reserves 蓄え　draw upon 〜 〜を頼る　plunge into 〜 〜に飛び込む　reverie 幻想　at heart 根は

構文研究

(a) You **must** persevere **before** you **can** succeed.
　「頑張り通せば成功できる」
(b) You **have only to** read the newspaper **to** see what has happened.
　「新聞を読みさえすれば事件がわかる」

　(a) の直訳は「成功できる前には頑張らなければならない」だが、一読してわかりやすい日本語とは言えない。**must**[**have to**] 〜 **before** __ **can** ... は「〜しなければ...できない」や「〜して初めて...できる」と意訳するとわかりやすい。
　(b) の **have only to** 〜 の部分だけで「〜しさえすればよい」と覚えている人が多いようだが、この句はふつう後ろに **to see / realize / find out / figure out / perceive** ...などが続き、「〜しさえすれば...がわかる / に気づく」と訳し下ろした方が自然である。なお、have only to は特に熟語でもなく、have to の間に only が入っただけなので、**only have to** という語順もある。

英文解説

　第 1 文の but 以降が **have to 〜 before __ can** ...の構文なので「〜しなければ...できない」や「〜して初めて...できる」と訳すとわかりがよい。第 2 文の to draw upon は reserves を修飾する形容詞用法（⇒ §89）。そして、3つの must が列挙になっている。

▶ §106　have to 〜 before S can...

〜 a man **has to** have something in him **before** he **can** settle down to do nothing.
He ┌ must have reserves to draw upon,
　　│ must be able to plunge into strange slow rivers of dream and reverie,
　　└ must be at heart a poet

【訳例】
　どんなバカでも騒ぎ立て、そこら中に精力を発散することはできるが、一人前の大人は内部に何物かを持っていなければ、身を入れて無為に過ごすことはできないのである。一人前の大人は頼るべき蓄えを持っていなければならないし、夢と空想の不思議な緩慢な流れに身を投じることができなければならないし、根は詩人でなければならない。

類題

(**1**) You have to know enough about something to be confused before directions help.　〔A. Rooney: *Pieces of My Mind*〕
(**2**) The British have only to watch a Japanese film to see that facial expressions are not always clear in meaning to those raised in another culture.　〔同志社大・工・1998 年〕
(1)「何かにまごつくほどの知識を持ってはじめて説明書は役立つ」
(2)「イギリス人は日本の映画を見さえすれば、顔の表情は、異なる文化で育った人々にとっては、その意味が必ずしも明確ではないことがわかる」

(**1**)「説明書が役立つ前には混乱するくらい何かについて知っていなければならない」という訳では意味不明。説明書はいきなり読んでも意味がわからず、対象となる製品に慣れてきてようやくその意味がわかる、ということ。
(**2**) **have only to 〜 to see ...** の構文なので「〜しさえすれば...がわかる」と訳すと速読用にもなるし、自然な日本語にもなるだろう。

●教訓●
● must [have to] 〜 before _ can ...　「〜しなければ...できない」
　　　　　　　　　　　　　　　　　　「〜して初めて...できる」
● have only to 〜 to see/realize/find out/figure out/perceive ...
　　　　　　　　　　「〜しさえすれば...がわかる／に気づく」

▶第11章　意訳構文：訳出の手引き

§107　one thing 〜; another ...

課題文

(**1**) It is one thing to figure out whether, how, and why the Earth's climate is changing, but it is quite another to work out what to do about it. 〔2001年後期・下線部〕

(**2**) It is one thing to review for a public audience the basic principles of chemistry; it is quite another to discuss the merits, hotly debated, of a new hypothesis on the physical chemistry of superconducting materials. 〔2004年前期・本文中〕

【語註】
(1) figure/〜/out 〜を理解する　work/〜/out（案など）を練り上げる　(2) merits 偉業　hotly debated 白熱した議論のなされている　hypothesis 仮説　superconducting 超伝導の

構文研究

(a)　**It is one thing to** make plans; **it is quite another to** carry them out.
≒　**It is easy to** make plans; **it is rather hard to** carry them out.
「計画を立てることと実行することは全く別問題だ」

〜 **is one thing, but ... is (quite) another** は「〜と...は（全く）別問題だ」と意訳する、おなじみの公式であろうが、これは「〜は比較的容易だが、...は困難だ」という意味合いを持つ。よって、日本語と違って〜と...の位置を勝手にひっくり返すことはできない。これは英作文でも用いる際の注意点でもある。

英文解説

(1) 第1文が **It is one thing to do 〜, but it is (quite) another to do ...** の構文。the Earth's climate is changing は whether/how/why の3つに共通に使われている。what to do about it は do something about it「何か手を打つ」の変化形。。

(2) も出だしが **It is one thing to do 〜, but it is (quite) another to do ...** の構文。review は動詞で、review sth for sb で「(人)向けに(事)の概説を書く」という語法だが、「事」に相当する the basic principles of chemistry

244

▶ §107　one thing ～; another ...

が新情報で、さらに; (セミコロン) 以下の付加説明が加わって長くなったために後ろに回した形 (⇒ §31)。the merits, hotly debated, of a new hypothesis on ～の on は「～に関する」の意味で、debated (過去分詞) も of 以下も共に merits を修飾する。

It is one thing to review〈for a public audience〉the basic principles of chemistry;
it is quite another to
　　　　discuss the merits [, (which are) hotly debated,)]
　　　　　　　　[of a new hypothesis on the physical
　　　　　　　　　chemistry of superconducting materials].

類　題

　　With regard to theory and practice there are two opinions.　Some say that theory is one thing and practice another, so that they do not necessarily go together.　Others are again of opinion that it is because of the inaccuracy of theory that the two do not agree.　　　　〔東大〕

「理論と実際に関して2つの意見がある。理論と実際は別問題だから、それらは必ずしも相伴わないと言う者もあれば、また、この両者が一致しないのは理論が不正確なためだと言う意見の者もある」

Some ～. Others ...は「～するものもあれば...するものもある」という構文。it is because of ～ that ...は「...するのは～が原因だ」という構文。

【訳例】
(1) 地球の気候は変動しているのか、変動しているとすれば、どのように、なぜ変化しているのか、ということを理解することと、それに対して何をすべきか対策を立てることとは別の問題である。
(2) 一般読者に向けて化学の基本原理の概説を書くことと、超超伝導体物質の物理化学に関する新たな仮説の、目下激しく議論されているさまざまな利点について論じることとは全く別問題である。

● 教　訓 ●

● ～ is one thing, but ... is (quite) another
　「～と...は (全く) 別問題だ」/「～は比較的容易だが、...は困難だ」

§108　It is not that ～

課題文

(1) To predict the vast majority of human acts—going to the refrigerator, getting on the bus, reaching into one's wallet—you don't need to crank through a mathematical model, run a computer simulation of a neural network, or hire a professional psychologist; you can just ask your grandmother. <u>It's not that common sense should have any more authority in psychology than it does in physics or astronomy.</u> 〔1999年後期〕

(2) Scientists often ask me why philosophers devote so much of their effort to teaching and learning the history of their field. (途中略) My answer is that the history of philosophy is in large measure the history of very smart people making very tempting mistakes, and if you don't know the history, you are doomed to making the same mistakes all over again. (途中略) <u>Not that professional philosophers don't make—and even defend—the old mistakes too. If the questions weren't hard, they wouldn't be worth working on.</u> 〔2014年〕

【語註】
(1) reach into ～ ～の中に手を入れる　crank through ～ ～を動かす　mathematical model 数値モデル　run (実験)を行う　simulation 模擬実験　neural network 神経網　common sense 良識　authority 権威　(2) devote A to B AをBに捧げる　in large measure 大部分において　tempting 心をそそるような　be doomed to doing ～する運命にある　all over again (嫌だが)もう一度　work on ～ ～に取り組む

構文研究

(a) I cannot accept the offer. **It is not that** I dislike it.
(b) I cannot accept the offer. **Not that** I dislike it.
(c) **Just because** I cannot accept the offer **doesn't mean that** I dislike it.《口》
「私はその申し出を受け入れるわけにはいかない。だからと言って、気に食わないわけではない」

It is not that ～や **not that ～**は前文を受けて「だからと言って～というわけではない」と意訳する。

▶ §108 It is not that ～

英文解説

(1) 第1文の To predict ～は目的を表す副詞用法。主節の don't need to *do* ～, *do* ... or *do* __ は「～も...も__もする必要はない」の意味。not は or と呼応する場合、それぞれを平等に否定する。下線部の **It is not that ～**は前文の「おばあさんに聞いてみろ → 良識だけで判断できること」を受けている。

(2) 下線部は、「哲学史を学ばないと同じ間違いを犯す」という前の内容を受けている。**not ～ and ... (too)** は「～と同時に...することはない」の意味。

You can**not** have your cake **and** eat it (,**too**).
「ケーキを保持したまま同時に食べることはできない ☞ 両手に花は無理」

～ is worth *doing* の構文は *doing* の目的語が主語に繰り上がる形で終わる**不完全文**になる。本文は working on の目的語が主語の they (= the questions)。
第2文の of very smart people making very tempting mistakes の箇所は、魅力的な間違いを犯すことに重点があるので、making very tempting mistakes は動名詞で very smart people はその意味上の主語 (⇒ §92)。

【訳例】

(1) 人間の行動の大部分（冷蔵庫のところに行ったり、バスに乗ったり、財布の中に手を入れたりすること）を予測するためには、数値モデルをあれこれ使い回したり、コンピュータで神経回路の模擬実験をしたり、専門の心理学者を雇ったりする必要はない。ただ自分のおばあちゃんに聞けばよいのだ。だからと言って、常識が心理学において物理学や天文学の場合よりも大きな力を持つべきだと言っているわけではない。

(2) 科学者はよく私に、哲学者はなぜあれほど多くの時間を自分の学問分野である哲学の歴史を教えたり学んだりすることに充てるのかと聞いてくる。(途中略) これに対する私の回答は、哲学史というものは大部分において、とても聡明な人がとても魅力的な間違いを犯してきた歴史であり、その歴史を知らないと再度同じ間違いを犯す運命にある、というものだ。(途中略) だからと言って、哲学の専門家が、昔ながらの間違いを犯したり、さらには間違いを擁護したりしない、というわけではない。問題が難しいものでなければ、それに取り組むに値しないものであろう。

● 教 訓 ●

● **It is not that ～ / Not that ～**「だからと言って～というわけではない」

§109　前文を担う not

> **課題文**
>
> Other desires become the occasion of pain through scarcity of the material to gratify them, but not the desire of knowledge: the sum of things to be known is inexhaustible, and however long we read we shall never come to the end of our story-book.　〔1988年・下線部〕

【語 註】
occasion 原因、引き金　scarcity 欠乏　gratify〜 〜を満足させる（≒ satisfy）　sum 総量　inexhaustible 無尽蔵の

構文研究

(a) I don't like her—not if she likes me.

(a)のダッシュ以降を正確に訳せるであろうか。not if は特に熟語ではない（if not なら熟語的ではあるが⇒§8）。この not は**前文の否定文を一手に担う用法**で、省略を補うと(b)の通りである。

(b) I don't like her—(I do) **not** (like her) (even) if she likes me.
「私は彼女は好きではない。たとえ彼女が私を気に入っていても、私は彼女は好きではない」

できれば、和訳には not が受け持つ部分をもう一度訳すのが丁寧でよい。この not の使い方は、次の I hope not. などと同じ用法である。

(c) "Will it rain tomorrow?" "I hope **not**."
「明日は雨降るかな」「降らないといいけど」

(c)の第2文は I hope (that it will) **not** (rain tomorrow). ということである。

英文解説

through は「〜（という原因）によって」の意味。to gratify them (= the desires) は material を修飾する形容詞用法。but の次の **not** が前文の否定文を担う用法で、the desire of knowledge は主語であるから、これも一種の倒置。however long は no matter how long と同じで we read までがこの節内。

we shall はイギリス英語で、アメリカ英語なら we will になる。

 not the desire of knowledge
= the desire of knowledge (does) **not** (become the occasion of pain through scarcity of the material to gratify them)

【訳 例】
 他の欲望は、それを満たすだけの材料が不足すると苦痛の種になるが、知識欲はそうならない。知るべきことの総量は無尽蔵であり、どれほど長く読書しようとも、我々の物語の果てに行きつくことは決してない。

類 題

 At one time it was common to define man as a thinking animal, but we can hardly imagine thought without words—not thought that is precise, anyway. 〔C. L. Barber: *The Story of Language*〕
「ひと頃は、人間は考える動物だと定義するのがふつうだったが、言葉を伴わない思考はまず想像できない。少なくとも正確な思考というものは想像できない」

ダッシュの次の not が前文を担う not。このように**カンマやダッシュの次に文法的におかしく見える not** があったら、**前文を担う not** である可能性が高い。

 not thought that is precise, anyway
= (we can) **not** (imagine) thought [that is precise] (without words), anyway

● 教 訓 ●

● 否定文, not ... / 否定文―not ... : 前文を担う not
 ☞ 前文の否定文の箇所の重複を回避する省略

§110　to such an extent that 〜 / to the degree that 〜 / to the point of 〜

課題文

(1) Survivors will need to have changed their forms, their homes and their nature to such an extent that we would be challenged to call their continued existence 'living' by our own standards today.
〔2005年後期・下線部〕

(2) We laugh at what Molière says only to the degree that we find him funny. When he bores us, we are not afraid to appear bored, and we put him back in his place as bluntly as if he had neither genius nor fame.
〔1997年後期・下線部〕

(3) If in the past the powers-that-be discouraged people to even think about it, today *nothing* is well out of the closet. Brought out from the recesses of forbidden thought to an honored place within the hallowed halls of philosophy and religion, and finally into the wide world, *nothing* has been widely taken on board by the arts, almost to the point of obsession.
〔2015年・本文中〕

【語註】
(1) nature 性質　challenge sb to do (人)が〜することに異議を唱える　continued existence 生存し続けている状態　by 〜 standards 〜の基準では　(2) Molière モリエール (フランスの喜劇作家)　be not afraid to do 〜 臆面もなく〜する　appear+形容詞 〜な顔をする　put sb (back) in one's place (人の本)を元の位置に戻す　bluntly そっけなく　(3) powers-that-be 権力者　well 十分に　be out of the closet 公表されている　the recesses 奥深い場所　honored 名誉のある　hallowed 神聖な　take 〜 on board 〜を取り入れる

構文研究

(a) Nick had changed **to the extent [degree] that** I couldn't recognize him.
(b) Nick had changed **to such an extent that** I couldn't recognize him.
(c) Nick had changed **to the point where [that]** I couldn't recognize him.
「ニックはそれとわからないほど変わっていた」

to the extent [degree] that 〜/ to such an extent that 〜/ to the point where [that] 〜は「〜するくらいまで」と訳すと自然な日本語になる。

▶ §110　to such an extent that 〜 /to the degree that 〜 / to the point of 〜

to the point where 〜だけはなぜか未だに辞書に載っていない場合が多い。

英文解説

(1) will need to have changed は「未来において完了している必要があるはず」という意味。we would be challenged to call 〜の would は仮定法で条件は to 不定詞以下に潜伏している。「〜と呼んだならば、我々は異議を唱えられるだろう」が直訳。能動態に戻してパラフレーズすると次の通り。

people	would challenge	us	to call	their continued existence	'living'
S	V	O	C (V'	O'	C')

(2) **to the degree that** we find him funny は「彼を面白いと思う程度だけ」という直訳から「彼を面白いと思う分だけ」と意訳できる。

(3) 第1文の think about it の it は主節の *nothing* を指す。Brought out の前に Being が省略された分詞構文。続く from A to B, and into C は「AからBへ、さらにCへ」の意味。**to the point of 〜**は to the point where 〜 の〜が名詞になった異形で「〜と言えるくらいにまで」の意味。

【訳例】

(1) 生き残ったものたちは、今日の我々の基準では、その生存し続けている状態を「生きている」と呼ぶことが疑わしいほど、その姿や住み家やその性質をすっかり変えてしまっている必要があるはずだ。

(2) 我々はモリエールが (本の中で) 言うことに対して、彼を面白いと思う分だけしか笑わないのである。モリエール (の本) に退屈させられたら、我々は遠慮なく退屈そうな顔をする。そして彼が才能も名声もないかのように容赦なく彼の本を元の位置に戻してしまうのだ。

(3) 過去に権力者たちが人々に「無」について考えることさえさせないようにしたとしても、「無」は十分に公のものとなっている。禁止された思想という奥深い場所から哲学や宗教という神聖な会堂の内部にある名誉ある場所に、そして最後には広い世界に引き出され、「無」は芸術により、ほとんど心を奪われたかのように広く取り入れられてきた。

● 教 訓 ●

- **to the extent [degree] that 〜 / to such an extent that 〜 / to the point where [that] 〜**「〜するくらいまで」

▶第11章　意訳構文：訳出の手引き

§111　if only to *do* ～ / if only because ～

> **課題文**
>
> (1) Whatever the attitude towards the cultures who use it (= English), the value of the language as a functional tool is widely accepted. Even those who are most opposed to it find themselves having to use it, if only to achieve a broad audience for their opposition.
>
> 〔2006年後期・下線部〕
>
> (2) Sometimes you don't just want to *risk* making mistakes; you actually want to make them—if only to give you something clear and detailed to fix.　〔2014年・本文中〕

【語註】

(1) attitude towards ～　～に対する考え方　functional tool 機能的な道具→役立つ道具　be opposed to ～　～に反対している　opposition 反対意見　(2) not just ～ ; … 　～のみならず…も ☞ ; (セミコロン) は but の代用　detailed 詳細な　fix ～ ～を修正する

構文研究

(a) You should come **if only to** take a look at it.
　「それを一目見るだけだとしても来るべきだ」

(b) You should respect him **if only because** he is honest.
　「彼が正直だという理由だけでも彼を尊敬するべきだ」

if only to *do* ～ は「～するためだけだとしても」、**if only because** ～ は「～する理由だけだとしても」と意訳を覚えておくときれいに訳すことができる。共に if は even if の意味で、if 節中は it is の省略。it は主節の動詞を含んだ内容を指す。(a) は来るべきだということ、(b) は尊敬するべきだということ。

(a) You should come (**even**) **if** (**it is**) **only** (**meant**) **to** take a look at it.
(b) You should respect him (**even**) **if** (**it is**) **only because** he is honest.

英文解説

(1) 第1文の Whatever は No matter what と同じで「たとえ何が〔何を〕～しようとも」の意味。whatever 節は動詞が be 動詞のときは省略されること

▶ §111　if only to *do* ～ / if only because ～

もある。本文も attitude という主語を受ける is が省略されている。第 2 文の who are most opposed to it は those「人々」を先行詞とする関係代名詞節。most は手前に the がないので最上級ではなく very の意味。it は English を指す。find *oneself doing* ～は「ふと気づけば～している」という決まり文句。**if only to** achieve は even if it (= using English) is only meant to achieve の意味。achieve a broad audience for their opposition「自分の反対意見のために広い聴衆を獲得する」とは「自分の反対意見を多くの人に聴いてもらう」という意味。

(**2**) risk がイタリック体になっているのは「あえて危険を冒す」ということを強調するためであろう。something clear and detailed to fix の to fix は something を修飾する形容詞用法 (遠方修飾☞ §33)。

【訳 例】
(**1**) 英語を用いる人々の文化に対する考え方がどうであれ、実用的な道具としての英語の価値は広く受け入れられている。英語を用いることに強く反対している人でさえ、自らの反対意見に対して多くの人に耳を傾けてもらうためだけでも英語を使わざるを得ないのである。
(**2**) 時には間違えを犯す危険をあえてしたくなるのみならず、実際に間違えを犯したくなる。たとえそれが修正するべき明瞭で細かいことを自らに提供するためだけであっても。

類　題

　　Left to itself, the market will generally prefer virgin to recycled materials, if only because they are generally better.　〔群馬大・1992 年〕
「放っておけば、市場というものは、一般に品質がよいという理由だけでも、再利用された原料よりも、まっさらな原料を好むものである」

Left to itself の前に Being が省略されている分詞構文。virgin と recycled は共に materials を修飾している並列関係。if only because 節内の they は materials を指す。

● 教　訓 ●

● if only to *do* ～　　「～するためだけだとしても」
● if only because ～　「～する理由だけだとしても」

▶第11章　意訳構文：訳出の手引き

練習問題

(1) Even after children come to be able to reason independently, instruction must continue with a concern for their moral development and society's well-being. It is not that total cooperation to authority in all contexts is desirable; it is that in certain situations where the good of the community is at stake, the complete acceptance of authority is more than helpful. 〔2007年・本文中〕

(2) In 1931, just three years after the Pup had been identified as a white dwarf, two French anthropologists, Marcel Griaule and Germaine Dieterlen, began to study the Dogon way of life. They earned the people's trust to such an extent that their priests agreed to reveal to them the tribe's secret beliefs. 〔1994年後期・本文中〕

【語註】

(1) reason 論理的に考える　independently 自主的に　instruction 教育　with a concern for ～ ～に配慮して　well-being 福利　authority 権力　contexts 状況　good 利益　at stake 危うくなって　more than ～ 十二分に～

(2) be identified as ～ ～と認識される　white dwarf 白色矮星　anthropologists 人類学者　the Dogons ドゴン族 (the Dogon way of life の Dogon は形容詞的に使っているので -s はない)　earn sb's trust (人)の信頼を得る　priests 司祭　reveal ～ ～を明らかにする

第12章　誤訳しやすい語句・表現

　最後は京大の過去問で出題された文から、誤訳しやすい単語・熟語や表現を取り上げたいと思う。この中にはいわゆる**多義語**と呼ばれるもの（but/short/will など）、辞書の定義通りの訳では意味不明になってしまうので**意訳が必要なもの**（otherwise/apparently/supposedly など）、いわゆる**受験参考書で紹介されている使い方とは違うもの**（may well/might as well など）、定番の訳語に問題があるもの（constitute/after all/cannot help *do*ing など）、**辞書の定義や熟語欄にはっきり熟語や決まり文句と示されていないもの**（be a function of 〜/what 〜 is all about など）、**形だけを見て単純に熟語だと思って訳すと誤訳になるもの**（such 〜 as ... / one of 〜など）を扱う。

　これらは、いわゆる構文という観点からは少々ずれるものもあるが、**巷の参考書や辞書にさえはっきり記述されていないものもある**ため、これを機会に取り上げたい。いずれにせよ、正しい英文解釈をするためには欠かせない項目なので、検討する価値は十分にあると思う。裏を返せば、そのような単語・熟語・表現にターゲットを当てて下線部訳を付して出題している京都大学の先生方に先見の明と鋭さを感じる。英語という科目はある意味不思議な科目で、辞書や文法書に載っていなくとも、多読している人間は自ずと了解している項目というものが存在する。

(1) otherwise を単純に「さもないと」と訳していないか？（⇒ §115）
(2) apparently を「明らかに」だと思っていないか？（⇒ §117）
(3) 文中でも文修飾になる副詞があることを知っているか？（⇒ §117）
(4) might as well 〜を「〜した方がよい」だと思っていないか？（⇒ §120）
(5) after all を「結局」だと思っていないか？（⇒ §121）
(6) cannot help *do*ing 〜を「〜せざるを得ない」だと思っていないか？
　　　　　　　　　　　　　　　　　　　　　　　　　　　　（⇒ §122）
(7) Your mood is a function of the weather. を訳せるか？（⇒ §123）
(8) Knowing yourself is what education is all about. を訳せるか？（⇒ §125）

§112　基本単語ほど要注意 (1)：but ～/short of ～

> **課題文**
>
> (1) The poem, or the kind of poem we write nowadays, is a single emotional spear-point, a concentrated effect that is achieved by leaving everything out but the emotion itself. 〔1988年・下線部〕
>
> (2) I am nearly five months pregnant, and have been warned not to take too much exercise: it might deprive the baby of oxygen. But what else could I do, short of going home and giving up altogether? 〔1992年後期・下線部〕

【語註】
(1) spear-point 槍の切っ先　leave/～/out ～を除外する、排除する　(2) pregnant 妊娠した　take exercise 運動をする　deprive sb of sth (人) から (事) を奪う　go home 文脈を抜いてしまったが、ここは「帰国する」の意味　oxygen 酸素　altogether 完全に、すっかり

表現研究

but や **short of** には「～以外」(≒ except) の意味がある。この **but** の品詞は前置詞なので、but の次は名詞止めになる。さらに、but がこの意味になるときは、直前に **all** や **every/any/no** やその合成語 (**everything/everyone/anything/anyone/nothing/nobody**) がいる。ただし、all but に限り、「ほとんど」(≒ almost) という熟語のときもある。その区別は、but の次に名詞があれば「～以外の全て」で、形容詞か副詞があれば「ほとんど～」となる。

(a) We fled **all but** one.
　　「一人を除いて皆逃げた」☞ one は名詞 (fed は flee の過去形)
(b) Tom is **all but** dead.
　　「トムは死んだも同然だ」☞ dead は形容詞

一方、**short of** にもいろいろな用法があるが、よく使われるのは「不足して」の意味と「～以外」の意味である。前者はふつう be 動詞や run と用いる。後者は but と同様、**every** や **any** や **no** やその合成語 (**everything/anything/nothing** など) と用いるか、short of の次が **doing** 〈動名詞〉で主節は否定文になっていることが多い。

(c) They **are short of** food in the area.
They are **running short of** food in the area.
「その地域は食糧不足である」
(d) **Short of** murder, George would do *anything*.
「殺し以外なら、ジョージは何でもしかねない」
I *can't* think what to do with the letter, **short of** hid*ing* it.
「隠す以外に、その手紙をどうすればよいのか思いつかない」

英文解説

(1) The poem, or 〜の or は「すなわち」の意味。「詩」と言ってからもっと詳しい説明を付けた方がよいと筆者が判断したのだろう。a single emotional spear-point と a concentrated effect も同格で、「槍の切っ先」は比喩表現だから、これももっとわかりやすく説明した方がよいと考えて付加情報を加えたと考えられる。effect の次の that は関係代名詞で先行詞は effect である。leaving everything out but the emotion itself は emotion が名詞止めになっている (itself は emotion と同格の強調用法) ので **but** は前置詞と判定でき、手前に everything がいるので、but は「〜以外の」と決まる。

(2) **short of** の次に going という**動名詞**がいて、主節は what else could I do「他に何ができよう」という反語が来ている (⇒ §104) が、反語は**否定文**とほぼ同義なので、short of の訳は「**〜以外**」と決まる。

【訳例】

(1) 詩、つまり我々が今日書いているような類の詩は、ただ一点の感情という槍の切っ先であり、それはすなわち感情そのもの以外の全てのものを除外することによって得られる効果が凝縮されたものだ。

(2) 私はもうすぐ妊娠5ヵ月で、あまり動き回ってはいけないと注意されている。お腹の赤ちゃんが酸欠になりかねないからだ。でも、国に引き返して何もかも諦めるより他に何もしようがないではないか。(註：文脈的には「まさか国に引き返して何もかも諦めるわけにはいかないだろう」と訳した方が適切)

● 教 訓 ●

- all/every 〜/any 〜/no 〜 + [but / short of] + 名詞「(名詞)以外の全て / 〜」
- S not V〜〈否定文〉short of *do*ing ...「...すること以外に〜しない」

▶第12章 誤訳しやすい語句・表現

§113　基本単語ほど要注意 (2)：ask / alike / will

> 課題文
>
> (1) To expect otherwise is to ask that history be rolled back long before 1492 and that its course be plotted along other lines entirely.　〔1993年後期・本文中〕
>
> (2) Whether "real" pictures illustrate a text or whether the text merely clarifies the pictures, real pictures and word pictures alike silently and powerfully make a single demand: they want recognition.　〔1999年前期・下線部〕
>
> (3) She (= Susan) stares toward the reception room door, willing it to open and Nicki to walk through. But Nicki has been remarkably resistant to her mother's will of late, and the door stays firmly closed. Are all fifteen-year-old girls so stubborn? So argumentative?　〔1999年前期・下線部〕

【語 註】
(1) roll /~/ back 〜を巻き戻す　plot〜 (小説など)の筋を組み立てる　along other lines 別方向に　(2) illustrate〜 〜を例証する　recognition 称賛、評価　(3) reception room 待合室　walk through 中に入ってくる　remarkably めっきり　resistant 反抗的な　of late 最近 (≒ recently)　stubborn 頑固な、頑(かたく)なな　argumentative 論争好きな、理屈っぽい

表現研究

　基本単語ほど意外な意味や使い方があったりするものである。よって、普段から辞書で細目に調べておきたい。この項では、京大の過去問の中から3つ取り上げることにする。
　ask は語法によって意味が変わる。ask *sb* if SV〜や ask *sb* about *sth* なら「尋ねる、聞く、質問する」で、ask *sb* to *do* 〜や ask *sb* for *sth* なら「頼む、求める」である。しかし、古い用法だが、**ask *sb* that SV**〜も時々見かけることがあり、この場合は「**要求する**」という意味で、現代英語では require を用いる方がふつうだ。require と同様、that 節中の動詞は**原形**(または **should *do***)になる。
　alike はふつうは「似ている」という意味だが、**A and B alike** の語法で「**A も B も (等しく)**」(≒ both A and B) という意味がある。

258

▶ §113 　基本単語ほど要注意 (2)：ask/alike/will

　will は動詞として使うことがある。名詞の will は「意志」という意味なので、そこから派生して「〜を意志の力で実現する」。**will sb to do** 〜という語法なら「（人）が〜することを願う、懸命に（人）に〜させようとする」という意味になる。

(a) Mild **asked that** he be given more money.
「マイルドはもっとお金がほしいと要求した」
(b) You should teach it to full-time **and** part-time workers **alike**.
「そのことは正社員にもパートにも等しく教えるべきだ」
(c) Lucy tried to **will** herself not **to** cry.
「ルーシーは泣かないように努めていた」

英文解説

（1）expect otherwise は「前文（課題文ではカットした）とは逆方向に予想する」→「これとは違った方向に期待する」ということ（⇒ §115）。
（2）"real" pictures の real に " "（コーテーションマーク）が付いているのは、筆者は写真（pictures）が現実を映していないと考えているから。
（3）最後の2つの疑問文は、主人公の心中を地の文で描いている描出話法。

【訳 例】
（1）これとは違った期待をするのは、歴史を 1492 年よりもはるか前に遡り、その進路を他の筋書きに沿って組み直すことを求めているに等しい。
（2）「事実を写した」写真が本文を説明していようと、本文が単に写真の意味を明らかにするだけであろうと、現実を写した写真も文字による描写も、無言でかつ力強く、ただ一つの要求をする。つまり認めてもらうことである。
（3）スーザンは待合室の戸口の方をじっと見て、戸が開いてニッキーが入ってくることを願った。しかし、ニッキーは最近、母親の意志にひどく反抗的である。ドアは依然として固く閉まったままだった。15 歳の女の子はみんなこのように強情なのかしら。あんなに口答えをするのかしら。

● 教 訓 ●

- **ask that SV**（原形）〜「〜を要求する」
- **A and B alike**「A も B も（等しく）」
- **will sb to do** 〜「（人）が〜することを願う、懸命に（人）に〜させようとする」

▶第12章　誤訳しやすい語句・表現

§114　意訳が必要な語句（1）：respectively

課題文

(1) They (= the bright areas and dark areas) changed in appearance during a period of 2 or 3 hours as the angle of the sunlight changed, and that led Galileo to the astonishing idea that those small bright and dark areas represented respectively prominences and cavities, just like the mountains and valleys on earth. 〔1997年前期・下線部〕

(2) In this way the storyteller makes the young Washington and his action symbolize respectively the ideal identity of the American people and an ideological principle to embrace, both of which the rising nation was searching for desperately in the face of European criticism of their having no culture or civilization. 〔2002年後期・下線部〕

【語註】
(1) lead *sb* to 〜 （人）を〜に至らせる　prominences 突出部　cavities 窪み　(2) ideal identity 理想像、理想の姿　ideological 観念的な　symbolize 〜 〜を象徴する　embrace 〜 〜を心に抱く、奉ずる　desperately 必死に　in the face of 〜 〜に直面して

表現研究

respect「〜を尊敬する」「尊敬、（注目するべき）点」の形容詞形は3つある。**respectable**「（家柄などが）ちゃんとした、立派な」、**respectful**「敬意を払った、礼儀をわきまえた」、**respective**「それぞれの、めいめいの、個々の」である。

(a) Susan comes of a **respectable** family.
「スーザンはちゃんとした家柄の出である」
(b) You should be more **respectful** to [toward] your boss.
「君は上司に対してもっと敬意を払うべきだ」
(c) Men and women has their **respective** roles in society.
「男女には社会におけるそれぞれの役割がある」

respect の語源は re- が「再び」で、spect は「見る」である。「再び見る」→「良い点を見直す」→「尊敬する」となる。名詞の場合は、「振り返ってみるようなこと」→「注目」→「（注目するべき）点」(*ex.* in this respect「この点において」) と派生した。**respectable** の原義は「尊敬 (respect) できる (able)」

▶ §114　意訳が必要な語句（1）：**respectively**

だが、昔は尊敬される人と言えば家柄のよい高貴な人であった。そこから「（家柄や社会的に）ちゃんとした」という意味になる。**respectful** は「尊敬（respect）で満たされた（ful<full）」から「敬意を払った」となり、**respective** は「注目するべき点（respect）の性質をもった（tive）」から「個々の細目の」→「個々の、それぞれの」と派生した。この副詞が **respectively**「それぞれ」である。

　次の (d) の文では「ワイシャツ」が「2 千円」で「ネクタイ」が「3 千円」ということである。つまり、書かれた順に「それぞれ」ということなのだが、それなら「それぞれワイシャツが 2 千円でネクタイが 3 千円です」と、〈襷掛け〉風に訳した方がわかりやすいだろう。

(d)　The shirt and tie cost 2,000 and 3,000 yen **respectively**.

英文解説

（1）those small bright areas が prominences に、those dark areas が cavities に対応している。as は「～するにつれて」の意味（⇒ §83）。

（2）the young Washington が the ideal identity of the American people を、his action が an ideological principle to embrace をそれぞれ象徴している（symbolize）ということである。最後の their having の their は American people を指し、having（動名詞）の意味上の主語。both of which は「その両方とも」の意味（関係代名詞）で、節中では searching for の目的語になっている。先行詞は the ideal identity of the American people and an ideological principle to embrace の部分。

【訳例】

(1)　その暗い部分と明るい部分は太陽の光の角度が変わるにつれて 2、3 時間の間に外観が変わり、それを見てガリレオは、ちょうど地球の山や谷のように、その小さな明るい部分が突出部を、暗い部分は窪みをそれぞれ表すのだという、驚くべき考えに至ったのである。

(2)　このようにして、この物語の作者は幼いワシントンをアメリカ人の理想像の象徴に、ワシントンの行動を奉ずべき思想的信条の象徴にそれぞれしている。その両者を、この新興国家は文化も文明もないというヨーロッパからの批判に直面して必死に探し求めていたのである。

●教　訓●

● **A and B 動詞 respectively C and D**「AはCを、BはDをそれぞれ～する」

▶第12章 誤訳しやすい語句・表現

§115　意訳が必要な語句（2）：otherwise

> **課題文**
>
> (1) There are plenty of restrictions to prevent you from making free and easy conversation with just anyone at all. One of the most basic is a general restriction on speaking without good cause to strangers. You may also, politely or otherwise, decline to take up a conversational opening offered by a stranger.　〔1995年後期・下線部〕
>
> (2) Scientists also have a duty to prove to their colleagues that their observations are correct within the limitations of measurement, or that their hypotheses give a better account of a set of observations than all previous hypotheses, or that otherwise their view of the world is justified.　〔1995年前期・下線部〕

【語註】
(1) at all ともかく　good cause 正当な理由　take／～／up（申し出）に応じる　(2) give an account of ～ ～を説明する　*one's* view of life 世界観　justify ～ ～を正当化する

表現研究

otherwise を辞書で引くと、主に (a)「さもなければ」、(b)「違った風に」、(c)「その他の点で」という3つの訳語が掲載されている場合が多い。

(a) Do it right away; **otherwise**, your dad will give you a good scolding.
　「すぐにそれをやりなさい。さもないとパパにうんと叱られるよ」
(b) They say that the jewel is genuine, but I think **otherwise**.
　「連中はその宝石は本物だと言うが、僕は違うと思う」
(c) The soup was cold, but **otherwise** the meal was very good.
　「スープは冷めていた。それ以外では食事は素晴らしかった」

私見では、otherwise という単語を解釈する場合、辞書などの既成の訳語に縛られない方がよいと思う。otherwise の語源は other が「他の」→「それ以外の」→「前文で述べたこと以外の」で、wise は clockwise「時計回りの、右回りの」における wise と同様に「～方向に」という意味である。よって、**otherwise** の基本的意味は「前文で述べたこととは違った方向の、逆方向の」

262

▶ §115　意訳が必要な語句（2）：otherwise

という大雑把な定義でとらえ、あとは文脈でその都度意訳するのが妥当だ。

上記例文の otherwise はそれぞれ、(a) は「すぐにそれをやることとは逆方向の」→「すぐにそれをやらないと」(if you don't do it right away)、(b) は「本物とは逆方向の」→「偽物の」(not genuine = fake)、(c) は「スープが冷めているということ以外は」(except that the soup is cold) となる。

英文解説

(1) politely or otherwise の **otherwise** は「politely とは逆方向の」ということで、「無作法に、そっけなく（= impolitely）」と訳せばよい。

(2) この otherwise を巷の参考書では単純に「その他の点で」と訳しているものが多いが、それだと前半で述べた2つのこと、「自分の観察結果が測定の範囲内では正しいということと自分の仮説は従来のどの仮説よりも一連の観察結果を上手く説明できるということ以外では自分の世界観が正当化される」となってしまいおかしい。前者で述べた2つも「正当化される」はずである。**otherwise** は手前の previous hypotheses を受けて「従来の仮説とは逆方向の」→「従来の仮説を採らなければ」(in a different way from the previous hypotheses/unless the previous hypotheses are adopted) ということである。

【訳例】

(1) ともかく誰であれ、人と自由に気ままに会話をするのに妨げとなる制約がたくさんある。こうした最も基本的な制約の1つは、十分な理由もなく、知らない人に話しかけてはいけないという一般的な制約である。それはまた、知らない人からの会話の切っ掛けに応じるのを丁寧に、またはそっけなく、断ることにもなるだろう。

(2) 科学者はまた、自分の観察結果が測定の範囲内では正しいということ、あるいは自分の仮説は従来のどの仮説よりも一連の観察結果を上手く説明できるということ、またあるいは、従来の仮説を採らなければ自分の世界観が正当化されることを、同僚の科学者たちに証明する義務がある。

● 教　訓 ●

● otherwise「それ（=前文）とは逆（other）方向に（wise）」

▶第12章　誤訳しやすい語句・表現

§116　意訳が必要な語句（**3**）：hint / company

> **課題文**
>
> (**1**) Again, the math and natural science tests posed no difficulties, but a hint of what his (= Einstein's) year in the school meant for him came in his French examination.　〔2004年後期・下線部〕
>
> (**2**) If she (= Muni, female gorilla) refrained from going places by herself it was out of fear, preferring the secure company of her human caretakers to the "dangers" of the surroundings populated by such unpredictable creatures as goats, zebras, and even—her worst nightmare—a baby elephant. Her attachment to adults was more limiting than her movement skills.　〔2005年後期・下線部〕

【語　註】
(1) natural science 自然科学、理科　(2) refrain from～ ～を差し控える　pose～ （困難）を引き起こす　go places あちこち動き回る　out of ～ ～という動機から　caretakers 面倒を見る人、世話人　be populated by ～ ～が住む　creatures 動物（植物は含まない）attachment to ～ ～への愛着　limiting 限定的な

表現研究

　hint という語は日本語になっているだけに却って訳しづらい。英語では「ほのめかし、暗示」（≒ suggestion/indirect indication）ということである。転じて **a hint of ～** で「かすかな～」を意味することもある。

(a) There have been **hints** that Gilbert is thinking of changing jobs.
「ギルバートの素振りからするとどうも転職を考えているらしい」
(b) There was **a hint of** irony in what William said.
「ウィリアムの言葉にはわずかばかりの皮肉が込められていた」

　company の語源は「一緒に（com）パン（pan）を食べる人」である。パンは西洋人にとっての主食なので、日本語に置き換えれば「同じ釜の飯を食う間柄」ということになる。よって、**company** とは「親しい者同士が一緒にいること」→「交際」→「（気心が知れた）仲間」（「仲間」と言っても friend と違って抽象名詞なので厳密には「仲間の状態であること」）を指し、気の置けない仲間

同士が集まって作ったのが「会社」というわけだ。ちなみに、「会社」の意味のときだけは可算名詞だが、あとは全て不可算名詞である。

(c) I really enjoy James' **company**.
「ジェームズと付き合っていて楽しい」

英文解説

(1) but 以下の大まかな構造は、**a hint of 〜 came in ...** となり、直訳すると「〜のほのめかしは...の中にやって来た」となるが、これでは意味不明なので、「〜の中に...がほのめかされている」、さらに「**...を見ると〜をうかがい知ることができる**」ぐらいに意訳したい。

(2) If 節は by herself までで、preferring 以下は分詞構文である。prefer A to B「B より A を好む」の A と B には同じような範疇の語が来るはずなので、B が the "dangers" of the surroundings 〜「〜な環境という危険な状態」(populated 以下は surroundings を修飾する)であることから、A に相当する the secure company of her human caretakers も「状態」について触れていることになる。よって、**the secure company of 〜** で「**〜が一緒にいる安全な状態**」と訳したい。

【訳例】
(1) この時もまた、数学と理科のテストは何ひとつ難しいことはなかったが、フランス語の試験を見ると、この学校で過ごした1年がアインシュタインにとってどのような意味を持っていたかをうかがい知ることができる。
(2) ムニが自分でいろんな所に歩き回るのを控えた場合、それは恐怖からくるものであり、ヤギやシマウマ、さらにムニにとって最も恐ろしい存在であるゾウの赤ちゃんといった、何をしでかすかわからない動物がいる「危険な」環境より、人間の飼育係が一緒にいてくれる安全な状態を好んだからである。動き回れる能力よりも、大人に対する愛着の方が彼女の行動を制限したのだ。

● 教 訓 ●

● **a hint of 〜 came in ...** の意訳:「...を見ると〜をうかがい知ることができる」
● **the secure company of 〜** の意訳:「〜が一緒にいるという安全な状態」

▶第12章 誤訳しやすい語句・表現

§117　意訳が必要な語句 (**4**)：apparently

> **課題文**
>
> (**1**) What did amaze the French scholars was that the Dogons also spoke of Sirius's invisible companion, apparently knowing those things which astronomers had only just discovered: that it was white and very small, but very heavy. They drew its orbit around Sirius and correctly showed it as elliptical.　〔1994年後期・下線部〕
>
> (**2**) You sit down in an airplane, and the person next to you asks you what you do for a living. You reply that you're a physicist. (途中略) Nine times out of ten, the first thing out of his or her mouth is something along these lines: "Physics? I hated that class!" You'll then spend the rest of the trip (or party, or elevator ride, or date) apologizing for the emotional trauma that physics has apparently inflicted on your friend.　〔2011年・本文中・下線部〕

【語 註】
(1) the Dogons ドゴン族　Sirius's companion シリウスの伴星　astronomers 天文学者　show A as B AをBとして示す　elliptical 楕円の　(2) what you do for a living あなたの職業　nine times out of ten 十中八九　along these lines こうした方針・路線に沿った→こうした趣旨の　inflict A on B B (人) に A (苦痛) を与える　trauma 外傷

表現研究

apparently を「明らかに」と訳すのは正確ではない。これは appear to *do* 〜 の副詞化なので、「どうやら〜らしい」「見たところ〜のようだ」「〜と思われる」などと訳すのが正しい。なお、この語は文中にあっても文修飾になることがある。

(a) **Apparently**, things are going well. ☞ 文修飾
　　Things are **apparently** going well. ☞ 文中でも文修飾
≒ Things **appear to** be going well. (≒ Things seem to be 〜)
≒ **It appears that** things are going well. (≒ It seems that 〜)
　　「どうやら事態はよくなっているらしい」

(b) It was an **apparently** motiveless murder.
　　「それは動機がないように思われる殺人であった」

266

▶ §117　意訳が必要な語句 (4)：apparently

英文解説

(1) did amaze の did は強調するための助動詞で、really amaze とほぼ同じ。apparently knowing は分詞構文で、パラフレーズすると and apparently knew (≒ and appeared to know) で spoke of と並列になる。those things which の those は which の先行詞が things であることを明示するための用法で訳さなくてもよい (⇒ §34)。: that ～の:〈コロン〉は「すなわち」の意味で、次の that は名詞節を作り、全体を名詞止めにして things と同格にすることを示した。

(2) 下線部は **spend ＋時間表現＋ *doing* ～**が「(時間)を～して過ごす」、**apologize for *sth*** は「(事)に対して謝罪する」となり、the emotional trauma を先行詞に that 以下が関係代名詞節 (the emotional trauma は inflicted の目的語に相当) で、パラフレーズすると以下の通り。

　　the emotional trauma [that physics has **apparently** inflicted ø on your friend]
　≒ the emotional trauma that physics **appears to** have inflicted on your friend

【訳例】
(1) フランスの学者たちが本当に驚いたのは、目に見えないシリウスの対の星についてドゴン族も語ったことであり、シリウスは白色でとても小さいが非常に重いといった、天文学者たちが発見したばかりのことを彼らはどうやら知っていたらしいということだ。ドゴン族はシリウスの周りを回るその星の軌道を描き、それが楕円形であることを正確に示したのである。
(2) あなたが飛行機の座席に座っていて、隣の人があなたの職業を聞いてくる。あなたは自分が物理学者だと答える。(途中略) 十中八九、相手の口から最初に発せられる言葉は次のようなものだ。「物理学ですか？　私はあの授業は大嫌いでした」。そうなると、あなたは旅 (あるいはパーティなり、エレベーターの中なり、デートなり) の残りの時間を、どうやら物理学があなたの友人に与えたように思われる心的外傷に対して謝罪して過ごすことになる。

● 教　訓 ●

- **Apparently, SV ～ / S apparently V ～**「どうやら～らしい」
- **an apparently ＋形容詞＋名詞**「(形容詞)に思われる (名詞)」

▶第12章 誤訳しやすい語句・表現

§118　意訳が必要な語句（5）：supposedly

> **課題文**
>
> (**1**) By the seventeenth century, several theories had sprung up to deal with the problem. But no one had reason to question the supposedly perfect sphericity of the moon. 〔1997年前期・本文中〕
>
> (**2**) Since they had no heroes, fictional or otherwise, to draw upon, they creatively developed tales about great men who supposedly led their nation. Thus Weems turned to George Washington, a towering figure of the era. 〔2002後期・本文中〕

【語註】
(1) sprung (< spring) up 生じた　deal with ～ ～を解決する (≒ solve)　sphericity 球形
(2) draw upon ～ ～に頼る、～を参考にする　Weems メイソン＝ロック＝ウィームズ
(☞ §100)　turn to ～ ～に頼る　towering 偉大な、重要な　figure 人物、名士

表現研究

supposed, **supposedly** は辞書的定義ではそれぞれ「想定上の」、「推定上」となるが、これをそのまま訳語として用いることは少ない。共に元の動詞である suppose は「推測する、仮定する、思う」という意味であり、特に **be supposed to** *do* ～「～するものと思われている、～することになっている、～しなければならない」の形で使われることが多い。

(a) Machines **are supposed to** spare people time and trouble.
　「機械は人から手間暇を省くことになっている」

(b) Jane is a **supposed** doctor.
　「ジェーンは将来医者になると思われている。（医者の卵だ）／
　医者だと思われている」
　(≒ Jane *is supposed to* become a doctor when she grows up. /
　　Jane *is thought to* be a doctor, although she is not.)

(c) The Titanic was a **supposedly** unsinkable ship.
　「タイタニック号は沈まない船だと思われていた」
　(≒ The Titanic *was supposed to* be an unthinkable ship.)

▶ §118　意訳が必要な語句（5）：supposedly

　supposed も supposedly も基本的には be supposed to *do* ～の異形である。文脈にもよるが、〈**supposed**＋名詞〉は「（名詞）とされている［思われている］もの［人］」、〈**supposedly**＋形容詞＋名詞〉は「（形容詞）とされている［思われている］（名詞）」と訳すときれいな訳語になる。

英文解説

　(1) had reason to question の to 不定詞は形容詞用法。have reason to *do* ～で「～するだけの根拠がある」の意味。question は動詞のときは「～を疑う」(≒ doubt)。the **supposedly** perfect sphericity は「完全だとされている球体」から「完全な球体と思われていること」と意訳する。

　(2) otherwise は手前の「fictional（虚構の）とは逆」ということなので（⇒ §115）、「現実の（actual）」という意味になる。to draw upon は upon の目的語が欠落しているから heroes を修飾する形容詞用法（⇒ §89）。who **supposedly** led their nation は great men を先行詞とする関係代名詞だが、意味は who **was supposed to** lead their nation「自分たちの国を指導したとされている」ということである。George Washington と a towering figure of the era は同格。

【訳例】

(1) 17 世紀までに、この問題を解決するためにいくつかの理論が浮かび上がってきた。しかし、誰一人として、月が完全な球体だとされていることに疑いを差し挟む根拠は持ち合わせていなかった。

(2) アメリカ人には、架空であれ実在であれ、引き合いに出せる英雄がいなかったので、自分たちの国を指導したとされている偉人についてのさまざまな話を都合のいいようにふくらませた。かくして、ウィームズは当時の傑出した人物であったジョージ＝ワシントンに白羽の矢を立てたのである。

● 教　訓 ●

- **supposed**＋名詞：「（名詞）とされている［思われている］もの［人］」
- **supposedly**＋形容詞＋名詞：「（形容詞）とされている［思われている］（名詞）」

▶第12章　誤訳しやすい語句・表現

§119　意訳が必要な語句（**6**）：vice versa

課題文

(**1**) The calculus behind this forecasting is intuitive psychology: the knowledge that I *want* to meet my friend and vice versa, and that each of us *believes* the other will be at a certain place at a certain time and *knows* a sequence of rides, hikes, and flights that will take us there. 〔1999年後期・本文中〕

(**2**) Luigi Nakajima, an interpreter for the Yakult Swallows, feared that the tensions of being in the middle of so many confrontations would give him an ulcer. So he ultimately came to revise his philosophy toward his job and to forget about being a diplomat. "If the American player told a coach to go to hell, or vice versa, then I just translated it in that way without softening it."

〔東大・2010後期・本文中〕

【語註】
(1) calculus 計算法、推論法　forecasting 予測　intuitive 直観的な　a sequence of ～ 一連の～　rides 乗り物に乗ること　hikes 徒歩移動　flights 飛行移動　(2) tensions 緊張　confrontations 対立、係争　ulcer 潰瘍（かいよう）　revise ～ ～を改める　philosophy toward ～ ～に対する考え方　diplomat 外交官（ここでは「調停役」）　Go to hell! くたばれ

表現研究

vice versa は辞書には「**逆もまた同様**」という訳語が載っているが、この句は文脈に応じて具体的に訳した方がよい。基本的には下記例文のように、**前半の文の主語と目的語を入れ替えて訳す**。

(a) Alice wanted to leave me and **vice versa**.
　「アリスは僕と別れたがっていたが、僕も彼女と別れたかった」
　(≒ Alice wanted to leave me and *I wanted to leave her*.)

(b) Robots must be at the service of humans, and **not vice versa**.
　「ロボットが人間に奉仕するのであって、人間がロボットに奉仕してはならない」
　(≒ Robots must be at the service of humans, and *humans must not be at the service of robot*.)

▶ §119　意訳が必要な語句（6）：vice versa

英文解説

（**1**）the knowledge that の that 〜は同格節で that I want 〜と that each of us believes 〜が並列になる。each of us を共通の主語に、believes と knows が並列になっている。さらに、rides, hikes, and flights の3つを先行詞に that will take us there が関係代名詞節。

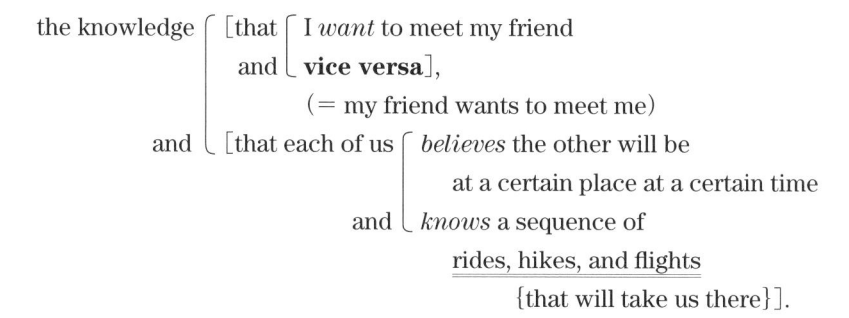

the knowledge 〔that 〔I *want* to meet my friend
　　　　　　　　　　and *vice versa*〕,
　　　　　　　　　　　（= my friend wants to meet me）
　　　　and 〔that each of us 〔*believes* the other will be
　　　　　　　　　　　　　　　　at a certain place at a certain time
　　　　　　　　　　　and *knows* a sequence of
　　　　　　　　　　　　　　rides, hikes, and flights
　　　　　　　　　　　　　　　　｛that will take us there｝〕.

（**2**）the American player told a coach to go to hell（間接話法）の部分は直接話法なら the American player said to a coach, "Go to hell! となり、続く **vise versa** は a coach said to the American player, "Go to hell!" ということになる。

【訳例】

（**1**）こうした予測の背後で計算を行うのが直観的心理学なのだ。すなわち、私は友人に会いたいと思い、相手も私に会いたいと思い、2人とも相手が決まった場所に決まった時間に来ると信じ、そこに行くために乗り物に乗る、歩く、飛行機に乗るといった一連のことを知っているということだ。

（**2**）中島ルイジはヤクルト・スワローズの通訳で、しょっちゅう起きる揉め事の板挟みになる緊張感のせいで潰瘍になることを心配していた。そこで彼は最終的に仕事に対する考え方を変え、調停役になることを忘れるようになった。「そのアメリカ人の選手がコーチにくたばれと言ったり、コーチがアメリカ人選手にくたばれと言ったりした場合には、私はその言葉をオブラートに包まずに単にそのまま通訳した。」

● 教　訓 ●

● vise versa「逆もまた同様」は前文の主語と目的語を逆にして訳す

▶第12章　誤訳しやすい語句・表現

§120　参考書の記述に問題がある語句: may well / might as well / just as well

課題文

(1) This may very well be my way of avoiding that embarrassing student query, "Why do we have to know this?" All the same, it remains a good question, whether posed by the teacher or the student. In this age, no sensible person ought to do without asking what is indispensable to learn.　〔2007年前期・下線部〕

(2) Real mist is like a "white out" when skiing—all sense of direction is lost and one might as well be on another planet. One cannot even be certain if one is going up or downhill.　〔1997年前期・下線部〕

(3) Then the miracle happened. Suddenly there was a fierce blast of wind on my right cheek—and we all stopped dead in our tracks. Just as well that we did! As if a giant banana skin was being peeled back, the mist rolled towards us in a dense solid mass—leaving in its wake a totally clear patch of air.　〔1997年前期・下線部〕

【語註】

(1) *one's* way of *do*ing ～ 自分なりの～するやり方　query 質問 (≒ question)　all the same にもかかわらず　remain (to be) ～ 相変わらず～のままだ　pose ～（問題など）を提出する　in this age 現代では　(2) be on another planet 現実離れしている　downhill 下り坂に、下の方へ　(3) a blast of wind 一陣の風、突風　stop dead in *one's* tracks ぴたりとその場に立ち止まる　be peeled back 剥がれる、剥ぎ取られる　in a mass 塊となって　in *one's* wake ～の通った後に　patch（色などが他と異なって見える）部分

表現研究

　学習参考書などには、助動詞 may の項目に未だに、may well *do* ～「～するのももっともだ」(≒ have every reason to *do* ～) や might [may] as well *do* ～「～した方がよい」という記載があるが、この2つの熟語がこれらの意味で用いられる頻度は極めて低く、現代英語ではむしろ、**may well *do* ～**は「おそらく～だろう」、**might [may] (just) as well *do* ～**は「～するも同然だ」の意味で使われることの方がはるかに多い。また、**it is just as well that ～**「～するとは幸運だ、～しておいてよかった」(it is fortunate that ～) という

▶ §120　参考書の記述に問題がある語句：may well / might as well / just as well

熟語に関しては、頻度が高い割には学習参考書に載っていないために知らない学習者が多い。ここに日本の学習参考書の問題点の一端がうかがえる。

英文解説

（1）may well の間に very が入って強調されている。日本語では **may very well** 全体で「おそらく〜だろう」と訳せば十分だ。no sensible person ought to do without asking what is indispensable to learn の部分は二重否定で、直訳は「賢明な人は、学習に不可欠なものは何かと問うことなく済ますべきではない」であるが、肯定で意訳した方がわかりやすい。

（2）when と skiing の間に one is の省略（⇒ §75）（one は「（一般の）人」）。

（3）Just as well that we did! の省略を補うと (**It was**) **just as well that** we did (stop dead in our tracks) となる。leaving は分詞構文で、and left の意味。leave の目的語は a totally clear patch of air で、手前に in its wake が挿入されている（⇒ §31）。

【訳例】
(1) これはおそらく「なぜこんなことを知らなければならないのか」という、学生がよくする例の厄介な質問を回避する私流のやり方なのだろう。にもかかわらず、その質問をするのが教師であれ学生であれ、この質問が良い質問であることに変わりはない。現代では、賢明な人間なら学習に不可欠なものは何かと問うべきだからだ。
(2) 本物の霧はスキー中の「ホワイトアウト」のようである。方向感覚が全くなくなり、まるで何がどうなっているかもわからない。自分が斜面を登っているのか下っているのかさえ確信できない。
(3) その時、奇跡が起こった。突然、激しい突風が僕の右頬を打った。そして我々は皆ぴたりとその場に立ち止まった。そうしたのがよかった！　まるで巨大なバナナの皮が剥かれていくかのように、霧は、濃い、中身がぎっしり詰まった塊となって、転がるように僕らの方に押し寄せてきた。そして、その跡に澄み切った一片の空が残ったのだ。

●　教　訓　●

- **may (very) well 〜**「おそらく〜だろう」
- **might [may] (just) as well 〜**「〜も同然だ」
- **it is just as well that 〜**「〜するとは幸運だ」(it is fortunate that 〜)

273

▶第12章 誤訳しやすい語句・表現

§121 訳語に問題がある語句 (1)：constitute / after all

課題文

(1) I read through this document quickly and without much attention until I reached the question which asked whether or not I approved of such "impure forms," whether I thought writing of that kind constituted legitimate literature. 〔1991年前期・下線部〕

(2) Money was obviously important to them, but they were also animated by a certain restlessness and curiosity. The voyage into the unknown, after all, had been part of European culture since the days of Odysseus. To some degree this questing instinct was bound up with religious zeal. 〔1993年後期・本文中〕

【語 註】

(1) read through ～ ～にざっと目を通す　without much attention さほど関心もなく　legitimate 本物の、正統な　(2) animate～ ～を駆り立てる　restlessness じっとしていられない気持ち　Odysseus オデュッセウス（ギリシア神話に出てくるトロイ戦争で最も鋭敏なギリシア軍の将軍）　to some degree ある程度（まで）　questing instinct 探究本能　be bound up with ～ ～と密接な関係がある　religious zeal 宗教的な熱意

表現研究

constitute は英和辞典では「～を構成する、～の一部となる」といった訳語が記されているが、早い話が英語でパラフレーズすれば **be**、すなわち「～である」ということだ。もちろん、be よりは固い表現である。

(a) The river **constitutes** the boundary between two countries.
　　「その川が両国の国境になっている」

after all を「結局」という訳語で覚えている人が多いが、この語は厳密には文頭で使う場合と文末で使う場合とでは意味が異なる。**文頭**（または**挿入**）で使われる場合は「**なぜならば**」の意味で前文の理由を述べ、**文末**では「**予想に反して**」（≒ contrary to expectation）の意味になる。また、**after all** ＋名詞（after all は前置詞扱い）となると「あれほどの～の後でも→～にもかかわらず」。

(b) You should let your son go by himself. **After all**, he is already eight.
「お子さんには一人で行かせるべきよ。だってもう 8 歳なんだから」
(c) I didn't think Ella would be jealous. She is human **after all**.
「エラがやきもちを焼くとは思わなかった。所詮彼女も人間なんだ」
(d) **After all** my advice, Kevin resigned from the company.
「いろいろ助言したにもかかわらず、ケヴィンは辞職した」

英文解説

（1）〜 until ...は「〜し、やがて...」と訳し下ろす方が自然 (⇒ p.241)。2 つの whether 節は共に asked の目的語。

（2）**after all** はカンマで挟まれた**挿入**なので**文頭**と同じ扱い。よって「**なぜなら**」と訳す。after all のような〈接続副詞〉の挿入用法は文頭で使われるのと同じ働きをする。例えば、「しかしながら」の however も〈接続副詞〉なのでこれにならう。

(e) I'm taking an exam tomorrow. The certificate, **however**, is missing.
「明日は試験日である。しかし、受験票が見当たらない」
(≒ I'm taking an exam tomorrow. **However**, the certificate is missing.)

【訳例】
(1) 私はこの文書にさっと、さほど気にも留めずに目を通したのだが、そのうち私がその「不純な形式」を認めるかどうか、私がその種の書き物を正式な文学と思うかどうかという疑問に突き当たった。
(2) お金は確かに彼らには重要なものだったが、彼らはまた、ある種の、いても立ってもいられない気持ちと好奇心に駆り立てられたのである。なぜならば、未知の世界への航海はオデュッセウスの時代以来、ヨーロッパ文化の一部となっていたからである。ある程度までは、こうした探究心は宗教的な熱意と結び付けられる。

● 教 訓 ●

- **constitute** 〜「〜である」（≒ be）
- **after all** 　「①〈文頭 or 挿入〉なぜならば　②〈文末〉予想に反して」

▶第12章 誤訳しやすい語句・表現

§122 訳語に問題がある語句(2)：cannot help *doing*

課題文

　Armed with our newly acquired, half-price bus passes for the over-sixties, my wife and I set off for the bus stop. We were bound for Oxford, about twelve miles away. We got to the stop at about 10.50. The bus we wanted was due at 11.02 and by 11.20 there had been no sign of it. The only other passenger, apparently a habitual user of that route, went home.

　Should we do likewise? No, we had set out to experience bus travel and experience it would, with all its happenings. The 12.02 arrived on time. We paid the driver on entering and informed him that the previous bus had not turned up. "Yes, it did," the driver said. As newcomers to the system, we were unwilling to challenge authority. Yet we could not help observing that we had not stirred from the stop. Perhaps we blinked.

〔2001年後期〕

【語註】

half-price bus passes for ～ ～を対象にしたバスの半額券　set off for ～ ～に向かう (≒ leave for ～)　be due 到着予定だ　a habitual user of that route その路線をいつも使っている人　likewise 同様に　with all ～にもかかわらず　on time 定刻に　on entering 乗るとすぐに (≒ as soon as we entered)　turn up 姿を表す　newcomers 新入り　challenge ～ ～に異議を唱える　observe that ～ ～と述べる　stir from ～ ～から動く

表現研究

　cannot help *doing* ～は「～せざるを得ない」という訳語で記憶している人が多いと思うが、正しくは「**(反射的に) つい / 思わず～してしまう**」と訳すべきで、理科的に説明すると、「脳は命令していないが感覚神経が勝手に反応してしまう」という感じである（⇒『京大入試に学ぶ 和文英訳の技術』§18）。

(a) Don looked so funny that I **couldn't help** laug**h**ing even at the funeral.
　「ドンは変な顔をするので葬儀の会場でもつい噴き出してしまった」

　(a)の場合、葬儀の場では笑ってはいけないというのが常識なのだが、「笑

276

▶ §122　訳語に問題がある語句 (2)：cannot help *doing*

うな」という脳の命令に反して「思わず笑ってしまった」ということである。

英文解説

　第 1 段落の armed with 〜「〜で武装して→〜を携えて」は分詞構文で手前に Being の省略。acquired は passes を修飾。be bound for 〜「〜行きである」は普通は乗り物で使う表現だが、ここでは「自分たちの行き先は〜だ」と言いたいのをバスの縁語を使って表現している。The bus と we wanted の間に関係代名詞 that または which の省略。最後の文は passenger と user が同格。

　第 2 段落最初の do likewise「同様のことをする」とは前文の went home を受け「自宅に帰る」の意味で、ここでは描出話法。第 2 文に関しては §30 の解説を参照されたい。第 4 文 on entering の on *doing* 〜は「〜するとすぐに」(≒ as soon as SV 〜) の意味。

　下線部の the system「その機関」とはこの場合は「バスという公共機関」の意味。blink は「瞬きをする」だが、ここでは「瞬きしている間にバスが通り過ぎた」ということ。

【訳 例】

　新たに手にした 60 歳以上バス半額券を携えて、家内と私はバス停に向かった。私たちの行き先は 12 マイルほど離れたオックスフォードだった。10 時 50 分頃にバス停に着いた。乗りたかったバスは 11 時 2 分の予定だったが、11 時 20 分になっても全くバスが来る気配はなかった。私たち以外の唯一の乗客はどうやらいつもその路線を使っているようだったが家に帰ってしまった。

　私たちも家に帰るべきだろうか。いや、私たちはバス旅行を経験するために出かけたのだ。何が起きようともバス旅行を経験するのだ。12 時 2 分のバスは時間通りに来た。乗り込んですぐに運転手に運賃を支払い、前のバスが来なかった旨を伝えた。「いいえ、来ましたよ」と運転手は言った。バス利用の初心者としては権威に歯向かう気はしなかった。しかし、私たちはバス停から少しも動かなかったと思わず言ってしまった。ひょっとしたら瞬きしている間にバスが通り過ぎたのかもしれない。

● 教 訓 ●

● **cannot help *doing* 〜**「(反射的に) つい/思わず〜してしまう」

277

▶第12章　誤訳しやすい語句・表現

§123　辞書に載っていない表現(**1**)：
be a function of ～/and who knows what else

課題文

(**1**) Fashions count, in language, as anywhere else; and fashions are a function of numbers. It is perfectly possible for a linguistic fashion to be started by a group of language learners, or by those who speak a nonstandard variety, which then catches on among mother-tongue speakers. Rapping is a recent case in point.

〔2006年後期・下線部〕

(**2**) At the crack of a bat, an experienced outfielder will make a nearly instantaneous estimate of the total path of the baseball, allowing for air resistance, the direction and strength of the wind, and who knows what else.　　〔1986年・下線部〕

【語註】
(1) count 重要である　a group of ～ 一群の～　a nonstandard variety 非標準的変種　catch on 人気が出る、はやる　rap ラップで[しゃべるように]歌う　a case in point 格好の例、好例　(2) at the crack of the bat バットがカーンと音を立てた瞬間に　outfielder 外野手　instantaneous 即座の　path 軌跡、道筋　allow for ～ ～を考慮する

表現研究

function を辞書で調べると、「**関数**」という意味があることがわかる。数学で使う F(x) の F は function の略である。しかし、この語は数学以外でも be a function of ～の形で使うことが多いのだが、辞書によってはこの用例が載っていないものがある。**A is a function of B** の直訳は「A は B の関数である」。これは「A という値は B によって決まる」ということで、意訳すれば「**A は B 次第で決まる、A は B によって左右される**」(≒ A depends on B) となる。

(a) Your mood **is a function of** the weather.
　　「気分は天候に左右される」

～ and who knows what else「～やその他もろもろ、～など」という表現も、電子辞書で例文検索すれば出てくるが、熟語や定型表現の欄には記載さ

278

▶ §123　辞書に載っていない表現 (1)：be a function of ～/and who knows what else

れていないようである。

英文解説

(1) as anywhere else は in language と対比的に使っているので「他のどの分野とも同じように」(≒ as in any other field) という意味。fashions **are a function of** numbers は「流行は数によってきまる」(≒ fashions depends on numbers) となる。第2文の for a linguistic fashion は to be started の意味上の主語で、It is … for ＿ to do ～「＿が～するのは…だ」の仮主語構文。by a group ～と by those who ～は共に be started の行為者。which の先行詞は a linguistic fashion である。

It is perfectly possible for a linguistic fashion to be started
　　or ⎡ by a group of language learners,
　　　 ⎣ by those who speak a nonstandard variety,
which then catches on among mother-tongue speakers.

(2) allowing for ～は分詞構文で「～を考慮しながら」(≒ considering ～)の意味。目的語が3つある。

～, allowing for ⎡ air resistance,
　　　　　　　　 ｜ the direction and strength of the wind,
　　　　　　and ⎣ who knows what else.

【訳例】
(1) 他のどの分野と同様、言語においても流行がものを言う。流行は数により左右される。言語における流行が、その言語を学習する一群の人々や非標準語を話す人々によって始まり、それから母語として話す人々の間ではやるということは十分にあり得る話である。最近ではラップがその好例である。
(2) バットがカキーンと鳴った途端、経験豊かな外野手は、空気の抵抗、風の方向と強さなどを考慮に入れて、打球の道筋を全てほぼ瞬時に推定するはずである。

● 教 訓 ●

● **be a function of ～**「～によって決まる」(≒ **depend on ～**)
● **～ and who knows what else**「～やその他もろもろ、～など」

▶第12章 誤訳しやすい語句・表現

§124　辞書に載っていない表現 (**2**)：
take the best part of ～ / live on borrowed time

> 課題文
>
> (1) Our visit to the town had taken the best part of a day instead of the usual car-journey time of twenty minutes there and twenty minutes back, with half an hour in the middle for our shopping.
>
> 〔2001年後期・下線部〕
>
> (2) Most dramatically of all, we have discovered that the entire Universe of stars is in a state of dynamic change, with great clusters of stars flying away from one another into a future that will be very different from the present. We have begun to appreciate that we are living on borrowed time. 〔2005年後期・下線部〕

【語 註】
(1) car-journey ～ 車で移動での～〈形容詞〉　(2) Most dramatically of all, ～ 中でも最も劇的なのは～〈文修飾〉　dynamic 動的な (⇔ static)　clusters of stars 星団　fly away from A into B Aを離れてBまで飛んで行く　appreciate that ～ ～を（正しく）理解する

表現研究

　take the best part of ＋時間表現で「(時間) の大半を占める、要する」の意味の決まり文句だが、『ロングマン・アクティベータ』にかろうじて次の例文が載っている程度である。

(a) It'll probably **take the best part of** a week to sort it out.
　　「その仕分けをするのに、おそらく1週間の大半は要するだろう」

　the best part of ～で見出しを付けている辞書はあるが、「①～の一番良い部分、②(時間など) の大部分」と丁寧に記載されているものはない。①は文字通りの意味なので熟語とは呼べないが、学習者のためにはこのような記載がわかりやすいと思う。
　live on borrowed time「余分の人生を送る、じきに絶える」という決まり文句も辞書の熟語の欄には掲載されていないようである。

280

▶ §124　辞書に載っていない表現(2): **take the best part of ～** / **live on borrowed time**

(b) My grandfather **is living on borrowed time**.
「祖父は予想以上に生き延びている」
(c) The present Cabinet is **living on borrowed time**.
「現内閣はじきに倒れるはずだ」〔英和活用辞典・研究社〕

英文解説

(**1**) instead of the usual car-journey time of ～ は「いつもの～という車での移動時間の代わりに」という直訳から「いつものような車での移動なら」と意訳するとわかりやすい日本語になる。twenty minutes there and twenty minutes back は「行きに 20 分、帰りに 20 分」ということだから、「行き帰りで各 20 分ずつ」と意訳してもよい。with half an hour in the middle for our shopping の in the middle は「行き帰りの途中」という意味で、「買い物のための途中の 30 分を伴って」が直訳。

(**2**) the entire Universe of stars の of は〈構成の of〉と呼ばれる用法で「さまざまな星から成る宇宙全体」という意味。with great clusters of stars flying away from one another into a future は付帯状況の構文で、with ＋ N ＋ *do*ing ～で「N が～している状態で」の意味だから (⇒ §91)、「大星団が互いに離れて未来に向かって飛んで行く状態で」が直訳となるが、訳例では訳し下ろした。that will be very different from the present は a future を先行詞とする関係代名詞節である。

【訳例】

(1) いつものような車での移動なら、町まで 20 分、帰りに 20 分、途中 30 分の買い物といったところだが、町まで行くのに一日の大半もかかってしまった。
(2) 中でも最も劇的なのは、さまざまな星から成る宇宙全体が動的に変化しており、大星団は互いに離れて行き、現在とは極めて異なる未来へと飛んでいるのを私たちが発見したことだ。我々はやがて滅びるということを理解し始めたのだ。

● 教　訓 ●

- **take the best part of** ＋時間表現「(時間) の大半を占める、要する」
- **live on borrowed time**「余分の人生を送る、じきに絶える」

§125　辞書に載っていない表現 (3): what ～ is all about

課題文

(1) Tennis is often compared to chess because of the almost limitless strategic alternatives and the enormous mental pressure that can increase as you play through your strategy. Keeping all this under control is what a good mental attitude is all about.　〔1983年・下線部〕

(2) Children reveal an instinct for freedom in everything they do, but especially when they play. Everyone knows how much they love to play and how completely engrossed they become in games. Playing is what childhood is all about, and children give themselves up to it whole-heartedly.　〔東大1992年前期・本文中〕

【語註】
(1) be compared to ～ ～にたとえられる　strategic 戦略上の　alternatives 取って代わる手段　strategy 戦略　keep ～ under control ～を制御する　mental attitude 心構え、心の持ちよう　(2) reveal ～ ～を示す　become engrossed in ～ ～に熱中する　give *oneself* to ～ ～に没頭する、打ち込む　whole-heartedly 全身全霊、誠心誠意

表現研究

　what ～ is all about という表現もよく見かける割には、辞書の記述があまり追いついていないようだ。もともとは What is it all about?「それは一体どういうことだ」から派生したものと思われる。これが I know **what** it **is all about**. となり、「私はそれがいったい何なのか知っている」という直訳から、文脈に応じて「それが目指すもの / それがいかに大切か / その本質 / その目的 / その醍醐味を知っている」となる。A is what B is all about は B is all about A. となることもある。

(a) Knowing yourself is **what** education **is all about**.
≒ Education **is all about** knowing yourself.
「己を知ることこそ教育の目指すもの / 本質 / 目的である」
「己を知ることこそ教育にほかならない」

▶ §125　辞書に載っていない表現 (3)：what ～ is all about

(b) Winning is **what** soccer **is all about**.
≒ Soccer **is all about** winning.
　「勝つことがサッカーにとって何よりも大切なこと / の目標だ」
(c) Running risks is **what** gambling **is all about**.
≒ Gambling **is all about** running risks.
　「危険を冒すことこそ賭け事の醍醐味だ」

英文解説

(1) because of の目的語は the almost limitless strategic alternatives と the enormous mental pressure の 2 つで、that can increase as you play through your strategy は意味で判断すると pressure だけを先行詞とする関係代名詞節。as は手前に increase という変化を表わす動詞がいるので「〜するにつれて」の意味 (⇒ §83)。play through your strategy の through は手段を表し、「自分の戦略によってプレイする」が直訳。

(2) 第 2 文の how much they love to play「子供はどれほど遊ぶことが好きか」と how completely engrossed they become in games「子供はどれほど完全にゲームに熱中するか」は共に knows の目的語。なお、実際の東大の問題では childhood の部分が空所で「文中から適切な 1 語を選んで埋めよ」という設問だった。

【訳例】

(1) テニスはよくチェスにたとえられるが、それは戦略上打てる手が無数にあり、自分の戦略を進めていくにつれて多大な精神的圧力が高まるからである。こうしたことを全て制御することこそが立派な心構えにほかならない。
(2) 子供というものは、行動の全て、とりわけ遊びにおいて自由を求める本能を発揮するものだ。子供がかなり遊びが好きで、遊戯にどっぷりのめり込むことは常識である。遊びこそが幼年期の目指すものであり、子供は一心に遊びに打ち込むものだ。

● 教　訓 ●

● **what ～ is all about**「〜の目指すもの」「〜にとって大切なもの」
　　　　　　　　　　「〜の本質」「〜の目的」「〜の目標」「〜の醍醐味」
　　　　　　　　　　「〜にほかならない」
● **B is all about A.**「A が B の目指すものだ」

283

▶第12章 誤訳しやすい語句・表現

§126　熟語だまし：such ～ as ... / one of ～

課題文

(1) Some even see such a prospect as a reason to be suspicious of science as a negative effect upon human belief in certainty, as though the construction of the physical Universe should have been set up with our psychological uncertainties in mind.

〔2005年後期・下線部〕

(2) It is possible to have a 12-year-old chess champion or mathematical or musical genius, but it is unimaginable that the world's greatest expert on Socrates could be that age. The difficulty is not just one of the time to assimilate information; it is also the time to mature judgement and come to decisions which only ring true after complex studies and discussions with others and with oneself.

〔2000年前期・下線部〕

【語註】
(1) be suspicious of A as B　AをBと疑っている　a negative effect upon ～ ～に及ぼす否定的影響　construction 構築　set/～/up ～を構築・樹立する　with ～ in mind ～を念頭に置いて　(2) assimilate ～ （考え・知識）を吸収する　mature ～ ～を成熟・円熟させる　come to decisions 結論に達する　ring true 本当に聞こえる、正しく思える（≒ sound true）

表現研究

such A as B / A such as B（後者の語順の方がふつう）で「BのようなA」という意味だが、この場合はAが抽象でBが具体という関係になる。一方、**see A as B** という語法は「AをBとみなす」という意味だが、換言すれば「A＝Bとみなす」ということで、AとBはイコールの関係になる（⇒ §82）。

(a) I hate **such** insects **as** ladybirds and crickets.
　≒ I hate insects **such as** ladybirds and crickets.
　　「私はてんとう虫やこおろぎのような虫が苦手だ」
　　☞ insects が抽象（全体集合を表す）で ladybirds と cricket が具体例
(b) I **see** nurses **as** angels.（≒ I **regard** nurses **as** angels.）
　　「私は看護婦を天使だとみなしている」☞ nurses ＝ angels の関係

284

one of 〜を見て「〜のうちの 1 つ」だと即断してはいけない。その意味になるのは後ろに **the** や**所有格**と**複数名詞**が続く場合である。一方、one of の次に**不可算名詞**がある場合は、one は**前出の可算名詞を指す代名詞**となる。この場合は one を指示対象の名詞に置き換えて訳す。次の (d) の domesticity は不可算名詞、すなわち複数形にはならないので、one は an atmosphere を指す。

(c) Mt. Fuji is **one of** *the symbols* of Japan.
　「富士山は日本の象徴の 1 つである」
(d) The atmosphere of that hotel is **one of** happy *domesticity*.
　「そのホテルの雰囲気は温かい家庭の雰囲気だ」

英文解説

(1) such a prospect as a reason を such A as B と解釈してはいけない。a reason は a prospect の具体例になっていないからだ。see such a prospect as a reason で **see A as B** と解釈するのが正しい。such a prospect (such「そのような」は前文 (省略) の内容を指す) = a reason という関係が成り立つ。

(2) 第 2 文の **one of** の次の time は**不可算名詞**なので、one は前出の a difficulty を指す。time は「時間」では不可算、「時代、回数」では可算。difficulty は不可算名詞もあるが「厄介な事柄、難事」の意味では可算名詞。

【訳例】
(1)（物理的）宇宙の構築は私たちの心理面での不確実性を念頭において行われるべきだったとでも言うかのように、中には、そうした見通しを、科学は人間の確実性を信じる気持ちに対して否定的な影響を与えるのではないかという疑いを抱かせる根拠とさえみなす人たちもいるのだ。
(2) 12 歳のチェスのチャンピオンや数学や音楽の天才が生まれることはあり得ることだが、ソクラテスに関する世界最大の権威が 12 歳であることなど想像できない。そういったことが難しいのは、知識を自分のものにするのに時間がかかるためだけではない。判断力を成熟させること、さらに、複雑な研究や他者そして自分との議論を経てはじめて真実味のある結論に到達するのにも時間がかかるためである。

● 教　訓 ●

● **one of the** +（最上級）+ 複数名詞：「〜のうちの 1 つ」
● **one of** (**the**) + 抽象名詞：「(抽象名詞) の〜 (one の指す前出名詞)」

▶第12章　誤訳しやすい語句・表現

練習問題

(**1**) History as the surmises, interpretations and narratives constructed today is based on what those past events left for us—it survives in the form of documents, letters, diaries, ruins unearthed by the archaeologist, artefacts known or judged to be old. These are the residue of what has otherwise gone. 〔20011年前期・本文中〕

(**2**) Society is supposedly founded upon a shared understanding. The only way it can maintain this commonly agreed upon outlook from generation to generation is by passing on from parents to children the most basic thoughts and ideas that hold people together.

〔2007年前期・本文中〕

【語 註】
(1) surmises 推量　narratives 物語、話　in the form of ～ ～という形で　ruins 遺跡　unearth ～を発掘する、掘り出す　archeologist 考古学者　artefacts 人工遺物　residue 残り分、残存物　have gone 消失した
(2) be founded upon ～ ～に基づいている　shared 共通の　commonly 一般に、共通に　agreed upon ～ ＜ agree upon ～ ～について合意に達する　pass /～/ on ～を渡す、伝える　hold /～/ together ～をまとめる

練習問題の解答・解説

第1章 並列：英文は線対称

（**1**）1844年に、ある天文学者がシリウスの運行は不規則であることに注目し、シリウスには、肉眼では見えないがシリウスに引力を及ぼしている、対となる星があるからだとしか、その説明がつかないと推論した。

【解説】（⇒ §7　共通関係（1）：基本編）

the only explanation must be that 〜は「唯一の説明は〜ということであるに違いない」が直訳。but は invisible to 〜と exercising 〜を並列に結び、共に a companion star を修飾している。

　　it had a companion star, ┌ invisible to the naked eye,
　　　　　　　　　　　　　but └ exercising a gravitational pull on it（= the star）

（**2**）というのも、意識がない時も私たちの脳は機能しているからである。身の周りで起こっていることへの最終的なとらえ方は「正常」な状態に比べると少し歪んでいるので、完全に正しいとまでは言わないが、それでも感覚は全て存在している。そればかりか、少し制御が鈍くなったり、すんなりではなかったりしたとしても、筋肉は動かすことができるのである。

【解説】（⇒ §8　共通関係（2）：if not 編）

if not を挟んで present と entirely correct が並列。〜 **if not** ... で「...とは言わないまでも〜」と訳す。続く as は理由を表す接続詞で「〜なので」の意味。

　　all senses are ┌ present
　　　　　if not └ entirely correct

Not only that, but 〜は「それのみならずまた〜」の意味。even if と with の間に you can move your muscles の省略で、or を挟んで with が2つある。with greater hesitancy はなかなか思い通りに動かせない様を表している。

第 2 章　文型：文の骨組みをとらえる

(1) 老人は若者のために自分の英知や経験を役立てなければならず、しかも若者の活力や精力や熱意を自由に発揮させる余地を与えなければならない。一方、若者は年長者の業績や実社会で役に立つ思慮分別を敬い尊び、自分たちの体力と活力を、まだそれが内在しているうちに、社会の存続のために発揮しなければならない。

【解説】(⇒ §16　意外な SVOO)

the old と the young はそれぞれ old people、young people の意味 (the 形容詞 ≒ 複数名詞 ⇒ p.23)。**allow + A + B** (第 4 文型) で「**A に B を与える**」の意味。the vitality, energy and enthusiasm of youth が A、freedom of scope が B に相当する。continuing community の直訳は「継続する社会」だが、一般に〈現在分詞＋名詞〉は「〜する (名詞)」よりも「(名詞) の〜」と訳す方が自然な日本語になる (*ex.* increasing debt「増えつつある借金」→「借金の増加」)。

```
The old ┌ must place their wisdom and experience at the service of the young,
    yet └ allow the vitality, energy and enthusiasm of youth freedom of scope,
              V                      O₁                            O₂
  while the young must ┌ ┌ respect ┐ the ┌ achievements ┐ of their elders
                       │ └ and honor ┘ and └ practical sense ┘
                       │
                   and └ place their physical strength and vigor,
                        〈while they still possess them,〉 at the service of
                        the continuing community.
```

(2) 日常生活において、我々は皆、他人が知っていると思うことや他人が欲すると思うことから他人の行動を予測し説明する。確信と欲求は、我々自身の直観的心理学が用いる説明手段であり、直観的心理学は今でも、現存する中で最も有益で完全な行動科学なのである。

【解説】(⇒ §18　be 動詞の訳出)

第 2 文の beliefs は what we think they know の、desires は what we think they want の書き換え。最後の there is は手前の最上級 (the most useful and complete) と呼応しているので、「実際に存在する [現存する] 中で一番〜」と訳す。

第3章　語順：倒置と情報構造

（**1**）後者を証明するためには、おとぎ話を読んだ子供は読まなかった子供より残酷なことをすることが多いことを対照実験で示さなければならないだろう。攻撃的、破壊的、加虐的衝動を全ての子供は抱き、概して、その衝動が象徴的に言葉として発せられることは、直接行動を促すものではなく安全弁であるように思われる。

【解説】(⇒§23　CVS と OSV)

　第1文の文頭の To prove 〜は目的を表す副詞用法。would は仮定法で条件は to 不定詞にある (⇒§93)。show の目的語は in a controlled experiment を飛び越えて that 節。in a controlled experiment は〈前置詞＋名詞〉なので目的語にはならない (⇒§31)。those who have not の次に read them (＝fairy stories) の省略。第2文は Aggressive, destructive, sadistic impulses が has の目的語になっている語順転倒 (**OSV**⇒§23)。内容的には手前の guilty of cruelty の書き換えとみなせるので旧情報として文頭に出したものと思われる。

　　show 〈in a controlled experiment〉 that children [who have read fairy stories]
　　　V　　　　　　　M　　　　　　　　　　　　　　　　O
　　are more often guilty of cruelty than those [who have not (read them)].

（**2**）友人と違って、本に対しては何の義務感もない。我々が本と向き合うのは、ただ、どうあってもそうしたいと思うからにほかならない。また、本が試みる機知に対して、お世辞笑いをする必要もない。

【解説】(⇒§28　否定語＋ v ＋ S)

　第3文の **Nor** が否定語のため、次の do we have が倒置した。nor は前文の否定を受けて「〜も…ない」という意味を表す。この Nor は第1文の no sense という否定を受けており、パラフレーズすると下の通り。their attempts at wit は「本が機知を試みようとすること」が直訳 (their は books を指す)。unlike with friends は「友人に関してとは違って」が直訳で、unlike は接続詞的用法。

　　Nor *do we* have to laugh, politely, at their attempts at wit.
　≒ And we do **not** have to laugh, politely, at their attempts at wit, **either**.

第4章　分離：マクロに見る

(**1**) だが、私の研究に影響を与え、意識に上る記憶や意識に上らない記憶への私の興味を駆り立てた何よりも重要な考えは、精神に関する、精神医学と精神分析学によって私に切り開かれた見方から生まれたものである。かくして、野心に燃える精神分析医としての私の最初の経歴は本流からの逸脱ではなかった。どちらかと言えば、それ以降に私が成し遂げてきた一切の業績の教育上の基盤となったのだ。

【解説】(⇒ §34　遠方修飾 (2)：関係詞編)

第1文の ideas の次の that から memory までが関係代名詞節。節内の and は influenced と fueled が並列なので、fueled も have fueled (現在完了形) となる。mind の次の that 以下も関係代名詞節だが、先行詞は mind ではなく、perspective である (**遠方修飾**)。意味を考えると、「精神医学と精神分析学が私に切り開いてくれたのは精神ではなく、物の見方」だからである。最終文の all と I have の間に関係代名詞 that の省略で、all は accomplish の目的語。since は副詞で「それ以来」の意味。

But <u>the overarching ideas</u>
　　[that have ⌈ influenced my work
　　　　　　and ⌊ fueled my interest in conscious and unconscious memory]
derive from <u>a perspective</u> ⟨on mind⟩
　　[that psychiatry and psychoanalysis opened up φ for me].

(**2**) 他の学問分野は典型的な問いに対する正答を得ることを専門にしているが、我々哲学者は、答えはおろか、正しい問いが何かさえ誰も確信できないほど物事を錯綜させているありとあらゆる方法を専門的に研究している。間違った問いかけをすると、どんな研究であれ、出だしから躓く危険を冒すことになる。そうした事態が生じた時はいつでも哲学者の出番だ。

【解説】(⇒ §36　遠方修飾 (4)：前置詞編)

第1文の all the ways there are of getting の of getting は後ろから there are を飛び越えて ways を修飾する (**遠方修飾**)。there are は訳さなくてもよい。第2文の setting any inquiry off on the wrong foot は「研究を間違った足で出発させる」が直訳。

第 5 章　関係詞：もとの文構造を確認

（**1**）結局のところ、小説家と詩人は異なったことをやろうとしているわけではないと私は思う。彼らは共に分析的な用語を使ってではなく感情に即して、人生について何事かを語ろうと言葉を用いているのだ。詩人が語る際にどれほど強烈に表現できるかを拠り所にしているのに対して、小説家はどれほど説得力をもって提示できるかに依存しているのである。

【解説】（⇒ §46　前置詞＋関係代名詞 (2)：名詞の語法）

　第 1 文の emotional と analytic は rather than を介してともに terms を修飾する。第 2 文の say it の it は something を指す。with which の with は先行詞である intensity および persuasiveness と絡んで with intensity「強烈さをもって→強烈に」/ with persuasiveness「説得力をもって」という発想なので、**the intensity with which** 〜全体で「**いかに強烈に〜するか**」（≒ how intensely SV 〜）/ **the persuasiveness with which** 〜全体で「**いかに説得力をもって〜するか**」（≒ how persuasively SV 〜）と意訳するとよい。

〜 in rather than [emotional / analytic] terms

But whereas the poet relies on <u>the intensity</u> [**with which** he can say it], the novelist relies on <u>the persuasiveness</u> [**with which** he can show it].

（**2**）衛星の中には、爆発してしまったり、互いに衝突してしまったりしたものもあり、このようなことが起こる度に、衛星はばらばらに分解して小さな破片となり、その破片の全てが地球の周りを回り続けるのである。

【解説】（⇒ §48　of which）

　one with another は、one (satellite colliding) with another (satellite) ということ（分詞構文の破格）。all of which を一つの関係代名詞ととらえ、これが continue の主語になっている。which の先行詞は small pieces である。

　　〜 <u>small pieces</u>, [**all of which** continue to orbit the Earth]
　≒ 〜 small pieces, and all of them continue to orbit the Earth

第6章　熟語くずし・名詞構文

(**1**) ドイツでは復活祭の際に、子供が探し出して喜ぶように、家や庭に、色を付けた卵を隠す。<u>隠されたものを知りたい願望を我々に植えつけ、発見した際に喜びを見出せるように隠されたものを宇宙に散りばめておいてくれた神の力によって我々が引き寄せられるのは、何らかのそうした「宝探しごっこ」に対してである。</u>

【**解説**】(⇒§54　熟語くずし (4)：〈It is＋前置詞＋名詞＋that＋主語＋動詞〉編)

　下線部は be invited to ～「(神の力によって) ～に招かれる」という表現が it is ～ that ...の構文に入り込んで起きた〈熟語くずし〉。it is to ～の to が **be invited to ～**の to となる。that power which の that は先行詞を確定する用法で訳さない (⇒§34)。which 以降は全て関係代名詞節。planted の目的語は in us を飛び越えて desire である (⇒§31)。planted と stored が and によって並列。desire to do ～は「～したいという欲求、願望」

　It is **to** some such game of hide-and-seek *that* we **are invited**
　by <u>that power</u>
　　[which ⌈ planted 〈in us〉 <u>the desire</u> {to find out what is concealed},
　　　　　and ⌊ stored the universe with hidden things]
　so that we might delight ourselves in discovering them.

(**2**) 子供の気質の型には著しい個人差がある。それはある程度生まれつき決まっていると考えられる差である。性格上の特徴が重要であることは、その様々な形の精神病理学との関連や、それが他人の子供に対する接し方に及ぼす影響を見れば明らかである。

【**解説**】(⇒§56　名詞構文 (1)：A's＋名詞＋前置詞＋B)

　thought to 以下は手前に which is の省略で、differences を修飾する。is evident in ～「～において明らかだ」の in が and を挟んで二つある。**their effects on ～**の their は temperamental features を指し、「それが～に及ぼす影響」と訳す。manner を先行詞に in which 以降は関係代名詞 (⇒§46)。the manner in which ～は how ～と書き換えてもよい。

　　～ is evident ⌈ in their links with various forms of psychopathology
　　　　　　　and ⌊ in their effects on <u>the manner</u> [in which other people respond ～].

第 7 章　比較：比較三原則の確認

（**1**）交替しながらゲームをすることは、グラスの水を交互に移し変えるようなものである。3 歳児を相手にどれだけ頻繁にその遊びをしても、子供は、水の量に変化がないことを理解できないのと同様に、公正さの概念を把握する段階には全くないのである。

【解説】(⇒ §65　no more 〜 than ...〈クジラの構文〉)

　pour water back and forth between glasses は「2 つのグラスの間で水を移動させる」「グラス間で水を行ったり来りさせる」「グラスの中の水をあっちのグラスとこっちのグラスで注ぎかえる」「コップ間を行き来して水を注ぐ」などの意訳でもよい。do it は「それを行なう」でも可だが、内容的には take turns in a game の部分を指しているので「交替でゲームをやる」と訳してもよい。be ready to digest 〜は「〜を理解できるほど発達している」という意訳も可。just not 〜は「全く〜ない」の意味なので、just に「単に〜」や「〜にすぎない」は不可（ちなみに not just 〜の語順なら「単に〜ない」が正しい）。**not 〜 any more than ...**は「...しないように〜しない」「〜しないのは...しないのと同じだ」「...と同様に〜もしない」と訳すのが定番。the idea of volume conservation は「体積不変という考え」が直訳。

（**2**）さらに見栄えがよくない解決策としては、テープをドアノブに巻きつけることだろう。だが、そのような解決策には、ノブと手の間の摩擦を高める、もっと美しく工学的にも完全な手段が求められる。

【解説】(⇒ §70　比較級の強調語)

　An even less 〜の **even** は**比較級を強調**する用法なので、「〜でさえ」という訳は完全に誤り。「**さらに〜**」が正しい。ただし、「はるかに〜」や「いっそう」は減点。単に比較級の強調とは言っても、even は much や far とはいささか趣が異なるからである (⇒ §70)。less aesthetically pleasing は「見た目によくない」「見かけのよくない」「不細工な」でもよい。some tape はただ「テープ」と訳すだけでよいが「何（ら）かのテープ」「いくらかのテープ」なら可。「あるテープ」や「何枚かのテープ」は不可。elegant の訳に「優雅な」「洗練された」も可。architecturally integral は「建築上統一された」「構造的に一体化した」と訳してもよい。

293

第8章　省略：あぶり出し術

(**1**) 生まれてこの方、特定の事物にはそれに固有の価値などない、すなわち、金銭、正直さ、力、愛、情報、英知、さらには生命といったものはそれ自体では価値はなく、ある目的との関連においてのみ価値を持つのだと結論づけてきた。それでいて、こういった特定の事例から一般法則を引き出そうとは考えたことがなかった。しかし、しかし、一つの例が別の例に加えられ、その追加された例に別の例が加えられ、突然全体の認識が達成されるのである。

【解説】(⇒ §71　重複回避省略)

第1文の―（ダッシュ）の次の that は deciding の目的語で、その前の that 節と同格。like「〜のような」から life までは things を修飾し、things は are not valuable の主語。only with 〜の前に they (= the things) are valuable の省略。第2文の省略は以下の通り。

  one instance **was added to** another (instance),
and another (instance **was added**) **to** that (instance [to which another instance was added])

(**2**) 自分たちの好きにしてよいということになったので、やることは1つしかないように思われた。私たちが最後のバスに乗ったのは何年も前のことだったかもしれないが、親指を立ててヒッチハイクするのはその倍も昔のことのように思われた。

【解説】(⇒ §78　as/than 以下の省略 (1)：文脈編)

第1文の Left の前に Being の省略された分詞構文。第2文の may have + p.p. は「〜だったかもしれない」という過去推量。but 以下は「最後にヒッチハイクをしてからの時間」と「最後にバスに乗ってからの時間」の比較。

  it seemed long since we had raised our thumbs to hitch a lift
  it seemed long since we had taken a bus last
→ it seemed *twice as* long since we had raised our thumbs to hitch a lift (*as* it did (seem) ~~long~~ since we had taken a bus last)

第9章　同形表現：区別の判別式

(**1**) これらの数値は目を見張るものがあるけれども、これはまだ話の一端に過ぎない。機会の不平等について考えるための一つの方法は、ある国に生まれた子供が、他の場所で生まれた子供に比べて、ある一定の教育水準に到達する可能性を考えてみることである。

【解説】(⇒ §87　譲歩のas：C + as + SV)

　第1文の Striking as they are は Although they are striking の意味で、they は主節の these figures を指す。the chance と that 節は同格。the chance that ～で「～する可能性、見込み」の意味。a child born in one country と a child born somewhere else が対照になっている。

(**2**) 彼女がこの文化では有名人として存在してきたので、我々は我々の文化意識に入り込んだ彼女の人生物語が成功者の不幸を語る神話的な物語になることを知っている。

【解説】(⇒ §86　名詞限定のas / §92　名詞 + *do*ing：分詞 or 動名詞 (2))

　as a celebrity は名詞止めなので、as は前置詞で「～として」の意味。the story of her life as it has entered our cultural awareness の as は story という名詞を限定する as の用法。故に、as と it (= the story of her life) は訳をつけず、「文化意識に入り込んだ彼女の人生物語」となる。そして、becoming は動名詞で the story of her life はその意味上の主語。文脈から「彼女の人生物語に気がつく」よりも「神秘的な物語になることに気がつく」ことに意味の重点が置かれるので becoming は動名詞と判断する。この場合は becoming の前にカンマがあるのもヒントになる。後置修飾の場合、ふつうはカンマを打たないからだ。なお、becoming を分詞構文と解釈すると、意味上の主語が文全体の we となってしまい「我々が親和的な物語になる」というのはおかしいので、この解釈は間違いだとわかる。

　　we are aware of *the story of her life* [**as** it has entered cultural awareness],
　　　　　　　動名詞の意味上の主語　　名詞限定
　　　　becoming a mythic narrative of the unhappiness of the successful
　　　　動名詞

295

第10章　遠い形：would と could の処理

(**1**) 千年前だったら、ラテン語の地位は揺るぎないものに思えただろう。どんな言語であれ、その地位が千年後にどうなっているかは誰にもわからない。言語の地位は政治的、軍事的、経済的、文化的な力と密接に結びついており、こうした変動要素が変わるにつれて、言語も盛衰するのである

【解説】(⇒§97　条件の潜伏：主語／to 不定詞／副詞句)

　第1文の **would have seemed** は A thousand years ago という副詞句に**条件が隠れた仮定法過去完了**。第2文の in は〈時の経過〉を表す用法で「〜(年)たったら」の意味。第2文全体は反語(修辞疑問文)。第3文の後半は as 〜, so ...「〜するように...」の構文(⇒§85)。

(**2**)「すぐ帰っておいでよ。お前がいなくなると寂しくなるよ」と、私がついに列車に乗り込む時、祖母が声を張り上げて言った。
　「長くはかからないよ」と私は答えた。まるで午前中に、あるいは1時間ほど出かけるかのような返事だったが、実際はもっと長い期間離れることになるだろうと思った。
　祖父も私と同じように考えていたのだと思う、というのは私が列車の窓から身を乗り出すと、祖父が近寄ってきて私の頬に手を当てたからだ。

【解説】(⇒§99　描出話法の would)

　第1文と第3文の as は「〜した時」の意味。第2文の It was as if 〜は「まるで〜するかのようだった」という決まり文句で、as if 節中は原則的には仮定法にするので、主語が I でも were が使われている。in truth the interval would be much greater than that の **would** は、現実の話なので〈仮定法〉でもなければ、一回限りの話なので〈過去の習慣〉でもない。これは筆者の心中を表しているので〈**描出話法**〉による時制の一致である。第4文で I believe my grandfather suspected as much「祖父もそう思ってたと思う」とあるので、前文も I believed の省略と判断できる(第3文は当時の心境なので過去形にする)。なお、suspect that 〜は「〜ではないかと思う」(≒ think that 〜)という意味。ちなみに、doubt that 〜は「〜ではないと思う」(≒ don't think that 〜)の意味。

　(**I believed that**) in truth the interval **would** be much greater than that.

第11章　意訳構文：訳出の手引き

（**1**）子供が自分で物事を判断できるようになった後でも、子供たちの道徳性の発達と公共の福祉に配慮しつつ、教育を続けなければならない。だからと言って、あらゆる状況で権力への全面的な協力が望ましいわけではなく、共同体の利益が危機に瀕しているような一定の状況では、権力を完全に受け入れる方がかなり役に立つのである。

【解説】（⇒ §108　It is not that ～）

　第2文の **It is not that ～** は第1文の「子供たちの道徳性の発達と公共の福祉に配慮しつつ、教育を続けなければならない」を受けて「公共の福祉に配慮しなければならないからと言って～というわけではない」とたたみかけている。この場合は後半に it is that ... もあり、こちらは「～ということである」の意味。**It is not that ～; it is that ...** で「だからと言って～というわけではなく、...ということだ」となる。where から at stake までは situations を先行詞とする関係副詞節。

（**2**）1931年、パップが白色矮星だと認識されてから3年後、マルセル＝グリオールとゲルメーヌ＝ディテールという二人のフランスの人類学者が、ドゴン族の生活様式を研究し始めた。彼らはドゴン族にかなり信頼されたので、司祭たちからドゴン族の秘密の信仰を彼らに明らかにする同意を得たのである。

【解説】（⇒ §110　to such an extent that ～ / to the degree that ～ / to the point of ～）

　第1文の just three years after the Pup had been identified は「認識されてからほんの3年後」という英作文では必須の、しかし盲点の表現である。x years after SV ～で「～した x 年後に」という表現。京大の過去問では「都会でひとり暮らしを始めてひと月ほどたった頃、どうにも体の調子が悪くなった」というお題が出題されている（2004年後期）（⇒『京大入試に学ぶ 和文英訳の技術』§51）。第2文に **to such an extent that ～**「～するくらいにまで」がある。that 節内の reveal to them the tribe's secrete beliefs の reveal の目的語は to them という旧情報を越えて beliefs である（⇒ §31）。

第12章　単語：誤訳しやすい表現

(**1**) 今日構築される推測や解釈や物語としての歴史は、そうした過去の出来事が我々に残したものに基づいている。それは文書、書簡、日記、考古学者たちが発掘した遺跡、古いものとして知られているか、古いと判定された人工遺物といった形で残存している。それらは、それら以外の形では消失してしまったものの残存物である。

【解説】(⇒ §115　意訳が必要な単語 (2)：otherwis)
　History as 〜 today がこの文の主語で、as は前置詞。as の3つの目的語を constructed today が後置修飾している (手前に which are の省略)。in the form of 〜の目的語が documents, letters, diaries, ruins, artefacts の5つあり、ruins には unearthed by the archaeologist が、artefacts には known or judged to be old がそれぞれ後置修飾している。この **otherwise** は辞書的定義では「その他の点では」に相当し、訳語もそのままで構わないが、本来は「文書、書簡、日記、遺跡、人工遺物とは違った方向性では」ということであり、「文書、書簡、日記、遺跡、人工遺物以外の形では」と意訳される。

(**2**) 社会は共通の理解の上に成り立っていると考えられている。社会がこの共通に合意された物の見方を世代から世代へ保っていく唯一の方法は、人々をまとめる最も基本的な考え方を親から子へと伝えていくことである。

【解説】(⇒ §118　意訳が必要な単語 (5)：supposedly)
　　Society is **supposedly** founded upon a shared understanding.
　≒ Society **is supposed to** be founded upon a shared understanding.

　第1文の **supposedly** は**文全体を修飾**するので「社会は〜に基づいていると考えられている」と最後に「〜と考えられている」と訳すのがよい。第2文は The only way (that) SV 〜 is by *do*ing ...「〜する唯一の方法は...すること(によってで)ある」という構文。it から from generation to generation までは way を先行詞とする関係副詞節 (in which の省略⇒ p.173)。this commonly agreed upon は前から outlook を修飾するが、本来なら agreed-upon とハイフン (-) を付けるべきだ。passing on の目的語は from parents to children を飛び越えて the most basic thoughts and ideas であり (⇒ §31)、thoughts and ideas を先行詞に that から文末まで関係代名詞節。

索　引

英　語

A

A account for B 133
A and B alike 258
add A to B 104
add ＋ A ＋ to ＋ B 53
add to 79, 104
add ＋ to ＋ B ＋ A 78
a description of 133
admire *sb* for *sth* 131
advice on 212
afford 45
after all 274
age 192
a great deal 162
a hint of 264
a hotter than usual summer 96
A is a function of B 278
A is involved in B 161
alike 258
allow 45
allow ＋ A ＋ B 288
all the 比較級 because 17
a lot 162
among 58
an attempt by a friend to initiate 135
and 12, 14, 16, 18, 20, 24
and so 20
〜 and who knows what else 278
and の前後は同じ文構造 166
and や but の後ろ 165
apologize for *sth* 267
apparently 55, 266
appear ＋形容詞 36
apply A to B 104
as 22, 37, 189, 190, 192, 194, 196, 198, 200, 202
as a child 190
as 〜 as … 150, 156, 180
A's B 116

As ＋ be 動詞〜 203
A's dislike of B 133
as far as 157
as grown-ups 191
as if 296
as is often the case with 127, 202
as is usual in 127
as it were 92
ask *sb* that SV 258
as long as 156
A's love of B 133
as might have been expected 127, 202
as much 〜 as … 23
as ＋ p.p. 198
A's preoccupation with B 133
A's resistance to B 133
as sensible as 150
associate with 109
as/so/too/how ＋形容詞 ＋ a (n) ＋名詞 205
as/than 以下の割り込み 96
A such as B 284
as ＋形容詞＋ as ＋ SV 200
as ＋主語＋ be 動詞 48
as 節内が受動態 198
as と as に挟まれた形容詞 150
A's ＋名詞＋ to *do* 〜 134
A's ＋名詞＋前置詞＋ B 132
at an early stage 130
attach importance to 121, 125
attitude 53

B

base *oneself* on 109
be about to *do* 170
be applied to 53
be born of 129
be certain to *do* 170
be exposed to 130

be invited to 292
be supposed to *do* 268
be taken aback 73
be thought to be 77
be to 不定詞 205, 206
between A and B 135
be used to *do*ing 170
be 動詞＋ gone 63
but 12, 14, 28, 256
by 138
by ＋行為者 57

C

call 80
call ＋ O ＋ C 80
cannot help *do*ing 276
can の時制の一致 232
company 264
compel ＋ O ＋ to *do* 183
consider ＋ O ＋ C 61
consider ＋ O ＋ to be 95
consist in 53
constitute 274
S ＋ couldn't have ＋ p.p. ＋ 比較級 186
could の主語が無生物 236
count as 161
cover A with B 131
CVS 60

D

decisions have to be taken 125
demand 72
deny ＋ O_1 ＋ O_2 44
do/does/did ＋主語＋原形動詞 70
do/does/did ＋動詞原形 74
*Do*ing 〜 ＋ beV ＋ S 63
don't need to *do* 〜, *do* … or *do* __ 247

E

effectively 147

299

enter into 161
envy 45
even 162, 293
even if __ were to do 233
every＋数字 (x)＋名詞＋関係代名詞節 215
exert pressure on 129

F

fail to do 134
far 162
find fault with 126
for 214
For all 215
for I don't know how many years 92
for ～ reasons 215
for that matter 175
for＋人間 214
from which to choose 205
function 278

G

give 44
given 212
given that 212

H

have A as B 191
have/has/had＋主語＋過去分詞 70
have only to 242
have only to ～ to see ... 243
have to 217
have to ～ before ＿ can ... 242
have (a(n)＋形容詞) effect on 122, 125
have a(n)＋形容詞 influence on 126
hint 264
hold ～ in esteem 113
however 275
how＋SV 199

I

I don't know＋疑問詞 93
if 28
～ if not ... 26, 30
if not 129
if only because 252
if only to do 252
if 省略倒置 220
in 125
in fact 81, 181
in part 130
internationally-minded 183
in the extent to which 111
in turn 197
～ is one thing, but ... is (quite) another 244
～ is worth doing 247
I thought as much 157
it is because of ～ that ... 245
It is ... for ＿ to do 279
it is just as well that 272
It is not that 246
It is not that ～; it is that ... 297
it is not until ～ that ... 241
It is one thing to do ～, but it is (quite) another to do ... 244
It is ～ that ... 68, 128, 178
It is＋前置詞＋名詞＋that＋主語＋動詞 128
It is＋名詞＋前置詞＋which＋主語＋動詞 128
It seems that 37
It will not take her long to do 241
I will 75

J・K・L

just as ～ as ... 154
(just) as ～, so ... 196
keep open 55
live on borrowed time 280
look on 190

M

made＋O＋look 81
make (good) use of 125
make known 54
make of B＋A 199
make use of 121
many 162
may 272
may ～, but ... 151
may ～. But ... 91
may＋have＋p.p 230
may very well 273
may well do 272
mean＋A＋by＋B 52
might＋have＋p.p 230
might [may] (just) as well do 272
More important, ～ 161
more ... than ＿ can ～ 241
much 162
must＋have＋p.p. 230
must [have to] ～ before ＿ can ... 242

N

never ～ without doing ... 241
no 152, 154
no ～ could have been＋比較級 ... 181
no different from 115
no less ～ than ... 154
no more ～ than ... 152
nor 289
not A but B 68, 82
not ～ and ... (too) 247
not ～ any more than ... 293
not A so much as B 68
nothing 149
Nothing can / could be as ... /than ... 182
Nothing could be further from the truth. 183
not only 71
not so much A as [but] B 22, 68, 146
not so much A but rather B 146
not so with 176
not that 246
notと同じ位置 90
nowhere 149

O

O₁＋have＋O₂ 44
of 138
of the two 17
of which 115
of which the roof 116

of ＋形容詞＋抽象名詞 39
of ＋抽象名詞 39
on doing 277
one 273
one of 285
only 71, 90
only as 159
only have to 242
only ... so fast 158
only so many 158
only so much 158
on one's part 133
on the part of 133
or 12, 14
or（すなわち） 257
O ＋ S ＋ V 93
OSV 60
OSVC 60
otherwise 262, 298
own 43

P

pay attention to 124, 125
place stress on 125
place value on 123
play a trick on sb 131
play a ＋形容詞＋ part [role] in 125, 126
p.p. ～ ＋ be 動詞＋名詞 62
p.p. ＋名詞＋動詞... 62
p.p. ～, 名詞＋動詞... 62
put emphasis on 125
put ～ to use 112

R

rarely 71
regard 190
require 72
resent it if 209
reside at 129
respect 260
respectable 260
respectful 260
respective 260
rest on 130

S

S₁ ＋否定文～ as ＋ S₂ ＋ do [does/did/have/has/can/will] 194

save 45
see 190
see A as B 284
seem to do 37
seem ＋形容詞 37
see ＋ N ＋ doing 208
short of 256
should 23
simply not 181
so 20
so far 157
Some ～. Others ... 245
so much 158
so much for 157
so ～ that... 81, 178, 235
so that 179
so that ～ can... 178
so too with 177
so to speak 92
so ＋ v ＋ S 20
so with 176
spare 45
spend＋時間表現＋doing 235, 267
still 162
substitute A for B 215
such A as B 199, 284
such a ～ boy as ... 202
such a ～ that ... 202
supposed 268
supposedly 268, 298
supposedly ＋形容詞＋名詞 269
supposed ＋名詞 269
surely 65

T

take decisions 125
take (good) care of 125
take photographs 127
take the best part of ＋時間表現 280
than 22
than is possible 85
than it (really) was の省略 187
than 以下が省略 154
that 84, 100, 143
that ＋名詞₁＋ of ＋名詞₂＋

関係代名詞＋（S）V～ 85
the ability of A to do 134
the application of A to B 138
the best part of 280
the B of A 116
the causes of which 115
the discovery by A of B 138
the doing of 140
the effect of A on B 136
the esteem in which ～ is held 113
the exercise of 135
the faculty with which 111
the failure of A to do 134
the inability of A to do 134
the intensity with which 291
the kind of ～ that ... 85
the making of a career 141
then 109, 195, 205, 237
the ～ of which 116
the persuasiveness with which 291
the photographs taken 127
the refusal of A to do 134
there is ＋ N ＋ p.p. 161
there is 構文 66
the roof of which 116
the same ～ as ... 202
the same ～ that ... 202
the secure company of 265
the struggle of A to do 135
the superiority of A to [over] B 136
the trouble is that 161
the trying out of 141
the uses to which ～ is put 112
the way ＋主語＋ be 動詞 48
the willingness of A to do 134
the ＋形容詞 23, 174
the 比較級～ and the 比較級 ..., the 比較級 ＿ 160
the 比較級 of the two 17
the 比較級～, the 比較級... 17, 160
the ＋名詞＋ of ～ 138
think ＋ O ＋ C 81

301

think of 190
think + O + to be 77
those 100, 143
though 28
to such an extent that 250, 297
to the extent [degree] that 250
to the point of 251
to the point where [that] 250
to which 111
to 不定詞の意味上の主語 83
True, 〜. But ... 105

U・V

unlike 187, 289
〜 until ... 241, 275
upon which 113
values 161

view 190

W

want + O + to do 21
watch + N + doing 209
watch + N + p.p. 209
whatever 197
whatever +名詞+ (S) V 118
what 〜 is all about 282
what is called 93, 94
what is it like to do 〜? 205
what it is like to do 176
what might be called 95
what we consider to be 95
what +主語+ be 動詞 48
what +名詞+ (S) V 118
wherever 211
whether SV 〜 or ... 72
whose roof 116

Why +原形動詞〜? 174
will 259
will sb to do 259
will の時制の一致 224
with 187, 191
with + N + doing 208, 281
with which 111
with +抽象名詞 110
with +目的語+ doing 208
would + have + p.p 230
Would that + S +仮定法過去 137

Y

yet 28
you 175
You can 239

日本語

あ

あぶり出し 165
あまりに〜なので... 203
ありのままの〜 48
あれだけの〜の割には 215

い

〜以外 256
いかに強烈に〜するか 291
いかに説得力をもって〜するか 291
一度登場した語句 52
一体 236
一般論 91, 151, 175
意図・願望 206
今ほど 184
意味上の主語 41, 43, 67, 71, 83, 132, 135, 147, 159, 181, 191, 208
いわゆる〜 94
" "（引用符）191

う・え

嘘という点では差がない 153

運命 206
AがBに抵抗すること 133
AがBに没頭していること 133
AがBより優れていること 137
AがBを嫌うこと 133
AがBを好むこと 133
AがBを/に(名詞)すること 132
Aが〜する奮闘・努力 135
Aが〜する(名詞) 134
Aが(名詞)すること 134
AというよりむしろB 22
AにBを与える 288
AはB次第で決まる 278
AはBだからだ 133
AはBによって左右される 278
a +名詞 66
AもBも(等しく) 258
AをBとしてとらえる 191

AをBに当てはめる 104
AをBに加える 53
AをBに足す 104
Sがあれほど〜なことはなかっただろう 186
Sは最高に〜だった 186
Sも〜だ 20
S_2 とは違って 194
遠方修飾 13, 47, 61, 82, 84, 87, 88, 212, 253, 290

お

Oが〜するのを望む 21
Oに〜することを強いる 183
おそらく〜だろう 272, 273
大人になってから 191
同じ 190, 192, 194, 202
同じ範疇・部類の語句 18

か

〜があれば 212
客体 197
確定していない状態 72
過去に起きたことの逆 230

302

過去の〜 48
過去の習慣 224
過去の推量 230, 237
過去の能力 232, 234
可算名詞 162, 265, 285
かすかな 264
仮想と現実を対比 186
仮定法の if 節がないとき 222
必ず必要な補語 40
かなり〜する 110
可能 206
可能性 236
可能性系 86
可能性・推量 232
〜から生まれる 129
仮主語構文 97, 279
関係形容詞 118
関係代名詞の省略 99, 101
感情・判断の should 23
完全文 40, 100, 104, 192, 202, 216
完全文の次に〈名詞＋関係詞節〉172
勧誘 239
慣用的に省かれるもの 176

き
きっと〜するはずだ 170
機能語 20, 64
決まり文句くずし 125
義務 206
疑問文と同じ語順で倒置 70, 184, 196
旧情報 51, 52, 57, 58, 199, 205, 215
強調構文 68, 82, 128
共通関係 24, 26, 28, 30, 151
許容範囲 156, 158

く・け
具体的に説明 15
形容詞＋ as ＋ SV 200
（形容詞）とされている［思われている］（名詞）269
形容詞用法(to不定詞) 61, 65, 82, 111, 126, 135, 175, 185, 189, 204, 212, 216, 242, 248, 253, 269
原形動詞 72

原形動詞＋目的語＋主語＋助動詞 74
現在の〜 48
現実から遠い形 95
懸命に（人）に〜させようとする 259

こ
行為者が新情報 57
構成の of 281
後置修飾 24, 25, 47, 59, 61, 109, 127, 170, 208, 210, 295, 298
国際人 183
語順転倒 64, 75, 199, 201, 205, 289
（事）に対して謝罪する 267
事の序に言及 175
子供の頃 190
五文型 33
これほど 182
：(コロン) 155, 185, 267

さ・し
差をなくす 152, 154
仕方なく〜しなければならない 217
（時間）の大半を占める、要する 280
（時間）を〜して過ごす 267
じきに絶える 280
思考系 86
思考動詞 106
〜しさえすれば…がわかる 242, 243
事実系 86
〜しておいてよかった 272
〜して、ついには… 241
〜して初めて… 241
〜して初めて…できる 242
〜してみたら 239
…しないのと同様に〜しない 152
…しないように〜しない 293
〜しながら 192
〜しなければ…できない 242
〜しなければならない 268
修飾語句 33, 52, 54, 59, 78, 80

重複回避 175
主格省略 107
熟語くずし 121, 122, 124, 126, 128, 130, 292
主語が新情報 60
主語付きの分詞構文 67, 89, 181
主体 197
受動態の倒置 62
授与動詞 44
準補語 40, 181
条件節的に訳す 222
条件節の代わり 222
焦点 51
譲歩 200
省略 168, 173, 180, 248
省略はすぐ前（の文構造）を見ろ 166
助動詞＋主語＋原形動詞 70
新情報 51, 52, 54, 56, 58, 62, 64, 66, 68, 78

す
過ぎてしまった 63
〜する x につき、y を… 215
〜する運命にあった 228
〜するくらいまで 250
〜することになっている 268
〜することに慣れている 170
〜することを考慮すれば 212
〜する際の能力 111
〜する様 199
〜するためだけだとしても 252
〜する時 192
〜すると同時に 192
〜するとは幸運だ 272
〜するにつれて 192
…するのと同じ〜 203
〜するのに用いる能力 111
…するのは〜が原因だ 245
〜するも同然だ 272
〜するものと思われている 268
〜するものもあれば…するものもある 245
…するような〜 203
…するような類の〜 85
〜するように 179, 196
〜する理由だけだとしても 252

303

～する僅かだが全ての（名詞） 118
～すれば必ず... 241
～すればするほどそれだけ... 160

せ
接続詞の定義 86
接続副詞 275
; (セミコロン) 245
ゼロにする 152, 154
先行詞 100
先行詞 + without which ～ cannot [couldn't] exist [survive] 112
潜在的否定表現 109
線対称 12, 169
全体で1つの疑問詞 46
前置詞＋what [which] ＋名詞 46
前置詞＋関係代名詞 108, 110
前置詞＋名詞＋doing 189
〈前置詞＋名詞〉がワンセット 22
〈前置詞＋名詞〉をかっこで括る 77
前文で述べたこととは違った方向の 262
前文の否定文を一手に担うnot 248

そ
そうでないなら 26
挿入 77, 123, 130, 274
挿入の始まり 16
その気になれば～できるだろう 234
その醍醐味 282
その場でとっさに決まった意志 75
その分だけ 161
その本質 282
そのままの～ 48
その目的 282
それがいかに大切か 282
それが目指すもの 282
それだけ 161
(それは) 全くの見当違い [誤解、嘘] である 183

存在・出現・生起を表す動詞 66

た
第5文型 54, 60, 80
第三者の意志 206
第3文型 60
代動詞の do 74
第2文型 36, 60
対比 194
対比構文 68, 82, 128, 178
(代) 名詞 + SV 101, 102
第4文型 44
だからと言って～というわけではない 246
襷掛け 261
(立場変わって) 今度は 197
─ 85
ダッシュ 177, 294
─ (ダッシュ) 以下で補足説明 109
─ (ダッシュ) に挟まれた部分 175
他動詞＋前置詞＋B＋A 78
たとえ～でも 28
単純な一本の太い幹を見つけ出す 77

ち
知覚動詞＋目的語＋doing 223
抽象的な表現 15
中心軸となる文構造 33

て
程度を表す副詞 42
～できないほど... 241
～で (形容詞的な) 役割を演じる 125
...ではいつものことだが 127

と
というのも～だから 214
～と言えるくらいにまで 251
等位接続詞 12
同格 14, 47, 52, 86, 104, 111, 138, 151, 271
同格の that 86
同時 193
動詞の語法 33
動詞＋目的語＋doing 208

動詞を強調するための助動詞 75
倒置 56, 58, 60, 66, 70
同等比較 195
どうやら～らしい 266
～と思われる 266
～として 190
～と同時に...することはない 247
どの程度～するか 110
どの程度まで～するかを見れば 111
...とは言わないまでも 26, 30
～と...は (全く) 別問題だ 244
...と全く同様に～ 154

な
なぜならば 274
なぜならば～だから 214
何であれ～する (名詞) 118
～な理由で 215
なるほど～だが... 105

に・の
～に圧力を及ぼす 129
～に当てはまる 104
～にある 129
...に劣らず～だ 154
～に重きを置く 125
～に価値を置く 123
～に (形容詞的な) 影響を与える 125
二重否定 71, 273
～に対する敬意の念 113
～に目を向ける、耳を傾ける 125
～にもかかわらず 215, 274
～の利用度 112

は
破格 30
漠然とif以下の状況 209
場所を示す語句 56
はたして 236
～はどのようなものか 205
反語 236
(反射的に) つい / 思わず～してしまう 276

▶ 索　引

ひ

BでAを意味する 52
BでAを覆う 131
控え目な感じ 236
比較級 17
比較級の強調語 162
比較構文 22, 64
比較三原則 143, 144, 146, 148, 150, 152, 156, 158, 180
比較対象 180
否定語 ＿ as 〜 as … 148
否定語が文頭に来る 70
否定語の代わり 187
否定語の仲間 71, 90
否定語 ＿ 比較級 〜 than … 148
(人)が〜することを願う 259
1つ〜するにたびに、yを… 215
1つ目の形容詞の直後にカンマ 35
(人)にいたずらをする 131
(人)にとって 214
(人)にはよくあることだが 127
(人)の(事)を賞賛する 131
非難 236
描出話法 75, 224, 226, 232, 238, 259, 277, 296

ふ

不可算名詞 162, 265, 285
付加情報 78
付加情報的に添えられているだけの補語 40
付加説明 52, 54, 245
不完全文 73, 86, 99, 100, 202
副詞的目的格 42
副詞用法(to不定詞) 83, 93, 189, 204, 207, 247
不足して 256

付帯状況 208, 281
分詞構文 43, 62, 67, 81, 119, 141, 179, 181, 187, 200, 209, 229, 231, 253, 267, 273, 277, 279, 291, 295
文修飾副詞 65, 109, 203, 266
文全体の主語と動詞の確認 34
文頭の If not 26
文法的におかしく見える not 249
文法的に同じ形 12
分離 77, 80
分裂文 68, 128

へ・ほ

変化を表す動詞 192
(法)助動詞 74
補語 34, 36, 38, 40, 208
補語の位置に置かれる単語の品詞 38
…ほど〜な＿はない 148

ま・み・む

まさに〜しようとする 170
見せかけの have to 160, 216
見たところ〜のようだ 266
未来の〜 48
無冠詞 200
無生物 104, 134, 147, 223, 236

め

名詞 42
(名詞$_2$)のうち〜する(名詞$_1$) 85
名詞＋as＋SV 200
名詞＋doing 208, 210
名詞＋of＋A＋to do 134
名詞＋of which 115
名詞＋SV 99
〈名詞限定〉の as 198, 295
名詞構文 55, 65, 69, 89, 132, 134, 136, 138, 140, 221
名詞構文における所有格 132
名詞＋前置詞＋which[whom] to do 204
(名詞)とされている[思われている]もの[人] 269
名詞の意味上の主語 132
命令法譲歩 72

も

もしも〜でないならば 27
〜も…も＿もする必要はない 247

や・ゆ・よ

〜やその他もろもろ 278
唯一に決まる 17
要求する 258
様態 194, 196
予想したように[案の定]〜だった 127
予想に反して 274
予定 206
余分の人生を送る 280

れ

列挙の最後の項目 14
列挙法 67
連鎖関係代名詞 106

わ・を

割合の for 215
〜を(十分)活用する 125
〜を(十分)面倒を見る 125
〜を意志の力で実現する 259
〜を考慮すれば 212
〜を重視す 125
〜を…すること 140
〜を描写すること 133
〜を増やす 104
…を見ると〜をうかがい知ることができる 265

305

■著者

小倉　弘（おぐら・ひろし）
静岡県静岡市清水区生まれ。
慶應義塾大学文学部英米文学科卒業。
代々木ゼミナール英語講師。
宇都宮アカデミー高校部 英語・日本史講師。
著書に『例解 和文英訳教本』シリーズ（長文編、文法矯正編、公式運用編、自由英作文編）『英語で愉しむ信長・秀吉・家康と戦国時代』『京大入試に学ぶ 和文英訳の技術（テクニック）』(以上、プレイス)、『受験英語禁止令』(研究社)、『まるおぼえ英単語2600』(中経出版)などがある。

■英文校閲

Christopher Barnard（クリストファ・バーナード）

京大入試に学ぶ
英語難構文の真髄

2016年3月31日　初版発行　　　2024年11月30日　九刷発行

著　者　　小倉　弘
発行者　　山内　昭夫
発　行　　有限会社 プレイス
　　　　　〒112-0006 東京都文京区小日向4-6-3-603
　　　　　電話　03 (6912) 1600
　　　　　URL　http://www.place-inc.net/

印刷・製本　シナノ印刷株式会社

カバーデザイン／パント大吉（オフィスパント）
©Hiroshi Ogura / 2016 Printed in Japan
ISBN978-4-903738-37-6
定価はカバーに表示してあります。乱丁本・落丁本はお取替えいたします。